Markus Lau / Kerstin Offermann

Ökumenische Bibelwoche 2022/2023
Arbeitsbuch

Kirche träumen

Exegesen, Bibelarbeiten und Anregungen
zur Apostelgeschichte

Texte zur Bibel 38

 neukirchener

Zur 84. Bibelwoche 2022/2023
herausgegeben von der Arbeitsgemeinschaft Missionarische Dienst in der Evangelischen Kirche in Deutschland, der Deutschen Bibelgesellschaft und dem Katholischen Bibelwerk e.V., Stuttgart
Der Exegese lag die Einheitsübersetzung der Heiligen Schrift © 2016 Katholische Bibelanstalt, Stuttgart, zugrunde.

Bibeltext der Neuen Genfer Übersetzung – Neues Testament und Psalmen
Copyright © 2011 Genfer Bibelgesellschaft
Wiedergegeben mit freundlicher Genehmigung.
Alle Rechte vorbehalten.

Bibliografische Information der Deutschen Nationalbibliothek:
Die Deutsche Nationalbibliothek verzeichnet diese Publikation in der Deutschen Nationalbibliografie; detaillierte bibliografische Daten sind im Internet über http://dnb.d-nb.de abrufbar.

© 2022 Neukirchener Verlagsgesellschaft mbH, Neukirchen-Vluyn
Alle Rechte vorbehalten
Umschlaggestaltung: Grafikbüro Sonnhüter, www.sonnhueter.com
unter Verwendung eines Bildes von Annette Weber-Vinkeloe: Apostelgeschichte 4, 2022, Mischtechnik auf Papier, 90 x 97,5 cm
Lektorat: Ernst Neumann, Bonn
DTP: Breklumer Print-Service, www.breklumer-print-service.com
Verwendete Schriften: Clan, Swift
Gesamtherstellung: Finidr, s.r.o.
Printed in Czech Republic
ISBN 978-3-7615-6884-2

www.neukirchener-verlage.de

Inhalt

Das Verzeichnis der Autorinnen und Autoren findet sich beim Downloadmaterial

Zum Geleit

Andreas Schlamm

Werkstatt für himmlische Gesellschaft

Ich freue mich und bin dem Team, das diesen Band verantwortet, sehr dankbar dafür, dass die Entscheidung zugunsten der Apostelgeschichte ausfiel. Denn sie richtet den Scheinwerfer auf die kurze Zeitspanne ganz zu Beginn der Kirchengeschichte – ein ausgesprochen spannendes Kapitel, in dem das Christentum erstmals öffentlich in Erscheinung trat.

Damals formten sich aus der Jesusbewegung, deren Kern die Apostel bildeten, zaghafte kirchliche Strukturen heraus. Die Wesensmerkmale christlicher Gemeinschaft wurden sichtbar. Eine Organisation entstand, die sich ordnete und dabei natürlich Konflikte bewältigen musste. Und das alles lange vor der Konstantinischen Wende zu Beginn des 4. Jahrhunderts, die aus einer verfolgten Minderheit eine anerkannte Religionsgemeinschaft machte. Doch in der Apostelgeschichte waren Christinnen und Christen noch kritisch beäugt von den Mächtigen, ohne Privilegien, aber im Herzen angetrieben vom Pfingsterlebnis. Am Mut und an der Leidenschaft der ersten Zeuginnen und Zeugen möchte ich mir ein Beispiel nehmen.

Kirchengeschichte ist auch Missionsgeschichte. Wir lernen etwas darüber, wie im östlichen Mittelmeerraum aus der kleinen, unbedeutenden Jesusbewegung ein Netzwerk christlicher Gemeinden entstand, i.d.R. Hausgemeinden. Es wuchs langsam, aber stetig. In wenigen Jahrhunderten gelang es ihm zur dominierenden religiösen Kraft der westlichen Welt zu werden. Der Religionssoziologe Rodney Stark untersuchte vor rund 25 Jahren die Faktoren, die die Ausbreitung des Christentums begünstigten. Er stellte u.a. die These auf, dass es sich allmählich durch einzelne Konversionen entlang sozialer Netzwerke von Familien, Freunden und Kollegen verbreitete. Persönliche Beziehungen waren das Geheimnis des missionarischen Erfolgs der ersten Christinnen und Christen. Ebenso war das Zusammenleben in den Gemeinden, in denen gesellschaftliche Status-Unterschiede keine Rolle spielten, für viele Zeitgenossen attraktiv.

Gerade, wenn wir heute nach der Zukunft von Kirche fragen, ist es ein Gewinn, sich intensiv mit ihren Wurzeln zu beschäftigen. Wir stehen am Beginn einer post-konstantinischen Ära. Zwar wurde die Trennung von Kirche und Staat schon vor geraumer Zeit vollzogen (in Deutschland 1919), aber die kulturelle Prägekraft des Christentums wirkte noch Jahrzehnte nach. Nun gerät das Kulturchristentum immer mehr in die Defensive. Strukturen verflüssigen sich. Wir bewohnen zunehmend die Ruinen der Institution. Vor uns liegt eine offene Situation, die wieder größere Gemeinsamkeiten mit dem Urchristentum hat. Glaube und Kirchenzugehörigkeit werden immer mehr zu einer bewussten, persönlichen Entscheidung. Für Mission und Evangelisation gewinnen die sozialen Netzwerke und lebensweltlichen Kontexte, in denen wir Christus-Nachfolger*innen uns bewegen, wieder an Bedeutung. Dieser Rückbau eröffnet neue Freiräume, in denen – wie in einer Werkstatt – fröhlich ausprobiert werden darf, damit Neues entsteht. Nur zu! Die Apostelgeschichte möge Ihnen, liebe Leser*innen, zur Quelle der Inspiration werden.

Herzlichen Dank!

Kerstin Offermann

Allen Widerständen zum Trotz – es ist uns gelungen! Das neue „Texte zur Bibel" zur Apostelgeschichte ist da und wird die Ökumenische Bibelwoche 2022/23 begleiten und inspirieren. Herzlichen Dank, dass Sie, liebe Leserin, lieber Leser sich mit uns und mit der Apostelgeschichte gemeinsam auf den Weg machen zu einer Kirche, von der wir träumen.

Gemeinsam ... füreinander ... mit dem Heiligen Geist ... über alle Grenzen hinweg - aus dem Gefängnis heraus ... ohne falschen Anspruch ... zur Problemlösung kommen. Das ist der programmatische Plan der Apostelgeschichte und das sind die Überschriften über die einzelnen Einheiten der Bibelwoche. Es wird interessant!

Herzlicher Dank gebührt auch allen, die an diesem Buch mitgewirkt haben: zunächst vor allem PD Dr. Markus Lau für seine ausgezeichneten Exegesen, seine unkomplizierte, humorvolle Art und seine aufgeschlossene und interessierte Zusammenarbeit. Herzlichen Dank auch an alle, die eine Bibelarbeit zur Apostelgeschichte verfasst haben: Dr. Jochen Wagner, Dr. Torsten Reiprich, Dr. Rita Müller-Fieberg, Dr. Katharina Wiefel-Jenner, Kerstin-Dominika Urban und Michael Jahnke. Herzlichen Dank an Stephan Zeipelt und Sven Körber für die Jugendbibelwoche, an Manfred Zoll für das Material zur Kinderbibelwoche, an Dr. Jochen Wagner und das Team des ACK für das Material zum Ökumenischen Bibelsonntag. Herzlichen Dank an Tabea Becker für das Bible Art Journaling. Herzlichen Dank an die Teilnehmer*innen der verschiedenen Workshops, die zur Erstellung dieses Materials beigetragen haben – ihr seid eine Quelle der Inspiration und des Trostes! Und an Ernst Neumann für seine geduldige und unerschütterlich konstruktive Begleitung und Korrektur der vielen Texte. Wir haben in diesem Jahr wie viele andere auch mit Krankheiten gerungen, nicht nur, aber auch mit Corona. Dadurch hat sich leider die Fertigstellung der Materialien unerwartet verzögert. Das bitte wir zu entschuldigen.

Wir hoffen aber sehr, dass das, was nun gereift und geprüft entstanden ist, segensreich und hilfreich für Sie, unsere Leser*innen, sein wird.

Wir wünschen Ihnen eine geistreiche Lektüre, eine hoffnungsvolle Begegnung mit den biblischen Texten und die Zuversicht und den Mut zum Aufbruch, der die Apostelgeschichte durchweht.

Ihre

Kerstin Offermann

Einleitung

Lukas ist ein genialer Erzähler. Er zieht seine Leser*innen in seinen Bann, bis heute. Er erzählt von den Anfängen der christlichen Gemeinschaft und dem Wachsen und Werden der ersten Gemeinden.

Die Erzählungen, die heute über die Kirche kursieren hören sich leider sehr anders an. Sie erzählen vom Niedergang, von schweren Verfehlungen, von Unglaubwürdigkeit und Langeweile. Sie erzählen vom Sterben der Kirche. Ist das so, dass wir uns im Spannungsfeld von Anfang und Ende befinden? **Können die Erzählungen vom Anfang uns möglicher Weise inspirieren, anders von der Kirche in unserer Gegenwart zu erzählen?** Wir sind Teil dieser Geschichten, „Geschichten, die ständig parallel verlaufen, chaotisch; die in den Vordergrund treten, sich verstecken und sich gegenseitig ins Wort fallen. Denn sie verknüpfen und durchbrechen sich, sie umgehen, sie überschneiden und bespitzeln sich gegenseitig, sie verraten und führen in die Irre, sie legen Spuren, verwischen sie, und vor allem bergen sie in sich noch Abertausende von anderen Geschichten", wie Nino Haratischwili in seinem Roman *Das achte Leben* schreibt.

Lukas erzählt Geschichte. Daher ist es durchaus angemessen, bei anderen großen Geschichtenerzählern nachzufragen, wie sich diese Geschichten mit der Realität unseres Lebens und unserer Weltsicht verbinden. Der amerikanische Autor Patrick Rothfuss lässt es einen seiner Charaktere so ausdrücken: „,Alle Geschichten sind wahr‘, sagte Skarpi. ,Aber diese hat sich auch wirklich so zugetragen – wenn es das ist, was du meinst.‘ Er trank einen Schluck, lächelte dann wieder, und seine Augen funkelten. ,Mehr oder weniger. Man muss schon auch ein klein wenig ein Lügner sein, um eine Geschichte richtig erzählen zu können. Ein Übermaß an Wahrheit bringt die Tatsachen durcheinander‘" (*Der Name des Windes,* 2007). Sie sind wahr, weil sie wirken, weil sie faszinieren und unseren Blick auf Vergangenheit, Gegenwart und Zukunft verändern.

Leider hat sich diese Faszination für die Erzählungen der Apostelgeschichte nicht nur als Segen erwiesen, sondern auch eine breite Spur des Unheils in der Weltgeschichte hinterlassen: **Die Apostelgeschichte des Lukas steht Pate für Antisemitismus und Kolonialismus. Aber sie hat auch zu Erneuerungsbewegungen und Aufbrüchen in der Geschichte der Kirche geführt**. Das Wissen um diese Wirkung der Texte bringen wir heute mit, wenn wir sie lesen. Es macht den Zugang nicht immer leichter, aber wir können es auch nicht einfach *ad acta* legen und ignorieren, weil an den negativen Auswirkungen und Begründungszusammenhängen Menschen und Beziehungen bis heute leiden. Also werden diese Zusammenhänge in dieser Ökumenischen Bibelwoche beim Lesen und Hören auf die Texte immer wieder durchscheinen, stören, aufrütteln, anfragen und ermutigen, genauer hinzuschauen, tiefer nachzudenken.

Die Apostelgeschichte polarisiert. Einige sind begeistert und bewegt, andere finden sie schwer erträglich. Es ist Heldenliteratur, aber es ist auch ein bewegendes Zeugnis von Mut und Zähigkeit, trotz aller Widerstände weiterzugehen. Diese Erkenntnis bedeutet für einige Motivation: Weil das einmal so war, kann das auch wieder so werden. Für andere sind es bloß schöne Geschichten, nach den Regeln der Erzählkunst erzählt, die überzogene Erwartungen wecken und uns damit überfordern.

Eigentlich träumt die Apostelgeschichte nicht von einer traumhaften Kirche, sondern sie erzählt von ihr. Sie behauptet sie. Sie bekennt sie. Sie malt sie in leuchtenden Farben. Manchmal mit einem Augenzwinkern, manchmal auch mit einer Träne im Augenwinkel. Diese Mischung macht die Erzählungen der Apostelgeschichte so attraktiv. **Aber entspricht das leuchtende Bild von Gemeinschaft und Gemeinde dem Traum von Kirche, den Menschen heute zu träumen wagen?** Haben wir noch Hoffnung für die Kirche? Haben wir noch Visionen für unsere Gemeinde? Vielleicht wecken die Texte der Bibelwoche solche Träume, solche Wünsche und Visionen. Das wäre wundervoll.

Sie finden im Downloadmaterial ein Leporello, der für jeden Text der Bibelwoche Raum gibt, den eigenen Traum von Kirche zu beschreiben. So kann sich der Traum während der Beschäftigung mit den Texten der Apostelgeschichte entwickeln, wachsen und stark werden.

Im Downloadmaterial (Informationen zum Zugang finden Sie auf S. 10) haben wir vielfältiges Material zu jeder Einheit der Ökumenischen Bibelwoche für Sie zusammengestellt. Für alle Einheiten gemeinsam soll schon einmal an dieser Stelle auf folgende Ressourcen hingewiesen werden. (Die Link-Liste finden die im Downloadmaterial)

Das Bibelzentrum Barth hat die **komplette Apostelgeschichte mit Jugendlichen im Spiel Minecraft** nachgespielt. Auch von der Apostelgeschichte gibt es einen Clip, in dem mit Playmobil-Figuren die Apostelgeschichte nachgestellt („Die Bibel to go") und zusammenfassend nacherzählt wird, sowie einen Clip mit Lego-Figuren zu Apostelgeschichte 15. Genauso gibt es auch vom #BibelProjekt zwei Clips, die kapitelweise in Kurzform die Apostelgeschichte nachzeichnen.

Im Downloadmaterial finden Sie **Landkarten der Welt der Apostelgeschichte**, ebenso wie eine Übersicht wichtiger Personen der Apostelgeschichte und ihrer Namen. Ebenso finden Sie dort eine Übersicht über die für die Bibelwoche ausgewählten Texte.

Wir haben uns bei der Textauswahl auch daran orientiert, dass es 2006/07 bereits eine Ökumenische Bibelwoche zur Apostelgeschichte gab. Daher haben wir hauptsächlich Texte ausgewählt, die in der damaligen Bibelwoche nicht behandelt wurden. Auch das PDF dieser Bibelwoche finden Sie im Downloadmaterial.

Damit die ökumenische Bibelwoche mit anderen Veranstaltungen in der Gemeinde verknüpft werden kann und Sie auch die Möglichkeit haben, alle sieben Einheiten zu nutzen, selbst wenn Sie keine sieben Bibelarbeitseinheiten anbieten möchten, finden Sie **als Neuheit im Downloadmaterial Kurzimpulse zu allen sieben Texten, die als geistlicher Input oder Andachten in verschiedenen Gemeindekreisen verwendet werden könnten** – z.B. im Gemeindekirchenrat/Presbyterium.

Sie finden Grundrisse einer **Predigtreihe** zu allen sieben Texten, die sich dann hervorragend mit dem ökumenischen Bibelsonntag verbinden lässt. Außerdem finden Sie – wie schon vertraut – eine **Jugendbibelwoche, die auch für den Konfirmandenunterricht genutzt werden**

kann; und die Hinweise auf die Verbindung mit dem **Material der Kinderbibelwoche** zur Apostelgeschichte von Manfred Zoll (KIRCHE UNTERWEGS der Bahnauer Bruderschaft e.V.)! Im Material der Kinderbibelwoche finden Sie auch einen Entwurf für einen Familientag zur Apostelgeschichte. Er könnte sowohl als Auftakt zum Thema Apostelgeschichte als auch als Abschlussveranstaltung dienen.

Bereits bewährt hat sich das Format von **„Meine Woche mit der Bibel"**, das eher Individualnutzer*innen im Blick hat und für die Lektüre im Internet gedacht ist. Sie finden es aber auch als Druckformatvorlage, sodass Sie es in benötigter Stückzahl ausdrucken können, falls sie es an die Teilnehmenden verschenken oder für eine Einladungsaktion nutzen möchten. Sie können „Meine Woche mit der Bibel" auch bei midi (**https://www.mi-di.de/materialien/meine-woche-mit-der-bibel-2020**) als Broschüre beziehen, allerdings gegen einen Unkostenbeitrag.

Selbstverständlich finden Sie im Downloadmaterial auch die Bilder zur Bibelwoche in guter Auflösung für den internen Gebrauch. In dem Dokument **„Wie finden Bibeltext und Alltag zusammen"** haben wir für Sie Methoden zusammengetragen, die auf unterschiedliche Weise dabei helfen, den Bibeltext aus einer neuen Perspektive zu betrachten und damit auch neu zu entdecken.

Natürlich können Sie das Material zur Ökumenischen Bibelwoche nicht nur in der Form nutzen, dass Sie alleine eine komplette Woche mit sieben Abenden anbieten. Bewährt hat es sich, tatsächlich ökumenisch zu denken und mit anderen christlichen Kirchen vor Ort gemeinsam zu planen – vielleicht haben Sie ja sogar die Möglichkeit mit einer Migrationsgemeinde gemeinsam über die Texte nachzudenken? Das wäre ganz im Sinne der Apostelgeschichte, die über Grenzen hinweg denkt und neue Wege beschreitet. Vielleicht haben Sie auch den Mut und die Möglichkeit sogar mit anderen Religionen vor Ort gemeinsam eine Bibelwoche zu planen. Gerade der Dialog mit jüdischen Gemeinden könnte für die Texte der Apostelgeschichte fruchtbar, ganz im Sinne von Lukas.

Die einzelnen Einheiten stehen jeweils für sich, können daher unabhängig voneinander durchgeführt werden. **Sie eignen sich auch für eine Reihe, die sich über einen längeren Zeitraum erstreckt** – etwa eine Einheit pro Monat – aber sie sind auch so abwechslungsreich, dass sie gut für einen Bibeltag oder an einen Bibel-Wochenende genutzt werden können, das sich wiederum gut vom Ökumenischen Bibelsonntag rahmen ließe.

Außerdem finden Sie im Downloadmaterial Methoden und Zugänge, wie eine Bibelwoche online umgesetzt werden könnte. Viele von uns haben in Corona-Zeiten viele Erfahrungen mit Online-Formaten gesammelt. Online-Formate haben außer einer größeren Reichweite auch den Vorteil, sehr einfach vom Schatz an YouTube-Clips, Bildern oder Filmen profitieren zu können. **Wenn Sie sich für eine digitale Form der Bibelwoche entscheiden sollten, wird die Link-Liste für Sie hilfreich sein**. Wir arbeiten bei midi daran, Online-Formate auch für die Bibelwoche zu erarbeiten. Über Neuigkeiten informieren wir Sie gerne durch unseren Newsletter (zu beziehen unter **www.mi-di.de**).

Wir leben in bewegten, schwierigen Zeiten großen gesellschaftlichen Umbruchs. Es fühlt sich wie ein Steuern durch eine Nebenbank an. Die Texte der Apostelgeschichte machen Mut zum Aufbruch, getrost loszuziehen, im Vertrauen, dass Gottes Geist sich in unseren tastenden Schritten bemerkbar macht, im Vertrauen darauf, dass der Auferstandene Jesus Christus bei uns ist und dass sein Licht uns über die Jahrtausende hinweg aus den Bibeltexten entgegenfunkelt und uns auch bei Nebel begleitet und den Weg weist.

Wir wünschen Ihnen eine gewinnbringende Lektüre und freuen uns über Rückmeldungen unter **info@mi-di.de**.

Downloadmaterial

Zugang zum Downloadmaterial

Das Downloadmaterial wird über die Website der Neukirchener Verlagsgesellschaft zur Verfügung gestellt: **http://neukirchener-verlage.de/bibelwoche**

Wenn Sie diese Adresse eintippen und aufrufen, gelangen Sie auf eine Seite, auf der Sie einen **Downloadlink** anklicken können, der das gesamte Zusatzmaterial in Form **einer einzelnen Datei** auf Ihr Gerät herunterlädt. Aufgrund der Größe der Datei kann der Download einige Zeit dauern – die Dauer hängt von der Bandbreite Ihrer Internetverbindung ab. Innerhalb dieser „Archiv-Datei" findet sich das von der DVD bekannte Ordnersystem wieder. Die Datei lässt sich ohne zusätzliche Programme von den üblichen Betriebssystemen öffnen und extrahieren. Das benötigte Passwort, um die Datei zu öffnen, ist unten vermerkt.

Eine genaue Anleitung zum Download und Extrahieren der Datei findet sich auf der Seite, die durch die obengenannte Adresse aufgerufen wird.

Passwort: 2022Apostelgeschichte

Ausgewählte Inhalte aus dem Downloadmaterial

- Meine Woche mit der Bibel für eine individuelle Bearbeitung der Themen
- Jugendbibelwoche
- Werbematerial zur Kinderbibelwoche
- Die Kunstwerke von Annette Weber-Vinkeloe
- Die Ökumenische Bibelwoche zur Apostelgeschichte aus dem Jahr 2006.
- Bilddateien der Landkarten für die Gebiete, die in der Apostelgeschichte eine Rolle spielen
- Bible Art Journalings zu allen Texten
- Ergänzendes Material zum Ökumenischen Bibelsonntag
- Umfangreiche Linklisten zu allen Einheiten

Ich träume eine Kirche -
Gemeinschaft der Christen

Ich träume eine Kirche

Text: Dieter Stork, Musik: Fritz Baltruweit 1984 © *tvd-Verlag Düsseldorf*

1. Ich träume ei-ne Kir - che, in der kein Mensch mehr lügt, wo
   Ich träume ei-ne Kir - che, die wahr ist und ge-recht. Wir

nie-mand ei - nen an - dern in fal-scher Hoffnung wiegt.
al - le sind nun Frei - e und niemand Herr und Knecht.

Ich träu-me ei - ne Kir - che, die hat den Schritt gewagt, die

baut sich auf von un - ten und dient, wie Je - sus sagt.

2. Ich träume eine Kirche, die jedem Feind vergibt.
   Verletztes wird verbunden, der Schwache wird geliebt.
   Ich träume eine Kirche, die nicht den Waffen traut
   und die das Zelt des Friedens für alle Menschen baut.

   Ich träume eine Kirche, die hat den Schritt gewagt ...

3. Ich träume eine Kirche, die teilt und sich verschenkt,
   die wenig an sich selber und viel an andre denkt.
   Ich träume eine Kirche, die Mauern überspringt,
   die lacht und weint und segnet und mit den Menschen singt.

   Ich träume eine Kirche, die hat den Schritt gewagt ...

4. Ich träume eine Kirche, die atmet Jesu Geist -
   und lebt die ganze Hoffnung, die unser Gott verheißt.
   Ich träume eine Kirche, die hofft und liebt und glaubt,
   die hat auf Macht verzichtet und sich vom Muff entstaubt.

171

Kanon zur Bibelwoche

Ihr werdet die Kraft des Heiligen Geistes empfangen und werdet meine Zeugen sein,
und werdet meine Zeugen sein, meine Zeugen, meine Zeugen sein.

Text: Aus der Bibel

Melodie: Samuel Scheidt 1650 / Köln 1623 / Paul Ernst Ruppel 1963

Bibelstelle: Apostelgeschichte 1,8

DIe Notenrechte konnten leider nicht erworben werden. Die Liednoten können den einschlägigen Gesangbüchern entnommen werden, z.B. GL 132

Unter Tränen säen – voll Jubel ernten

Ein Wallfahrtslied, gesungen auf dem Weg hinauf nach Jerusalem.

Als der HERR uns aus der Gefangenschaft nach Zion zurückkehren ließ,
da war es uns, als träumten wir.
> *Wir lachten und jubelten laut vor Freude.*
Sogar unter den anderen Völkern sagte man:
„Der HERR hat Großes für sie getan!"
> *Ja, Großes hat der HERR für uns getan,*
> *darum freuen wir uns sehr!*
HERR, wende auch jetzt unser Geschick zum Guten,
so wie du die ausgetrockneten Bäche im Südland wieder mit Wasser füllst!
> *Wer unter Tränen die Saat ausstreut,*
> *wird voll Jubel die Ernte einbringen.*
Weinend geht der Sämann jetzt über den Acker,
mit sich trägt er den Samen zur Aussaat.
> *Voll Jubel kommt er dann heim von der Ernte,*
> *den Arm voller Garben.*

Agent Cleverus und das Geheimnis der Salzmenschen – Die Kinderbibelwoche

Manfred Zoll

Der berühmte römische Agent Cleverus hat einen brisanten Auftrag: König Herodes Agrippa bittet ihn, herauszufinden, was die Salzmenschen im Schilde führen: Ob sie durch ihre auffallende Lebensweise die Bevölkerung trickreich durchdringen, um dann ein neues Machtsystem aufzubauen und gegen den König zu rebellieren? Oder ob sie einfach harmlose Spinner sind, die von Auferstehung und Gnade reden und all ihren Besitz mit anderen Menschen teilen? Da König Herodes ein zutiefst misstrauischer und machtbesessener Herrscher ist, vermutet er das Schlimmste. Doch Agent Cleverus findet durch seine Recherchen zunehmend Gefallen an den „Salzmenschen", wie er diese Christen nennt. Und spürt, welche Kraft in ihrem Leben und in ihrer Botschaft steckt. So kommt es, dass er sich ihnen am liebsten anschließen würde …

Die Kinderbibelwoche erzählt in spannenden Theaterstücken fünf Geschichten aus dem Text-Pool der Ökumenischen Bibelwoche. Die Einheiten bieten gründliche theologische Reflexionen und didaktische Überlegungen. Die Auseinandersetzung mit den Bedürfnissen der Kinder lässt Zugänge zu den biblischen Geschichten entstehen, die erlebnishaft vermittelt werden. Kreative Ideen zur Vertiefung geben den Kindern durch eigenes Nachdenken die Möglichkeit, sich mit den Geschichten auseinanderzusetzen.

Die Praxismappe bietet einen Ideenpool zur Gestaltung einer Kinderstadt-Kinderbibelwoche, ein Konzept der Kirche Unterwegs, das Partizipation und aktive Mitwirkung der Kinder beim Programm ermöglicht.

Herausgeber:
Kirche Unterwegs der Bahnauer Bruderschaft e.V.,
Im Wiesental 1, 71554 Weissach im Tal
Autor: Diakon Manfred Zoll
Info, Bestellung: **www.kircheunterwegs.de**
Preis: 9,90 €

Die Apostelgeschichte – Praxisentwürfe für Jugendliche

Sven Körber / Stephan Zeipelt

Auch in diesem Jahr laden wir wieder Jugendliche und junge Erwachsene zur Ökumenischen Bibelwoche ein – mit einem Programm, das sie altersgerecht anspricht. In vier (bzw. fünf) Praxisentwürfen bieten wir die Möglichkeit, sich mit der Apostelgeschichte zu beschäftigen. Dabei ist ein kleiner Pool von Ideen und Bausteinen herausgekommen, der selbstständig auf die eigenen Bedürfnisse vor Ort angepasst werden kann.

1. Gemeinsam ...

In Apostelgeschichte 4,32-37 lesen wir, wie die erste Gemeinde gemeinsam miteinander lebt: Freiwillig werden Dinge geteilt, fröhlich wird der auferstandene Christus verkündet und auch um die Armen wird sich gekümmert.
In dieser Einheit entdecken wir, wie Gemeinde einladend und anziehend sein kann und fragen, wie wir selbst Gemeinde und Kirche träumen.

2. ... füreinander ...

In Apostelgeschichte 6,1-7 lesen wir, wie die Gemeinde Konflikte angeht und versucht zu lösen, um füreinander zu sorgen. Es werden sieben Menschen gewählt, die sich um diakonische Aufgaben kümmern sollen.
In dieser Einheit schauen wir darauf, wie Gemeinde sich um die Armen und Benachteiligten kümmert, damals und heute.

3. ... über alle Grenzen hinweg ...

In Apostelgeschichte 9,36-43 lesen wir, dass Petrus eine tote Frau der Gemeinde auferweckt. Ein Wunder außerhalb der Jesusgeschichte, das zeigt, wie Gemeinde auch über alle Grenzen hinweg wächst und Menschen zum Glauben kommen.
In dieser Einheit sprechen wir darüber, wie Gott auch heute noch konkret in seiner Gemeinde Wunder wirkt.

4. ... Jesu Zeuge sein.

In Apostelgeschichte 14,8-20 lesen wir, wie Paulus und Barnabas auf ihrer ersten Missionsreise nach einer Rede über Jesus einen Gelähmten heilen und wie sie dabei mit Hindernissen umgehen.
In dieser Einheit fragen wir, was einen Zeugen Jesu ausmacht und wie wir selbst zu solchen werden können.

Bonus: „Mit Jesus Christus – mutig voran!"

Eine fünfte Einheit nimmt den zweiten Teil der Apostelgeschichte und die Reisen des Apostel Paulus in den Blick. Dieser reist bis nach Rom, um den Menschen von Jesus zu erzählen. Wir entdecken einzelne Stationen auf diesem Weg und schauen, was die Erlebnisse des Paulus auch uns heute noch sagen können.

Parallel zu diesen Einheiten ermutigen wir, sich mit allen Teilnehmenden per Messenger-Dienst auszutauschen, zum Beispiel in einer geschlossenen Gruppe bei WhatsApp. Dazu bieten wir ergänzendes Material an, das einmal durch die ganze Apostelgeschichte führt. So wird auch die Möglichkeit gegeben, dass Teilnehmende sich zwischen den Treffen näher mit den Themen und Texten beschäftigen.

Wie sind die einzelnen Einheiten aufgebaut?

Jede Einheit ist ähnlich aufgebaut. Zuerst bietet eine Verlaufsskizze einen schnellen inhaltlichen Überblick. Neben einer Materialliste und Hinweisen zur Gestaltung gibt es noch eine kurze thematische Zusammenfassung.

Anschließend beginnt der eigentliche Praxisentwurf. Nach einem kurzen Rückblick auf die letzte Einheit wird mit einem **Türöffner** als Aufwärmaktion begonnen. Eine (spielerische) **Aktion** führt ins Thema ein. Ein kurzer Impuls fasst den Text(abschnitt) aus der Apostelgeschichte **In der Bibel** zusammen. Danach greifen die Teilnehmer selbst zur Bibel: **Lest die Bibel**. Von da aus können die Teilnehmenden eine Brücke ins eigene Leben schlagen: **Werdet aktiv**. Jede Einheit endet mit einer kreativen Gebetsidee: **Sprich mit Gott**. Für jede Einheit sollten ca. 90 Minuten eingeplant werden.

Das Material kann unterschiedlich genutzt werden. Zum Beispiel als Themenabendreihe im Jugendkreis, integriert in den Konfirmandenunterricht oder als Bibelarbeiten auf einer Freizeit. Wir freuen uns, wenn bei der Durchführung auch eigene Ideen einfließen.

Über Feedback, Anregungen und Kritik freuen wir uns.

Sven Körber, Stephan Zeipelt

Die vollständige Jugendbibelwoche befindet sich beim Downloadmaterial.

Meditation zu den Bildern von Annette Weber-Vinkeloe

Johannes Beer

Die sieben Bilder zur Apostelgeschichte, die Annette Weber-Vinkeloe gearbeitet hat, haben als gestalterische Grundelemente das Quadrat und den Kreis. In der Spannung zwischen diesen beiden geometrischen Formen, und durch deren Unvereinbarkeit, vollziehen sich diese bild-gewordenen Meditationen zu den Texten der Apostelgeschichte.

Natürlich sind die Erzählungen der Apostelgeschichte schon oft illustriert oder gemalt wor-den. Manche Geschichten finden sich dabei häufiger als andere in den Bildern wieder. Auch wenn die hier für die Bibelwoche ausgewählten Texte nicht zu den bekanntesten gehören, stehen uns beim Lesen immer wieder Bilder vor Augen, die unser Verstehen der Geschichten (mit-)geprägt haben. Annette Weber-Vinkeloe hat sich anlässlich dieser zu erstellenden Bibel-wochenmaterialien neu auf die Erzählungen der Apostelgeschichte eingelassen. Sie hat die ausgesuchten Texte gelesen, meditiert und ist dadurch in ihrer ganz eigenen Arbeitsweise zu diesen hier vorliegenden sieben Bildern gekommen.

Annette Weber-Vinkeloe arbeitet vorzugsweise mit sehr dünnem Papier, oft Japanpapier. Sie bemalt diese mit Acrylfarben und manchmal auch mit Ölkreiden. Die von der frischen Farbe feuchten Papiere schichtet sie übereinander, sodass diese verkleben. Es entstehen viele ver-schiedene Ebenen, die sich ineinander verweben. Manches verschwindet durch das Schichten wieder. Manches zeigt sich durch plötzliche Einblicke, Durchbrüche und Lichtblicke neu. Aufgebrachte Applikationen setzen zusätzliche Akzente.

Alle sieben Bilder sind nahezu quadratisch. Das Rechteck, besonders das Quadrat als das ideale Rechteck, steht traditionell für den Bereich der Schöpfung, der Erde, des Lebensraumes. Die Symbolik der Zahl Vier spielt mit hinein: Es gibt zum Beispiel vier Himmelsrichtungen und nach alter Mythologie vier Winde, die die Welt bestimmen. Das Rechteck steht auch für Räume und Städte, selbst für die Kirche, und spiegelt damit unsere häufigste architektonische Form wider. Es steht für die Räume, die Menschen nutzen und bilden und damit auch für die Gesellschaft und die Gemeinschaft von Menschen, aber auch für die Einteilungen und Ab-grenzungen zwischen Menschen.

Der Kreis ist dagegen das Symbol für den Bereich Gottes. Als vollkommene Form steht er für den ewigen Geist Gottes und damit für die Fülle, aus der alle Offenbarung hervorgeht und die alles Geoffenbarte umschließt.

Annette Weber-Vinkeloe wurde 1958 in Kassel geboren. Sie hat in Aachen Visuelle Kommunikation, Illustration und Fotografie studiert. Von 1987 bis 2014 war sie in Berlin-Neukölln in der Regenbogen-Grundschule, sowie in der Erwachsenenbildung im sozialen Brennpunkt tätig. Seit 2014 lebt sie mit Freunden und Familie auf einem Mehrgenerationenhof in Minden. Neben ihrer Tätigkeit als freischaffende Malerin gibt sie Kunstunterricht am Ratsgymnasium Minden und engagiert sich mit Projekten in der St. Marienkirche Minden.

Einleitung zur Apostelgeschichte: Dem Anfang verpflichtet – Neues vor Augen

Markus Lau

Unter dem Titel „Taten der Apostel" (im Griechischen: *praxeis apostolōn*) findet sich im Neuen Testament am Übergang von den vier Evangelien hin zur Welt der Briefe, die wir vor allem mit dem Namen des Paulus verbinden, eine im Neuen Testament einzigartige Erzählung: die Apostelgeschichte. Der Titel trügt dabei nicht – auch wenn ihn eine gewisse Spannung auszeichnet (s. u.). In einem langen Erzählbogen werden die Worte und Taten unterschiedlicher Apostel, etwa die des Petrus und des Johannes, aber auch die vieler anderer Männer wie Philippus, Stephanus und Paulus und selten auch von oft anonym bleibenden Frauen erzählt, die zur ersten Generation der Jesuschülerinnen und -schüler gehören. Sie gehen unter der Begleitung des Geistes Gottes (vgl. z. B. Apg 15,28) nach der Auferweckung und Himmelfahrt Jesu in den Spuren Jesu weiter und der in den Himmel entrückte Jesus selbst begleitet sie vermittelt durch den Geist Gottes auf ihrem Weg.

So treffend freilich das erste Stichwort des Werktitels ist, weil Lukas Worte und Taten, eben die Praxis der Jesusnachfolgerinnen und -nachfolger erzählt, so sehr irritiert bei näherem Hinsehen das zweite Titelstichwort. Denn **Lukas begrenzt den Aposteltitel in seinem Doppelwerk exklusiv auf den Zwölferkreis: Apostel kann für ihn nur ein Mensch sein, der von Anfang an Teil der Jesusbewegung und Osterzeuge war**, der von der Taufe Jesu durch Johannes bis zur Himmelfahrt dabei war (vgl. Apg 1,21), sodass z. B. Paulus für Lukas kein Apostel sein kann (was Paulus selbst naturgemäß anders sieht, vgl. nur 1 Kor 1,1). Dementsprechend müsste die Apostelgeschichte eigentlich um das Wirken von Leuten wie Stephanus, Paulus oder Philippus einen großen Bogen machen. Dem ist freilich nicht so, so dass der Titel faktisch vor allem von Apg 1–5 zum Text bestens passt. Mit Apg 6 werden mehr und mehr auch Nicht-Apostel zu Hauptfiguren der Erzählung, wenngleich gerade von Petrus auch im weiteren Textverlauf immer wieder die Rede ist. Das lässt zumindest fragen, ob der Titel des Gesamtwerks: „Taten der Apostel" überhaupt der ursprüngliche ist und auf Lukas zurückgeht oder sich einer späteren Traditionsbildung verdankt.

1. Was erzählt Lukas? Der große Erzählbogen der Apostelgeschichte

Die „Taten der Apostel" erzählt Lukas dabei orientiert an einem geografischen Konzept, in das er für ihn zentrale Personen und Themen einordnet. Als eine Art Mottovers fungiert dabei Apg 1,8: „Aber ihr werdet Kraft empfangen, wenn der Heilige Geist auf euch herabkommen wird; und ihr werdet meine Zeugen sein in Jerusalem und in ganz Judäa und Samarien und bis an die Grenzen der Erde." Der auferweckte und kurz vor seiner Himmelfahrt stehende Jesus kündigt die Sendung des Geistes Gottes an, die sich an Pfingsten (Apg 2) ereignen wird, und sendet seine Schülergruppe hinaus in die Welt, angefangen in Jerusalem, dann weiter über die Regionen Judäa und Samarien bis hinaus an die Grenzen der Erde. Diese an drei geografischen Räumen orientierte Ankündigung Jesu bildet im Kern die Grobgliederung der ganzen Apostelgeschichte ab.

Überleitende und die Apostelgeschichte mit dem Lukasevangelium verbindende Funktion haben dabei die ersten Verse die Apostelgeschichte: Apg 1,1–3 fungiert als Vorwort und fasst den Erzählbogen des Lukasevangeliums zusammen, der in der Apostelgeschichte fortgesetzt wird. Als Exposition und Einleitung in die Apostelgeschichte dienen Apg 1,4–14. Mit der Himmelfahrt und der Ankündigung von Aussendung der Schülergruppe und Geistsendung wird programmatisch der Inhalt der Apostelgeschichte vorbereitet. V. 12–14 fassen im Rahmen eines Summariums zusammen, dass die Jesusgruppe an einem Ort in Jerusalem verbleibt; zudem werden die Namen der verbliebenen elf Apostel sowie die Präsenz einiger Frauen, die mit Ausnahme von Maria allerdings anonym bleiben, zusammenfassend notiert. Damit sind – ganz im Sinne einer Einleitung – Handlungsort und erste Hauptfiguren vorgestellt, die Bühne ist gleichsam bereitet, so dass sich der Vorhang heben kann und der Blick auf die erzählte Welt des Lukas frei wird.

Apg 1,15–8,3 spielen in Jerusalem. Mit Apg 8,4 verlagert sich der Wirkungsbereich der Jesusbewegung – den Begriff „Christen" vermeide ich zunächst, weil sich das Christentum in der Erzählwelt der Apostelgeschichte überhaupt erst als eigenständige Gruppierung herausbildet und erst ab Apg 11,26 mit diesem Label bezeichnet wird – hinaus nach Judäa und Samarien. Motor dieser Entwicklung ist die Verfolgung der Jerusalemer Gemeinde, die sich im Anschluss an die Stephanuskrise ereignet. Diese mit dem in jüdischer Tradition negativ eingefärbten Codewort „Zerstreuung" (Apg 8,1: „alle wurden in die Gegenden von Judäa und Samarien zerstreut, mit Ausnahme der Apostel") bezeichnete Entwicklung erweist sich für die Jesusbewegung als ausgesprochen heilvoll, weil neben dem Zentrum Jerusalem die Jesusbewegung nun auch in Judäa und Samarien Fuß fassen kann. Lukas verbindet dies vor allem mit dem Wirken des Philippus (Apg 8, vgl. den Beitrag zu Apg 8,4–25) und dem des Petrus (Apg 9–11; vgl. den Beitrag zu Apg 9,36–43). Dieser Erzählabschnitt erstreckt sich bis Apg 11,18.

Mit Apg 11,19–21 wird an die Zerstreuung aus Jerusalem erinnert und der dritte in Apg 1,8 genannte geografische Raum betreten:

19 Bei der Verfolgung, die wegen Stephanus entstanden war, kamen die Versprengten bis nach Phönizien, Zypern und Antiochia; doch verkündeten sie das Wort nur den Juden. 20 Einige aber von ihnen, die aus Zypern und Kyrene stammten, verkündeten, als sie nach Antiochia kamen, auch den Griechen das Evangelium von Jesus, dem Herrn. 21 Die Hand des Herrn war mit ihnen und viele wurden gläubig und bekehrten sich zum Herrn.

Damit ist der Weg hinaus bis an die Grenzen der Erde beschritten, der von Lukas zunächst noch mit Petrus (s. den Beitrag zu Apg 12,1–24) und dann primär mit dem Wirken des Paulus und seiner unterschiedlichen Begleiter auf seinen Reisen verbunden ist (s. den Beitrag zu Apg 14,8–20), die freilich immer wieder auch nach Jerusalem (so in Apg 15 und erneut ab Apg 21,15) zurückführen. **In der erzählten Welt der Apostelgeschichte endet dieser Weg in Rom. Mit der Ankunft im Zentrum des römischen Reiches ist die Jesusbewegung endgültig auf die Weltbühne getreten.**

Ein Schlusspunkt ist diese Ankunft in Rom im Übrigen nicht. Der Lukas mit einiger Wahrscheinlichkeit bekannte Tod des Paulus in Rom (evtl. in der Mitte der 60er Jahre des 1. Jh. n. Chr.) – nach Traditionen der Alten Kirche stirbt Paulus unter der Herrschaft des Kaisers Nero den Märtyrertod – wird von ihm wohl sehr bewusst nicht erzählt. Die unspektakulär erzählten und doch programmatischen Schlussverse der Apostelgeschichte halten vielmehr fest, dass Paulus in Rom ungehindert sein Verkündigungswerk fortsetzen kann (Apg 28,30f.), sodass die Sache Jesu weitergeht. Das Ende des Buches wirkt insofern offen, ohne fragmentarisch oder abgebrochen zu sein. Die Erzählung soll vielmehr bewusst nicht abgeschlossen sein, gerade weil die Verkündigung der Jesusbotschaft weitergehen soll:

> *30 Paulus blieb zwei volle Jahre in seiner Mietwohnung und empfing alle, die zu ihm kamen. 31 Er verkündete das Reich Gottes und lehrte über Jesus Christus, den Herrn – mit allem Freimut, ungehindert.*

Dass auf diesem Weg hinaus in die Welt die Jesusbewegung auch die Kreise und Grenzen des Judentums überspringt und sich an nichtjüdische Menschen wendet bzw. diese sich für das „Christentum im Werden" interessieren und Mitglieder der Jesusgruppe werden, ist angesichts des von Lukas entworfenen geografischen Konzepts vollauf konsequent. **Letztlich schon seit Apg 8 tritt das Thema der Integration von Nichtjuden in die Jesusbewegung und die Frage, zu welchen Bedingungen eine solche Integration erfolgen kann, mehr und mehr ins Zentrum der Erzählung.** Mit der Jerusalemer Gemeindeversammlung, die in Apg 15 erzählt wird, werden diese Frage und die mit ihr verbundenen Konflikte im Sinne eines Kompromisses gelöst (s. dazu den Beitrag zu Apg 15,1–35). Entscheidende Weichenstellungen liefern dafür das Wirken des Petrus und des Duos Barnabas und Paulus, aber auch die mutigen Entscheidungen der Jesusgemeinde im syrischen Antiochia, die nichtjüdische Menschen ohne die Forderung nach Beschneidung und Einhaltung der gesamten Tora in ihre Kreise aufnimmt. Das deutet sich bereits in Apg 11,20f. an und wird vollends im Licht von Apg 15,1–5 sichtbar. Nicht von ungefähr erhält die Jesusbewegung in der Apostelgeschichte denn auch an diesem Ort zum ersten Mal jenen neuen Namen, der bis heute prägend ist (Apg 11,26):

> *In Antiochia nannte man die Jünger zum ersten Mal Christen.*

Mit der Art der Öffnung der jüdischen Jesusbewegung für Nichtjuden, wie sie in Antiochia praktiziert wurde, waren die Grenzen des klassischen Judentums tatsächlich überschritten und konnte die Jesusgruppe aus der Sicht des Lukas nun auch von außen vom nichtchristusgläubigen Judentum differenziert werden. Für Lukas ist dabei klar, dass hinter dieser Entwicklung der Integration von Nichtjuden niemand anderes als Gott selbst steht, der seinen Geist auch unbeschnittenen Nichtjuden schenken kann (vgl. z. B. Apg 10,44–48), die dann konsequenterweise durch die Taufe rituell in die Jesusgruppe aufgenommen werden. „Die Hand des Herrn", so formuliert Lukas in Apg 11,21 im Blick auf jene Juden, die sich auch offensiv den Nichtjuden zuwenden, „war mit ihnen". Gott selbst treibt an die Grenzen der Erde und ermutigt zu Grenzüberschreitungen.

Höchst passend ist mit Blick auf diesen in der Apostelgeschichte erzählten Weg an die geografischen Grenzen und über kulturelle Grenzen hinweg, dass die Jesusbewegung in der Apostelgeschichte auch einfach mit dem Label „der Weg" (9,2; 18,25f.; 19,9.23; 22,4; 24,14.22) angesprochen werden kann – was ein inhaltliches Kernmoment von Jesusnachfolge in der Apostelgeschichte einfängt. Tatsächlich begibt sich die Jesusbewegung in der Darstellung des Lukas auf neue Wege – geografisch wie inhaltlich. Sie überschreitet Grenzen und wagt den Aufbruch ins Neuland.

2. Wie erzählt Lukas? Eigenheiten des lukanischen Textes

Von diesen Grenzüberschreitungen und Neuaufbrüchen erzählt Lukas im Rahmen einer zwei-bändigen Erzählung. Das macht ihn einzigartig unter den Evangelisten. Nur Lukas erzählt zweibändig. Im ersten Band spannt Lukas dabei den Bogen von der Ankündigung der Geburt des Täufers und der Jesu, über das öffentliche Wirken Jesu in Wort und Tat bis hin zu Passion, Tod und Auferweckung. Die erzählte Himmelfahrt leitet dann über zum zweiten Band, der Apostelgeschichte, die das Wirken der Nachfolgerinnen und Nachfolger Jesu im Blick hat und deren Wege schildert, die zuweilen auch Irrwege, Ab- und Umwege sind.

Diesen Erzählstoff, der sich an Orten, Personen und Themen orientiert, garniert Lukas mit vielfachen Anspielungen auf und Zitaten aus den heiligen Schriften Israels, die das Leben Jesu und das Wirken seiner Schülerinnen und Schüler als schriftgemäß charakterisieren sollen. Für Lukas erfüllen Jesus und seine Vision vom angebrochenen Reich Gottes biblisch-jüdische Verheißungen. Lukas scheut sich aber auch nicht, nichtjüdische Literatur, die zum Bildungs-schatz griechisch-römischer Kultur gehört, in seine Erzählung aufzunehmen. Dazu gehören etwa das berühmte Zitat in Apg 17,28, das aus dem Lehrgedicht „Phainomena" des Aratos von Soloi in Kilikien (gest. 245 v. Chr.) stammt, oder Anspielungen auf die Erzählung über Phile-mon und Baukis aus Ovids *Metamorphosen* in Apg 14,8–20.

Den Erzählstoff des Evangeliums verdankt Lukas dabei im Wesentlichen Markus. Es ist das Markusevangelium, das das Grundgerüst für die lukanische Jesusgeschichte liefert und das Lukas redaktionell verarbeitet. **Auch in der Apostelgeschichte verarbeitet Lukas Quellenma-terial, das nur schwer zu identifizieren ist, weil wir die Vorlagen nicht kennen.** Zu diesen Quellen könnte eine Art Reisebericht gehört haben, der von den Reisen des Paulus erzählt hat. Es fällt in diesem Sinne auf, dass in den Textstücken Apg 16,10–17; 20,5–15; 21,1–18; 27,1–28,16 die Erzählstimme unvermittelt in die erste Person Plural wechselt und sich bestän-dig selbst in das Geschehen mit hineinzeichnet und mit Paulus reisend als Teil einer Wir-Grup-pe unterwegs ist. Dieser plötzliche Stilwechsel vom allwissenden Erzählen hin zu einer Er-zählweise, die Unmittelbarkeit und Lebendigkeit vermittelt, kann sich der Verarbeitung einer Quelle verdanken, die auf einen Reisebegleiter des Paulus zurückgeht. Sie kann aber auch ein literarisches Stilmittel sein, um Dramatik und den Eindruck von Authentizität zu erreichen. Im Vergleich zum Lukasevangelium dürfte jedenfalls der originäre Eigenanteil des Lukas am Erzählganzen der Apostelgeschichte höher ausfallen. Vor ihm gab es schlechterdings noch keine Apostelgeschichte – jedenfalls wissen wir von keiner.

Mit Evangelium und Apostelgeschichte realisiert Lukas im Übrigen zwei unterschiedliche Großgattungen antiker Literatur, die beide Teil griechischer Fachschriftstellerei sind. Das Evangelium funktioniert im Wesentlichen wie eine antike Vita, erzählt also das Leben einer Hauptfigur, um ihren Charakter an einzelnen Episoden, an Worten und Taten hervorzuheben. Dabei können antike Viten die Geschichten von Helden wie von Schurken erzählen, können Vorbilder und abschreckende Beispiele präsentieren. Im Falle Jesu ist die Sache eindeutig. Er wird als Vorbild beschrieben. Die Vollständigkeit in der Darstellung ist dabei nicht das Ziel einer antiken Vita, sondern die Betonung des Typischen und Charakteristischen. In diesem Sinne zeichnet Lukas ein für seine Leserinnen und Leser anschlussfähiges und für seine Hauptfigur charakteristisches Jesusbild. Die Apostelgeschichte gehört zum Bereich der Historiografie: Sie ist eine von lukanischen Intentionen gelenkte Geschichtsschreibung mit biografischen (etwa mit Blick auf Paulus) und romanhaften (so gehört eine gute Schiffbruchserzählung, wie sie Apg 27 für Paulus und seine Mitreisenden erzählt, zum festen Inventar antiker Romane) Einsprengseln, die eine chronologisch strukturierte, an Räumen orientierte Epoche erzählt und dabei Worte und Taten einer Vielzahl von Protagonisten benennt.

In der Apostelgeschichte schlüpft Lukas also in das Gewand eines Historikers, im Evangelium in das eines Biografen. Ganz typisch ist dabei, dass beide Texte Vorworte, sog. „Proömien", enthalten, die über das Anliegen der folgenden Texte Auskunft geben, die sich zu eventuellen Vorarbeiten und damit Quellen äußern, die auf bereits Geschriebenes zurückblicken (wie auch Lukas im Rahmen von Apg 1,1–3), in denen Adressaten genannt werden, der Autor sich selbst vorstellt und auch das methodische Vorgehen benannt wird. All das findet sich zumindest in Teilen auch im Proömium zum Lukasevangelium (Lk 1,1–4), auf das Apg 1,1 zurückblickt:

> 1 Schon viele haben es unternommen, eine Erzählung über die Ereignisse abzufassen, die sich unter uns erfüllt haben. 2 Dabei hielten sie sich an die Überlieferung derer, die von Anfang an Augenzeugen und Diener des Wortes waren. 3 Nun habe auch ich mich entschlossen, nachdem ich allem von Beginn an sorgfältig nachgegangen bin, es für dich, hochverehrter Theophilus, der Reihe nach aufzuschreiben. 4 So kannst du dich von der Zuverlässigkeit der Lehre überzeugen, in der du unterwiesen wurdest.

Lukas ordnet sich und sein Schreiben in eine Kette der Tradition ein und legt offen, dass er Quellen hat und verarbeitet. Vor ihm gab es andere, die bereits Erzählungen verfasst haben. Damit ist z. B. das Markusevangelium gemeint. Und vor diesen stehen die „Augenzeugen" und „Diener des Wortes", mit denen nach Apg 6,4 die Apostel selbst gemeint sein dürften, die für die Authentizität des Erzählten bürgen. Lukas selbst beschreibt sein Vorgehen als die Arbeit eines sorgfältigen Biografen und Historikers, der *akribisch*, so der griechische Begriff, der in V. 3 verwendet wird, den Dingen auf den Grund gegangen ist und sie *in guter Ordnung* aufschreiben will. Das sind Termini, die etwa auch bei Thukydides, einem der Väter der griechischen Geschichtsschreibung, Verwendung finden und typisch für antike Historiografen sind. Dabei verfolgt Lukas Ziele, die sich auf Theophilus und seine Unterweisung in der Zuverlässigkeit und Tragfähigkeit des von ihm kennengelernten Glaubens beziehen.

3. Wem erzählt Lukas? Die Adressatinnen und Adressaten

Der erste Vers der Apostelgeschichte nennt in Apg 1,1 einen konkreten Adressaten, an den sich Lukas mit seiner Erzählung richtet: Theophilus. Von ihm war bereits im Vorwort zum Lukasevangelium die Rede (Lk 1,3f.). Dort hatte ihn Lukas mit dem Adjektiv „hochgeehrt" ausgezeichnet – ein fast titelartiger Begriff, der eine hohe Ehrung impliziert und beim Leser Theophilus gewiss eine grundlegende Geneigtheit zu Lukas und seinem Werk erreicht haben wird. Oder anders: Lukas schmeichelt seinem Leser, der sich, so Lk 1,4, durch die Lektüre von Lukasevangelium und Apostelgeschichte von der Zuverlässigkeit der Lehre überzeugen lassen kann, in der er bereits unterwiesen ist. Der Leser Theophilus ist also bereits ein Jesusanhänger und mit den Grundanliegen der Jesusbewegung vertraut. Die zweibändige Erzählung des Lukas soll die bisherige Lehre, die Theophilus erfahren hat, untermauern, ihre Inhalte bestätigen und vertiefen. Man könnte daher Evangelium und Apostelgeschichte auch als Lehrbücher in Sachen Jesusnachfolge begreifen. Sie sind nicht zunächst missionarische Werbeschriften, die das kleine Einmaleins der Jesusbewegung verbraucherfreundlich für Newcomer in der Jesusbewegung zusammengefasst bieten, sondern sind für Fortgeschrittene gedacht.

In der Exegese ist viel gerätselt worden, wer dieser Theophilus war. Ein Freund des Lukas? Ein reicher Gönner der Jesusbewegung? Ein Gemeindevorstand oder hochstehendes Mitglied in der lukanischen Gemeinde? **In jedem Falle handelt es sich um einen sprechenden Namen: Theophilus, das ist der Gottesfreund.** Theophil sind die Freundinnen und Freunde Gottes, die Anhängerinnen und Anhänger des einen Gottes in Judentum und Jesusbewegung. Man wird daher kaum annehmen müssen, dass eine zweibändige Erzählung wie die des Lukas sich allein an einen einzelnen Menschen gerichtet hat. Hinter Theophilus lugt also eine Gemeinde von Männern und Frauen hervor. Vielleicht ist „Theophilus" insofern eine Chiffre für alle Jesusanhängerinnen und -anhänger und letztlich alle Leserinnen und Leser des Lukas, die sich selbst als „theophil", als Gottesfreunde verstehen.

Dabei, das macht gerade das Lukasevangelium deutlich, hat Lukas durchaus eine konkrete Gemeinde von Gottesfreundinnen und -freunden vor Augen, für die er seine Jesusgeschichte und auch die Apostelgeschichte schreibt. Zu deutlich verfolgt der lukanische Text eine spezifische Intention und entwickelt die erzählte Geschichte auf konkrete Gemeindesituationen und Herausforderungen hin, was uns in den Texten der Bibelwoche immer wieder beschäftigen wird. Seine konkreten Gemeindeerfahrungen bestimmen die Art und Weise der Abfassung seiner Texte mit. Gut möglich ist allerdings, dass Lukas damit gerechnet hat, dass die Fragen, die sich angesichts seiner Gemeindesituation stellen, auch andere Jesusgruppen betreffen können. Lukas schreibt also mutmaßlich mit einem doppelten Adressatenhorizont: Er erzählt die Jesusgeschichte und die Apostelgeschichte in einer für seine Gemeinde besonders anschlussfähigen Weise, erzählt sie aber zugleich so, dass auch andere Gottesfreundinnen und -freunde seine Texte mit Gewinn lesen können. **Insofern sind Apostelgeschichte und Lukasevangelium zwar Insiderliteratur, weil sie sich an in die Jesusbewegung bereits Integrierte richten, sie sind aber keine hermetischen Erzählungen, die nur für einen kleinen Kreis von Eingeweihten zugänglich und verständlich wären.**

Wer aus diesem Kreis der frühen Jesusschülerinnen und -schüler das lukanische Doppelwerk mit Gewinn lesen und in die Tiefen der lukanischen Erzählungen eintauchen will, muss dabei nicht nur rudimentär in der Jesusbewegung sozialisiert sein. Er muss auch Griechisch lesen oder beim Zuhören verstehen können, denn Lukas schreibt auf Griechisch. Er muss zudem die heiligen Schriften Israels zumindest in ihren Grundzügen kennen und muss ihnen besondere Geltung zuweisen, erzählt Lukas doch das Leben Jesu und die Anfänge der Jesusbewegung unter Rückgriff auf Zitate und Anspielungen aus der Bibel Israels und taucht Jesus und die Apostel in ein alttestamentliches Licht. Die Schrift und ihre prophetischen Verheißungen erfüllen sich für Lukas und seine Gemeinde mit und in Jesus und in der Jesusbewegung. **Für Lukas und sein Lesepublikum hat die Bibel Israels bleibende Bedeutung und die Erfüllung ihrer Verheißungen argumentativen Wert.** Die Leserinnen und Leser des Lukas müssen aber auch mit griechisch-römischer Kultur und ihren Plausibilitäten vertraut sein, um bestimmte Anspielungen, wie etwa die auf das Konzept des Goldenen Zeitalters im Rahmen von Lk 2, entziffern zu können. Der Augsburger Neutestamentler Stefan Schreiber spricht in diesem Zusammenhang zutreffend von einem „politischen Lukas". Und auch die ersten Leserinnen und Leser seines Doppelwerkes müssen entsprechend politisch wache Zeitgenossen gewesen sein, um die lukanische Kritik an den Verhältnissen seiner Zeit aufnehmen und in einer veränderten Lebenspraxis umsetzen zu können.

Mit diesen wenigen Notizen gewinnen wir ein paar erste Konturen für das Adressatenprofil der Leserinnen und Leser, die Lukas als sein Erstadressatenpublikum im Blick hatte. Es sind Menschen, die wir vielleicht am besten als Grenzgänger zwischen Judentum und nichtjüdischer Kultur des griechisch-römischen Raumes erfassen können. Es sind Männer und Frauen, Gebildete und gewiss auch weniger Gebildete, Reiche und weniger Reiche, ja zuweilen auch Bettelarme und an den Rand Gedrängte, um deren materielle Versorgung sich Lukas intensiv sorgt (s. dazu später Apg 4,32–37; 6,1–7). Aus der antiken Welt kennen wir eine Gruppe, auf die dieses Profil mit Randunschärfen besonders zutrifft: **die Gottesfürchtigen**. Damit sind Menschen gemeint, die in den Städten des römischen Reiches leben, eine intensive Beziehung zu jüdischen Diasporasynagogengemeinden pflegen, vom Eingottglauben des Judentums und der jüdischen Ethik fasziniert sind, aber aus diversen Gründen nicht in das Judentum durch Beschneidung (für Männer) und Einhaltung der Tora vollumfänglich eintreten, also als Proselyten (der Begriff meint Menschen, die als Nichtjuden geboren worden sind und durch Konversion in das Judentum eintreten) zum Judentum konvertieren. Von ihnen wissen wir etwa aus Grabinschriften nichtjüdischer Menschen, auf denen sich der Begriff „Gottesfürchtige/r" erhalten hat, und wir kennen sie von Stifterinschriften jüdischer Synagogengemeinden aus der jüdischen Diaspora, in denen die finanziellen Zuwendungen von Gottesfürchtigen an jüdische Synagogen notiert sind. Gottesfürchtige gehören oft zur Gruppe der Reichen und zur städtischen Oberschicht. Es sind Männer und Frauen.

Diese Grenzgänger zwischen Judentum und paganer Umwelt finden sich nun gehäuft als Erzählfiguren in der Apostelgeschichte des Lukas. Sie sind dort nicht nur als Sympathisantinnen und Sympathisanten jüdischer Synagogen gekennzeichnet, sondern werden auch als frühe Mitglieder der Jesusgemeinden dargestellt (Apg 10,2.22.35; 13,16.26.50; 16,1f.14; 17,4.17; 18,7). Das macht die Überlegung zumindest nicht unwahrscheinlich, dass auch zur lukanischen Gemeinde eine Gruppe von Gottesfürchtigen gehört. Der sprechende Name „Theophilus" würde zu dieser Gruppe im Übrigen nicht schlecht passen.

4. Wo erzählt Lukas? Der umstrittene Entstehungsort

An welchem Ort die lukanische Gemeinde lebt, für die Lukas sein Evangelium und die Apostelgeschichte zunächst und zuallererst schreibt und entsprechend Lukas auch selbst lebt, wissen wir nicht. Anders als in Büchern unserer Zeit haben die biblischen Texte nämlich allesamt kein Impressum, das zumindest den Ort der Publikation des Buches nennt, wobei dieser natürlich nicht mit dem Arbeitsort der jeweiligen Autor:innen identisch sein muss. So einfach macht es Lukas uns also nicht, ganz davon abgesehen, dass die Autoren der neutestamentlichen Schriften keine Verlage in unserem Sinne nutzten, sondern selbst ihren Text niederschrieben oder ihren Text Schreibern diktierten und dann das Original der Gemeindeöffentlichkeit zur Verfügung stellten, von dem bei Bedarf Kopien durch Abschreiben erstellt wurden. Und auch wenn Lukas das noch heute geläufige Konzept des Vorworts in seiner Jesusgeschichte wie zu Beginn der Apostelgeschichte verwendet, so fehlt doch das heute typische Ende, das neben den Herausgeber:innen und/oder Autor:innen-Namen auch eine Datierung und den Ort nennt, an dem das Vorwort geschrieben worden ist.

Will man gleichwohl wissen, wo Lukas schreibt und seine Gemeinde lebt, ist man zwingend auf Rückschlüsse aus dem lukanischen Text selbst angewiesen, der dahingehend lesend befragt wird, ob er durch Textdetails erkennen lässt, wo er entstanden ist, etwa indem er die Welt aus einer bestimmten geografischen Perspektive wahrnimmt oder einen Ort stark ins Zentrum seiner Erzählung rückt. Oder man sucht nach dem, was in der Bibelwissenschaft „Lokalkolorit" genannt wird. Damit sind spezifische Erzähldetails eines Textes gemeint, die Eigenheiten aufweisen, die charakteristisch für einen bestimmten Ort, eine Landschaft, ein geografisches Milieu sind, an anderen Orten und Landschaften indes nicht oder nur selten anzutreffen sind. Zum Lokalkolorit kann auch gehören, dass die in einem Text erzählte Welt so präzise mit einem Ort der realen Welt übereinstimmt, dass man annehmen muss, dass der biblische Autor diesen Ort wirklich gut kennt – oder umgekehrt: der Autor in seiner erzählenden Darstellung eines Ortes so bewusst vom Typischen dieses Ortes abweicht, dass er bei seinem Lesepublikum eine bewusste Irritation hervorrufen will, die sich freilich nur einstellen kann, wenn auch das Lesepublikum die Spannung zwischen erzähltem Ort und realer Welt erkennen kann.

In der Bibelwissenschaft sind diese Fragen gestellt worden. Neben einzelnen konkreten Städtenamen wie Philippi, Ephesus, Rom oder dem syrischen Antiochia sind dabei auch ganze Regionen und Länder (Griechenland, die Achaia, die Ägäis, Kleinasien, Makedonien) als mögliche Entstehungsorte genannt worden. **Einigkeit herrscht in dieser Frage nicht, ja sie gilt manchen als letztlich unentscheidbar. Das hat mit einer Eigenheit vor allem der Apostelgeschichte zu tun. Denn Lukas kann zu präzise von zu vielen Orten erzählen** und im Blick auf mehrere Orte wie Ephesus, Athen, Philippi und Jerusalem Lokalkolorit in seine Erzählung einweben, sodass eine eindeutige Verortung nicht aus Mangel an lokaler Präzision, sondern aufgrund eines Überangebots lokaler Charakteristika kaum gelingen will.

5. Wann erzählt Lukas? Datierungsfragen

Im Blick auf die Datierung der Apostelgeschichte wie auch des Lukasevangeliums steht man zunächst vor einem ähnlichen Grundproblem: Die Texte selbst nennen keine eindeutige Entstehungszeit. Wieder ist man auf Rückschlüsse aus dem lukanischen Text angewiesen, um zumindest ein Datierungsfenster – ein konkretes Entstehungsjahr wird man kaum je exakt bestimmen können – zu definieren. Die Apostelgeschichte blickt dabei, das macht Apg 1,1 deutlich, auf das Lukasevangelium als vorhandenen ersten Band zurück, wird also nach dem Evangelium entstanden sein. Das Lukasevangelium seinerseits setzt die Belagerung Jerusalems, die weitgehende Zerstörung der Stadt und vor allem des Jerusalemer Tempels für den einen Gott Israels recht deutlich voraus. Texte wie Lk 13,34f.; 19,41–44; 21,5f.20–24 machen das deutlich und sprechen für eine Datierung des Textes in die Zeit nach dem Jahr 70 n. Chr. **Damit ist ein so genannter *terminus post quem*, eine untere Datierungsgrenze, vorhanden. Lukasevangelium und Apostelgeschichte sind nach 70 n. Chr. entstanden.**

Schwieriger ist die Frage der zeitlichen Obergrenze zu beantworten. Bis vor wenigen Jahren galt in der deutschsprachigen Exegese die Regierungszeit des Kaisers Domitian (81–96 n. Chr.) als vermutlicher Entstehungszeitraum für Apostelgeschichte und Lukasevangelium. Die in den lukanischen Texten zuweilen sichtbar werdenden Spannungen zwischen Jesusbewegung und römischem Staat wurden dabei mit der Religionspolitik Domitians verbunden, die augenscheinlich Christen kritisch beäugte, vielleicht auch verfolgte. Lukas sucht diese Konfliktsituation mit dem römischen Staat dahingehend zu moderieren, dass er die Jesusbewegung als eine Gruppierung darstellt, die politisch keine revolutionären Umstürze propagiert. Gerade in den Gerichtsszenen der Apostelgeschichte führt Lukas hochrangige römische Erzählfiguren ein, die sich der Jesusbewegung gegenüber offen verhalten und ihr Ungefährlichkeit attestieren (vgl. z. B. den Statthalter Gallio in Korinth [Apg 18,12–17] oder die römischen Statthalter von Judäa, Felix und Porcius Festus, von denen in Apg 24–26 die Rede ist).

Dieser weitgehende Konsens – chronologische Ausreißer, die eine Frühdatierung der Apostelgeschichte in die 60er Jahre des 1. Jh. n. Chr. oder eine Spätdatierung in die zweite Hälfte des 2. Jh. n. Chr. vertreten haben, hat es freilich immer gegeben – gerät in den letzten Jahren etwas unter Druck. Das hat zum einen mit einem revidierten Domitiansbild zu tun, der wohl weit weniger ein christenverfolgendes Schreckgespenst war, als seine späteren Biografen es in ihren Werken erzählen und christliche Autoren der frühen Kirche dies fortgeführt haben. Zum anderen hat sich unsere Kenntnis der Religions- und Baupolitik der Domitian nachfolgenden Kaiser Nerva (96–98 n. Chr.), Trajan (98–117 n. Chr.) und Hadrian (117–138 n. Chr.) verbessert, sodass gegenwärtig in der deutschsprachigen Exegese auch eine Entstehung der Apostelgeschichte in ein Zeitfenster zwischen 100–130 n. Chr. diskutiert wird, weil die lukanische Erzählweise im Blick auf das Verhältnis zwischen Jesusbewegung, Judentum und römischem Staat gut in die Zeit unter Trajan und Hadrian passt. Letzte Sicherheiten gibt es auch in dieser Frage nicht, die Argumente aber, die für eine Datierung in das 2. Jh. n. Chr. sprechen und die im deutschen Sprachraum vor allem der Münchener Neutestamentler Knut Backhaus zusammengetragen hat, sind eindrücklich.

6. Wer erzählt? Zum Profil des Autors

Der Verfasser dieser zweibändigen Erzählung muss ein sehr gebildeter Mensch gewesen sein und über ausreichend freie Zeit verfügt haben, um sein Werk zu verfassen, was eher einen Angehörigen der Mittel- oder Oberschicht seiner Zeit vermuten lässt. Er schreibt ein gutes Griechisch, kennt jüdische und nichtjüdische Traditionen, kann griechisch-römische Bildungsliteratur genauso zitieren wie die heiligen Schriften Israels, er kann Quellen wie das Markusevangelium souverän bearbeiten und dabei neue und eigene theologische Konzeptionen entwickeln, kennt die Gattungsgesetze griechischer Fachschriftstellerei, namentlich Biografie und Historiografie, und vermag einen langen Text klug zu komponieren und mit zahlreichen Anspielungen auf seine Lebenswelt literarisch ambitioniert zu garnieren. Er scheint manch antike Stadt aus eigenem Erleben zu kennen (s. unter 4.), sodass er gekonnt Lokalkolorit in seine Erzählung einflechten kann. **Ohne Frage ist Lukas ein „Überzeugungstäter" – ein Jesusanhänger, dessen Wurzeln angesichts der Hochschätzung jüdischer Traditionen und Texte im Judentum liegen dürften.** Lukas ist ein gesellschaftspolitisch wacher und durchaus kritischer Zeitgenosse, der den religiösen und machtpolitischen Ansprüchen des römischen Imperiums mit dem Kaiser an der Spitze die Vision der Gottesherrschaft und das Friedensreich des Messias Jesus entgegensetzt.

Im Bereich seiner Gemeinde will er dies durch eine neue Praxis bereits umgesetzt sehen. Dabei verfolgt Lukas nicht zuletzt eine in Evangelium und Apostelgeschichte entwickelte soziale Vision, die für einen gerechten Ausgleich zwischen Arm und Reich eintritt. Lukas ist auch überzeugt, dass der abwesende und in den Himmel erhöhte Jesus durch den heiligen Geist die anwachsende Jesusgruppe in der Gegenwart und in eine gute Zukunft hinein begleitet. Davon ist vielfach im Rahmen der Apostelgeschichte die Rede. Lukas ist ein Autor von Format, dessen Texte so vielschichtig sind, dass sich die vielfache Lektüre lohnt.

Recht unbefangen sprechen wir dabei von „Lukas" als dem Autor von Apostelgeschichte und Evangelium. Dabei nennt sich der Verfasser dieses zweibändigen Werkes an keiner einzigen Stelle mit Namen. Auch im Vorwort, dem Proömium seines Textes, findet sich kein Name, sondern nur die erste Person Singular, also das „Ich" der Erzählstimme, wenn auch eine Namensnennung an dieser Stelle in antiker Literatur durchaus möglich gewesen wäre. Lediglich die Evangelienüberschrift – in ihrer Kurzfassung: „Nach Lukas", in der Langfassung „Evangelium nach Lukas" – nennt den Verfassernamen. Nun ist diese Überschrift aber mutmaßlich ein späterer Zusatz zum bereits existierenden Evangelium (sie taucht erst in späteren Handschriften auf), die im Rahmen des Sammlungsprozesses urchristlicher Literatur zur Unterscheidung notwendig wurde. Das Endprodukt dieses Sammlungs- und Auswahlprozesses liegt uns heute in Form des christlichen Bibelkanons vor, in dessen Rahmen uns eben vier Evangelien begegnen, die wir durch Überschriften voneinander differenzieren können. Das bedeutet aber, dass wir den Namen des Autors eigentlich gar nicht sicher kennen. Denn die Überschrift als späterer Zusatz zum bereits vorhandenen Text muss nicht zwingend den richtigen Namen überliefern, freilich auch nicht zwingend einen falschen.

Der Name Lukas als Verfasser für Evangelium und Apostelgeschichte taucht tatsächlich zum ersten Mal in sicher bezeugter Form bei Irenäus von Lyon um 180 n. Chr. auf (Adversus Haereses III 1,1 [Übersetzung: Norbert Brox]).

Und Lukas hat als Begleiter des Paulus das von ihm gepredigte Evangelium in einem Buch niedergelegt.

Irenäus ordnet den von uns als Lukasevangelium bezeichneten Text also einem Reisebegleiter des Paulus zu, der bei Paulus das Evangelium kennengelernt und in einem Buch niedergeschrieben habe. Damit ist dann möglicherweise nicht nur die Jesusgeschichte, also das Evangelium selbst gemeint: Die Formulierung, dass Lukas ein Buch und eben selbst kein Evangelium geschrieben habe, lässt jedenfalls gewissen Raum, um anzunehmen, dass auch die Apostelgeschichte im Blick ist, die ja tatsächlich von der paulinischen Evangeliumsverkündigung erzählt (Apg 16,10; 17,18). Ein entscheidender Grund für diese Zuordnung besteht für Irenäus (vgl. Adversus Haereses III 14,1) in den bereits angesprochenen Wir-Passagen der Apostelgeschichte, die den Eindruck erwecken, dass die Erzählstimme, die Irenäus mit dem Autor gleichsetzt, bei den Reisen des Paulus anwesend war.

Zwingend ist diese Interpretation des Irenäus nicht. Im Philemonbrief des Paulus (V. 24) ist zwar von einem paulinischen Mitarbeiter namens Lukas die Rede. Er findet sich zudem auch in den Paulus zugeschriebenen, aber in aller Regel als pseudepigraph – das sind Texte, deren für uns anonym bleibende Urheber sich die Autorität des Paulus als fiktiven Verfasser leihen – gewerteten Briefen Kol 4,14 (dort wird Lukas auch als Arzt charakterisiert) und 2 Tim 4,11. **Aber der zeitliche Abstand zwischen den Reisen des Paulus und der Entstehungszeit der Apostelgeschichte ist doch enorm, sodass Lukas als ganz junger Mann mit Paulus hätte unterwegs sein und als ganz alter Mann seine Geschichte hätte schreiben müssen.** Auch dass der im Philemonbrief genannte Mitarbeiter Lukas ein Reisebegleiter des Paulus war, ist alles andere als gesichert. Am paulinischen Projekt mitarbeiten konnte man auf unterschiedliche Weise. Gleichwohl schließen diese Beobachtungen nicht prinzipiell aus, dass ein Reisebegleiter des Paulus namens Lukas Autor von Evangelium und Apostelgeschichte war.

Gravierender und bei einer vermuteten Autorschaft des Reisebegleiters Lukas kaum zu erklären sind indes die massiven Widersprüche, die sich zwischen den in der Apostelgeschichte erzählten Ereignissen rund um Paulus und den eigenen Schilderungen aus der Feder des Paulus ergeben, die uns in seinen Briefen begegnen. In diesem Sinne fallen z. B. die kaum auszugleichenden unterschiedlichen Darstellungen der Jerusalemer Gemeindeversammlung auf, die sich zwischen Apg 15 und Gal 2,1–10 angesichts der jeweils erzählten personellen Zusammensetzung, der Ergebnisse des Treffens und der Rolle von Petrus, Jakobus und Paulus ergeben. Diese Diskrepanzen sprechen kaum dafür, in einem treuen Reisebegleiter des Paulus, wie er in der paulinischen Brieftradition und bei Irenäus vorgestellt wird, auch den Verfasser von Evangelium und Apostelgeschichte zu sehen. In historischer Perspektive können wir daher mit historischer Gewissheit keinen konkreten Autornamen nennen.

Mit der Tradition lässt sich freilich der Autor weiter ohne Bedenken „Lukas" nennen – dies allerdings im Bewusstsein, dass es sich weder mit Gewissheit um den historisch zutreffenden Namen des Verfassers von Apostelgeschichte und Evangelium handelt noch dass der Verfasser ein Augenzeuge und Reisebegleiter des Paulus war, der einfach wie ein Chronist berichtet, was er miterlebt hat. Letzteres würde ohnehin der ganzen Apostelgeschichte kaum gerecht werden.

7. Das Lektüremodell: Geschichtsschreibung für die Gegenwart

Wenn Lukas, wie oben beschrieben, in der Apostelgeschichte in das Gewand eines antiken Historikers schlüpft, so bedeutet dies schließlich keineswegs, dass es sich beim lukanischen Text einfachhin um eine Art nüchternen Tatsachenbericht handelt. In der Geschichtsschreibung der Antike geht es nicht unmittelbar um das, was wir heute „Tatsachentreue" nennen würden oder das, was die von Leopold von Ranke geprägte Formel, der Historiker habe herauszuarbeiten, „wie es eigentlich gewesen" ist beschreibt. Antike Geschichtsschreibung ist funktioneller, pädagogischer, adressatenorientierter. Sie lügt nicht, aber sie erlaubt sich, „zu dichten", wie es der Historiker Hayden White formuliert, also **Geschichte durch Erzählung deutend zu präsentieren**. Und dies geschieht auf der Basis dessen, was der antike Historiker aus subjektiv guten Gründen für wahr hält. Auch Lukas arbeitet so. **Er erzählt Geschichte, treibt Theologie im Gewand des Historikers**. Der Bibelwissenschaftler Georg Strecker (Theologie des Neuen Testaments, Berlin 1995, 415) formuliert daher treffend:

> Lukas, „*stellt die Jesusgeschichte wie auch die Geschichte der Apostel nicht so dar, wie sich diese ereignet haben, sondern wie es nach seinem Verständnis gewesen sein sollte*".

Darum geht es: Die Anfänge akribisch und sorgfältig so zu erzählen, dass sie auch für die Gegenwart des Lukas und die Herausforderungen, vor denen er seine Gemeinde stehen sieht, anschlussfähig sind und als prägende Vorbilder Bedeutung haben können. In den Erzählungen der Anfänge spiegelt sich also auch die Zeit des Lukas wider. **Lukas lädt seine Erstadressatinnen und -adressaten dazu ein, im Spiegel des Vergangenen die eigene Gegenwart zu lesen, zu verstehen und so zu verändern, dass sie den Anfängen in reflektierter Weise besser entspricht**.

Lukas schreibt also Geschichte für die Gegenwart, wie das viele antike Historiker tun. Seine Geschichtsschreibung dient auch dem Heute seiner Zeit und will zugleich den Anfängen gerecht werden. Lukas malt gleichsam durch Erzählung Bilder der Anfänge, die Verpflichtungscharakter für seine Gemeinde haben und daher natürlich auch glaubhaft sein müssen. Man könnte insofern sagen: Die Grundmotive, die Lukas in seinen Szenen malt, sind historisch glaubhaft

und beinhalten sicher Reflexe dessen, was in Jerusalem, Antiochia und an den anderen Orten der Apostelgeschichte tatsächlich passiert ist. Aber die „Farben", mit denen Lukas dann die Szenen narrativ malt, also die konkrete Erzählung, ist von seiner Zeit und ihren Erfordernissen mitbestimmt.

Diesen Bildern der Anfänge und ihrer Bedeutung für Gegenwart und Zukunft der lukanischen Gemeinde gehen wir in diesem Buch und in der Bibelwoche nach. In den Blick kommen dabei „Klassiker" der Apostelgeschichte wie die berühmte Erzählung vom Jerusalemer „Aposteltreffen" in Apg 15 oder die Gütergemeinschaftstexte aus Apg 4, aber auch eher unbekannte Episoden wie die Erzählung von der Befreiung des Petrus und dem Tod des Herodes Agrippa in Apg 12. Und manch berühmte Erzählung wie etwa die Pfingstgeschichte von Apg 2 mit der für die Apostelgeschichte konstitutiven Aussendung des Geistes Gottes wird man vielleicht auf den ersten Blick schmerzlich vermissen – um dann bei der Beschäftigung mit den ausgewählten lukanischen Texten zu bemerken, dass pfingstliche Geistsendungen in der Apostelgeschichte häufiger erzählt werden (vgl. 8,4–25; 10,44–46) und sich die Taten und Worte der Jesusschülerinnen und -schüler als Wirkungen des Geistes Gottes verstehen lassen.

Methodisch wird/werden in den folgenden Kapiteln …

→ jeweils der Text in seinem Kontext vorgestellt und seine Struktur (Gliederung und Komposition) analysiert;

→ der Text jeweils unter Rückgriff auf ausgewählte exegetische Analysemethoden entlang des Erzählverlaufs kommentiert;

→ Aspekte erklärt, die heute schwer verständlich erscheinen. Hier weise ich auch auf einige Clous der Erzählung hin. Leitend ist dabei für mich, die lukanischen Texte im Horizont ihrer Entstehungszeit zu interpretieren, also als Texte des frühen Christentums zu lesen, und ihre kommunikative Funktion, ihre Wirkabsicht mit Blick auf die antiken Erstleserinnen und -leser zu erfassen.

→ am Ende jedes Kapitels wird unter der Überschrift „Dem Anfang verpflichtet" knapp herausgearbeitet, in welchem Sinne die jeweilige Erzählung für die lukanische Gemeinde anschlussfähig ist.

Kurzübersicht zur Ökumenischen Bibelwoche

Das Bibelwerk

Apostelgeschichte-Bibelwoche: Kirche träumen

Kernaussage: Gott lässt die Gemeinde aus unterschiedlichen Menschen und Gruppen wachsen – Schlüssel sind Menschen, die ihre Autorität nur von Gott bekommen.

1 | Apg 4,32-37: Gemeinsam
Magna Charta der geistlichen Gemeinschaft
- **Freiwillige Gütergemeinschaft** (was jeder braucht)
- Sorge für die Armen (Den Mangel und das Gute im anderen Menschen wahrnehmen)
- Freimütige Rede → Apg 28 (Paulus in Rom)
- So bleibt die Gemeinde anziehend für andere
→ Apg 2,42–47 (selbe Thematik)
→ Apg 5: Gegenbeispiel (Betrug und Strafe)
Das Wichtigste im Leben bekommen wir geschenkt
… bedingungsloses Grundeinkommen …

2 | Apg 6,1-7: Füreinander
Wahl der 7 Diakone
- **Konfliktlösungsstrategie** mit der Gemeinde
- **Zusammenhang von Wort und sozialem Dienst**
- Wieviel „Verkündigung" ist Diakonie?
- Kreatives Zusammentreffen versch. Kulturen
- Prozess erst Top-Down, dann auch an der Basis
- Konflikte nicht unter den Teppich gekehrt.
- Problem: Nur Ämter von Männern!
- Die „anderen" werden ernstgenommen.
→ Ps 68,6: Gott ist Anwalt der Waisen und Witwen

3 | Apg 8,4-25: Mit dem Heiligen Geist
Ein Fall von „Zauberei" und seine Korrektur
In der Apg spielen „**Mächte und Kräfte**" eine Rolle
„**Simonie**": Gottes Kraft mit Geld kaufen wollen
- Kritik an magischem Verständnis der Nachfolge
- Gottes „Kraft" setzt aufrichtiges Herz voraus
- **Wortverkündigung + Wunderpraxis** zur Ehre Gottes (Nicht sich selbst verkünden!)
- Ich stehe Gott zur Verfügung, nicht umgekehrt!
- Sakramente = Handeln Gottes und des Menschen
- Handauflegung ist **keine Magie, sondern Gebet**
- Wie zeigt sich der empfangene Geist?
- **Taufe + Geistverleihung** (Konfirmation / Firmung)
- Was ist mit meiner Taufe? Mit meinem „Geist"?
→ Lk 10: Aussendung der 72

4 | Apg 9,36-43: Über alle Grenzen hinweg
Die Auferweckung der Tabita durch Petrus
→ Apg 9,34: Heilung des Äneas („Jesus heilt dich"!)
- Obergemach: **Gemeinderaum** assoziiert
- Perspektive bei Lk = Auferstehung
- „Jüngerin": Wort wird nur hier verwendet!
- Tabita sorgte für Witwen →Texte 1+2
- Wohlhabende Frau (wie öfter bei Lk)
- Kleidung: Fürsorge für das Leben (Gen 2), Tabita und der Gerber machen Kleidung
- Heilige + Witwen: zwei einander zugeordnete Gruppen
- Wunder außerhalb der Jesusgeschichte
- Ergebnis: Viele kamen zum Glauben („Refrain")

5 | Apg 12,1-24: Aus dem Gefängnis heraus
Befreiung des Petrus aus dem Gefängnis
- Engel öffnet in Ruhe die Türen (keine Flucht)
- Herodes / Juden / Festtag (→Passion!)
- Nachtgeschichte: Ins dunkelste Loch kommt Licht
- 2 Jakobus: Johannesbruder (2) Herrenbruder (17)
- Gemeinde rechnet nicht mit Wundern!
→ Ps 126: Erlösung der Gefangenen Zions

6 | Apg 14,8-20: Ohne falschen Anspruch
Vergötterung der Apostel nach einer Heilung
- Ganz knappe Heilungsgeschichte
- Bedeutung des „Sehens" und „Erkennens"
- Barnabas + Paulus als Zeus und Hermes verehrt
- Predigt: lebendiger Gott statt „Nichtse"
- Anknüpfen an polytheistische Traditionen (natürliche Theologie, keine Inkarnationspredigt!)
- Kleider zerreißen / Juden / Steinigen außerhalb der Stadt → Passionsanklang
- schwache Menschen (gg. Selbsterhöhung → Text 3)

7 | Apg 15,1-35: Zur Problemlösung kommen.
Vereinbarung zur Tora-Verpflichtung von Nichtjuden
- Konflikte: Beschneidung, Speisegesetze
- Thema: Machtstrukturen, synodal gelöst
- Der Heilige Geist und die Versammlung (Apostel, Älteste, Gemeinde) beschließen einen Kompromiss
- Inhaltliche Argumente, nicht hierarchisch!
- Ergebnis: Sie freuen sich über den Trost
→ Gal 2 (etwas andere Darstellung des Paulus)

Bibelsonntag | Apg 27,13-35: Zwischen Schiffbruch und Aufbruch
Schiffbruch und Rettung vor Malta

Bibelwochenpsalm: Ps 126

Wolfgang Baur, 2022

1.1 Exegese

Markus Lau

Das Ideal der Gütergemeinschaft und die vorbildlichen Anfänge in Jerusalem (Apg 4,32–37)

Der gerechte Austausch zwischen Arm und Reich und die Fürsorge für die Armen der Gemeinde gehören zum spezifischen Profil des lukanischen Doppelwerks. In diese thematische Linie reiht sich auch unsere erste Perikope, Apg 4,32–37, ein. Sie erzählt von idealen Anfängen, Gütergemeinschaft und einem vorbildlichen Migranten.

1. Der Kontext

Mit der summarischen Erzählung in Apg 4,32–37 wird ein längerer Erzählbogen beschlossen, der in Apg 3 seinen Ausgangspunkt hatte. Nach dem Pfingstfest und dem Sprachenwunder (Apg 2,1–13) sowie der vom Geist Gottes erfüllten Pfingstpredigt des Petrus (Apg 2,14–40), auf die hin die Gemeinde in Jerusalem erheblich anwächst (Apg 2,41), begeben sich Petrus und Johannes in Apg 3,1 erneut zum Tempel von Jerusalem. Dort begegnen sie einem stadtbekannten, gelähmten Bettler, der täglich an einem der Tempeltore um Almosen bittet. Unter Rückgriff auf die Wirkmacht des Namens „Jesus" heilen sie ihn von seiner Lähmung – oder besser: heilt der in den Himmel entrückte Jesus vermittelt durch das Wirken seiner Schüler (Apg 3,3–10). Diese spektakuläre Heilung bleibt nicht unbeobachtet und den Volksauflauf nutzt Petrus für eine weitere Rede (Apg 3,11–26), in der er das Wunder als Wirken Gottes und Jesu erklärt und die anwesenden Jerusalemer Jüdinnen und Juden zur Umkehr auffordert (vgl. Apg 3,19). Noch während der Rede treten jüdische Autoritäten an Petrus und Johannes heran und lassen diese in Haft nehmen, können gleichwohl nicht verhindern, dass sich erneut Menschen der Jesusbewegung anschließen (Apg 4,1–4). Sie verhören die beiden Apostel, die voller Freimut, d. h. ehrlich, authentisch und ohne falsche Rücksichtnahme, Rede und Antwort stehen, finden aber keine Schuld an ihnen, zumal das Wunder offenkundig ist. So verbieten sie ihnen, über das Wunder und ihre Interpretation des Wunders als Wirken Jesu öffentlich zu sprechen (Apg 4,5–20). Der Jesusbewegung soll kein weiterer Vorschub geleistet werden. Daran wollen sich die beiden nicht halten. **„Man muss Gott mehr gehorchen als den Menschen", ist ihr Motto** (vgl. Apg 4,19). Die jüdischen Autoritäten Jerusalems lassen daraufhin die beiden unverrichteter Dinge ziehen (Apg 4,21f.). Zugleich sind erste Konfliktlinien zwischen jüdischer Tempelaristokratie und Jesusbewegung in der erzählten Welt Jerusalems sichtbar geworden.

Zurück im Kreis der Ihrigen berichten Petrus und Johannes von ihrem Tun. Die Gemeinde wendet sich gesamthaft im Gebet an Gott und bittet diesen weiterhin um die von Petrus und Johannes im Verhör schlagend unter Beweis gestellte Gabe der freimütigen Rede – auch dann, wenn Situationen brenzlig zu werden drohen (Apg 4,23–30). Und Gott antwortet sofort: Der Ort wird erschüttert, alle werden erneut vom Geist Gottes erfüllt, der ihnen den Mut schenkt, das Wort Gottes offen und freimütig zu verkünden. An diesen Erzählbogen, der vom erfolgreichen Bestehen eines ersten größeren Konflikts im Umfeld der Jerusalemer Gemeinde erzählt, schließt sich unser Text an.

2. Der Text und seine Struktur

32 Die Menge derer, die gläubig geworden waren, war ein Herz und eine Seele. Keiner nannte etwas von dem, was er hatte, sein Eigentum, sondern sie hatten alles gemeinsam. 33 Mit großer Kraft legten die Apostel Zeugnis ab von der Auferstehung Jesu, des Herrn, und reiche Gnade ruhte auf ihnen allen. 34 Es gab auch keinen unter ihnen, der Not litt. Denn alle, die Grundstücke oder Häuser besaßen, verkauften ihren Besitz, brachten den Erlös 35 und legten ihn den Aposteln zu Füßen. Jedem wurde davon so viel zugeteilt, wie er nötig hatte. 36 Auch Josef, ein Levit, gebürtig aus Zypern, der von den Aposteln Barnabas, das heißt übersetzt: Sohn des Trostes, genannt wurde, 37 verkaufte einen Acker, der ihm gehörte, brachte das Geld und legte es den Aposteln zu Füßen.

Unsere Perikope lässt sich in zwei Abschnitte gliedern: V. 32–35 fassen summarisch die ideale Situation der Jerusalemer Gemeinde zusammen, während die V. 36f. ein konkretes Einzelbeispiel erzählen, an dem ein Aspekt der idealen Gemeindezustände exemplarisch vorgeführt wird. Im Detail lassen sich sodann die V. 32–35 nochmals feiner gliedern: Sie erzählen in V. 32.34f. vom Ideal der Einmütigkeit der Gemeinde. Unter Rückgriff auf geprägte biblische Sprache, die Herz und Seele als Zentrum der personalen Identität eines Menschen benennt (Dtn 6,5; 10,12), formuliert Lukas, dass die Gemeinde ein Herz und eine Seele ist. Diesen Zustand beschreibt Lukas dann vor allem im Blick auf die materiellen Verhältnisse, die in der Gemeinde herrschen. Es wird Gütergemeinschaft gelebt. **In der idealen erzählten Welt der Gemeinde gibt es daher keine materielle Not mehr**, weil die wohlhabenderen Gemeindemitglieder, die Häuser und Grundstücke besitzen, ihr Eigentum zur Disposition stellen und es im Bedarfsfall verkaufen. Der Erlös fließt in die Gemeindekasse, die sich hinter dem Bild von den Füßen der Apostel verbirgt. Verwaltet scheint diese Kasse von den Aposteln selbst zu werden.

Gerahmt wird durch das erzählte Ideal der Gütergemeinschaft der V. 33, der das andauernde Verkündigungswerk der Apostel gerafft erzählt: Sie verkünden Jesus als Auferweckten und damit als einen, der in den Augen Gottes ein Gerechter ist, zu dem Gott endgültig sein letztes „Ja" gesagt hat und mit dessen Auferweckung sich das von Jesus selbst als angebrochen propagierte Reich Gottes erneut realisiert hat. Die Gabe der freimütigen Rede, um die die Gemeinde Gott gebeten hatte und die mit der erneuten Sendung des Geistes durch Gott geschenkt worden ist, hält also an. „Reiche Gnade" erfüllt die Gemeinde zur Gänze.

An Josef Barnabas wird dann in V. 36f. verdeutlicht, wie sich die Gemeindekasse konkret füllt, insofern er einen Acker verkauft und den Erlös der Gemeinde zur Verfügung stellt.

3. Lukanische Ideale: Gütergemeinschaft und das Vorbild des Barnabas

„Gütergemeinschaft" nennt man das Ideal, das Lukas in unserer Perikope schildert, das auch als „Sozialutopie" in griechisch-römischer Literatur philosophischer Prägung beschrieben wird. Mit anderen Akzentsetzungen und unter Rückgriff auf Elemente aus der biblisch-jüdischen Sozialgesetzgebung der Tora ist das Ideal versuchsweise gelebt worden – etwa in der Qumrangemeinde. Eine Gruppe, hier die Jesusgemeinde von Jerusalem, teilt den Besitz, präziser: die Verfügungshoheit über den Besitz, der ihren einzelnen Mitgliedern zu eigen ist. Das Ganze geschieht in Jerusalem nicht mit dem Ziel, durch den Einsatz des gemeinsamen Besitzes ein großes Vermögen durch höhere Zinseffekte noch zu vergrößern oder für die Gemeinde eine Großinvestition zu tätigen und z. B. ein Grundstück für eine neue Jesussynagoge zu kaufen, und diese dann zu bauen. **Geteilter Besitz dient nicht dem Kathedralenbau.** Es geht auch nicht darum, die Apostel oder andere Amtsträger in der Gemeinde finanziell zu alimentieren. Das Ziel formuliert V. 35bc: „Jedem wurde davon so viel zugeteilt, wie er nötig hatte." Es geht um die Befriedigung der materiellen Bedürfnisse aller Gemeindemitglieder. **Die aus den Geldspenden gefüllte Gemeindekasse realisiert das Prinzip der Bedarfsgerechtigkeit**, sodass es in der Gemeinde keine materielle Not, so jedenfalls V. 34a, mehr gibt. Manche Exegetinnen und Exegeten nennen dieses Ideal provokant „Liebeskommunismus". Aus Solidarität und innergemeindlicher Liebe zueinander wird der Privatbesitz sozialisiert und solidarisch geteilt.

Dieses Ideal ist bereits am Ende der Pfingstgeschichte von Apg 2 Thema gewesen und war Teil einer summarischen Beschreibung des Lebens der Gemeinde von Jerusalem (Apg 2,44–47):

> *44 Und alle, die glaubten, waren an demselben Ort und hatten alles gemeinsam. 45 Sie verkauften Hab und Gut und teilten davon allen zu, jedem so viel, wie er nötig hatte. 46 Tag für Tag verharrten sie einmütig im Tempel, brachen in ihren Häusern das Brot und hielten miteinander Mahl in Freude und Lauterkeit des Herzens. 47 Sie lobten Gott und fanden Gunst beim ganzen Volk. Und der Herr fügte täglich ihrer Gemeinschaft die hinzu, die gerettet werden sollten.*

Auch hier ist bereits Gütergemeinschaft, die der Bedarfsgerechtigkeit dient, ein Wesensmerkmal der Jesusgruppe, zu der sich die in der ganzen Gruppe herrschende Einmütigkeit und Frömmigkeit, das gemeinsame Herrenmahl in den Häusern der Gemeinde und das beständige Gotteslob in Tempel und Privathäusern gesellen. Eine solche Gruppe wirkt aus der Sicht des Lukas anziehend. Sie ist missionarisch aktiv, auch ohne aktiv Mission zu betreiben und für sich zu werben, weil sie einladend wirkt und in ihren Reihen einen Raum etabliert, in dem die Vision Jesu einer gerechten Welt, das angebrochene Reich Gottes wirklich und tatsächlich bereits gelebt wird. Worte und Taten stehen in Übereinstimmung. **Die Gemeinde predigt nicht Wasser und trinkt heimlich Wein. Sie predigt, um im Bild zu bleiben, das Fest der angebrochenen Gottesherrschaft und schenkt daher den Festwein der Gottesherrschaft allen Gemeindemitgliedern aus – auch jenen, die sich eigentlich nur Wasser leisten könnten.** An diesen Idealen liegt Lukas offensichtlich so viel, dass er sie in unserer Perikope fokussiert auf das Feld der Gütergemeinschaft wiederholt.

Wie dieses Ideal konkret umgesetzt wird und welche Charakteristika es näherhin auszeichnen, machen dann die V. 36f. deutlich. Sie erzählen von einem Diasporajuden mit dem für das Judentum typischen Patriarchennamen Josef. Er gehört zu den Nachfahren des Levi (Gen 29,34), ist damit Levit und hat insofern enge Beziehungen zum Tempelkult (vgl. Dtn 18,1–8). Dieser Josef stammt von der Insel Zypern, ist also Zypriot. Ob dieser Josef nur zeitweise als Festpilger in Jerusalem weilt oder dort dauerhaft lebt, lässt der Text zunächst offen. Da er sich in der erzählten Welt aber offenkundig früh der Jesusbewegung angeschlossen hatte, die in der Apostelgeschichte über Jerusalem bisher nicht hinausgewirkt hat, und er in den Kreisen der Gemeinde bereits einen sprechenden Beinamen: Barnabas, der Sohn des Trostes, so die Übersetzung des Lukas, trägt, erweckt der Text insgesamt doch den Eindruck, dass Josef Barnabas vor längerem nach Jerusalem eingewandert ist und nun dort bereits gewisse Zeit lebt und Kontakt mit der Jesusbewegung hatte.

Lukas zeichnet also das Bild eines zypriotischen Migranten, der nach Jerusalem eingewandert ist. Damit ist freilich nicht bestimmt, wo sich der Acker befindet, den er zugunsten der Gemeinde verkauft. Dieser kann in Zypern wie in Jerusalem liegen. Er ist jedenfalls sein Besitz, den er veräußert und dessen Verkaufserlös er der Gemeinde zugänglich macht. Damit ist im Übrigen auch nicht gesagt, dass dieser Acker der einzige Besitz des Josef war. Der fehlende bestimmte Artikel lässt deutlich Raum, um anzunehmen, dass Josef über weitere Besitzungen verfügt. Es heißt eben nicht, dass er *den* Acker, den er besitzt, verkauft; oder dass er alles, was er hat, verkauft. Das ist auch gar nicht nötig. **Denn das Ideal der Gütergemeinschaft setzt auf Freiwilligkeit und nicht auf Zwang. Und es verlangt nicht den Verzicht auf jeden Besitz, sondern die Bereitschaft, den eigenen Besitz im Bedarfsfall mit jenen zu teilen, die Not leiden.** Das war bereits im oben zitierten Text Apg 2,46 impliziert. Denn wenn die Gemeinde in ihren Häusern das Brot gemeinsam bricht, dann zeigt dies doch auch an, dass diese Häuser weiterhin ihren Besitzern gehören, die diese dann nicht verkauft haben können. Es sind und bleiben ihre Häuser. Nur öffnen die Hausbesitzer in der Gemeinde ihre Häuser für andere Gemeindemitglieder. Sie werden zu Treffpunkten der Gemeinden. Privathäuser verwandeln sich in Gemeindehäuser, deren Nutzung allen Gemeindemitgliedern möglich ist.

Gütergemeinschaft ist also vor allem eine Haltung, die bereit ist, das Eigene um das Wohl der anderen willen und nicht zum eigenen Prestigegewinn zur Disposition zu stellen. Das macht auch Apg 4,32 deutlich: „Keiner nannte etwas von dem, was er hatte, sein Eigentum, sondern sie hatten alles gemeinsam." Es geht also um den Verzicht auf den alleinigen Nutzungsanspruch im Blick auf das, was man *de facto* hat. Das, „was man hat", ist einem zu eigen, aber man nennt es eben nicht mehr „sein Eigentum". Es steht potenziell im Dienst der Gemeinde. Für diesen konkreten Dienst kann es dann schon ausreichen, *einen* Acker zu verkaufen und den Erlös in die Gemeindekasse einzuzahlen.

Genau dieser Aspekt der ohne Berechnung des eigenen Vorteils gelebten Freiwilligkeit der Gütergemeinschaft, der Raum für legitimen Privatbesitz lässt und nicht verlangt, alles in die Gemeindekasse einzuzahlen, wird im Fortgang der Erzählung eigens thematisiert. Gemeint ist die sich sogleich anschließende Erzählung über das Ehepaar Hananias und Sapphira (Apg 5,1–11). An diesen beiden wird deutlich, dass Lukas durchaus ein Bewusstsein dafür hat, dass seine erzählten Gemeindeideale brüchig sind und nicht einfach die historische Wirklichkeit abbilden (wollen). Denn auch Hananias und Sapphira, beide Mitglieder der Jesusbewegung in Jerusalem, verkaufen *Teile* ihres Besitzes. Das aber ist gar nicht das Problem, das in der Geschichte verhandelt wird. Und auch dass sie vom Erlös des Verkaufs *Anteile für sich* zurückbehalten, ist nicht eigentlich die problematische Herausforderung. Entscheidend ist, dass beide übereinstimmend behaupten, dass sie den *gesamten* Erlös aus dem Besitz in die Gemeindekasse eingezahlt haben. Das ist eine gänzlich unnötige Lüge. Denn Gütergemeinschaft ist nicht ein Zwang, meint nicht Enteignung, sondern ist in jeder Hinsicht ein Ideal, das auf Freiwilligkeit basiert. Das macht im Rahmen der Erzählung Petrus deutlich, der um den Betrug der beiden weiß und Hananias befragt (Apg 5,4):

> *4 Hätte es (sc. der Besitz, M. L.) nicht dein Eigentum bleiben können und konntest du nicht auch nach dem Verkauf frei über den Erlös verfügen? Warum hast du in deinem Herzen beschlossen, so etwas zu tun? Du hast nicht Menschen belogen, sondern Gott.*

In beiden Fällen ist die vom Text erwartete Antwort ein „Ja". Weder hätten die beiden überhaupt etwas verkaufen müssen noch sind sie verpflichtet, allen Erlös abzugeben. Mit dem Verkaufserlös waren sie frei, zu tun, was immer ihnen beliebt. Sie aber haben augenscheinlich vorgegeben, den ganzen Erlös in die Gemeindekasse eingezahlt zu haben (Apg 5,2). Durch die Vorspiegelung falscher Tatsachen wollen sich Hananias und Sapphira damit offenbar als Großspender der Gemeinde inszenieren, die das Ideal der Gütergemeinschaft mit vollen Händen leben und den Gesamterlös der Gemeinde gespendet haben. Damit aber verwechseln sie das Ideal der Gütergemeinschaft mit der Praxis des Gabentauschs: Sie wollen offenbar Ansehen und Ehre für ihre Wohltaten erreichen, wie das im Rahmen antiker Wohltäterkultur durchaus typisch ist. **Gütergemeinschaft ist aber nicht eine Art Devisenhandel** bei dem die materielle Währung des Geldes in die in der Antike höchst wertvolle immaterielle Währung der Ehre getauscht wird, indem man durch öffentliche Geldspenden in Ehrgewinn investiert. Genau das aber versuchen Hananias und Sapphira – und scheitern damit. **Ob man der Gemeinde überhaupt etwas gibt und wieviel man in die Kasse einzahlt, darf im Licht unserer Texte jede und jeder selbst entscheiden**. Josef Barnabas gibt den vollen Gegenwert eines Ackers, Hananias und Sapphira geben einen Teil des Verkaufserlöses. Beides ist legitim, wie andere ebenso legitim nichts oder alles geben. Entscheidend ist, nicht der Versuchung zu erliegen, durch scheinbare Wohltätigkeit im Rahmen der Gütergemeinschaft Ruhm und Ehre für sich reklamieren zu wollen. Aus dem eigenen Einsatz dürfen im Rahmen der Gütergemeinschaft keine Ansprüche auf Dankbarkeit und Ehrerbietung erwachsen, die von anderen Gemeindmitgliedern mit Blick auf die Spender zu erfüllen wären. Gütergemeinschaft hat den anderen in seiner Bedürftigkeit um seiner selbst willen im Blick und will für die Gemeinde als ganze das Beste.

4. Dem Anfang verpflichtet: Mut zu Freimut und die lukanische Sorge um Arme und Reiche

Für die lukanische Gemeinde enthält dieses gemalte Bild idealer und punktuell doch auch brüchiger Anfänge hohen Verpflichtungsgrad. Sie soll das Vorbild der Jerusalemer Gemeinde nachahmen – und zwar in zwei Perspektiven.

Zunächst: Auch die lukanische Gemeinde soll den Mut haben, sich mit Freimut öffentlich zu Jesus und zu ihren Glaubensüberzeugungen zu bekennen. Der Freimut, der Petrus bei seinen Reden prägt (das Stichwort findet sich in Apg 2,29; 4,13 als Charakteristikum petrinischer Rede), um den die Gemeinde Gott bittet (Apg 4,29) und von Gott geschenkt bekommt (Apg 4,31), soll auch die lukanische Gemeinde prägen. Insofern ist es kaum zufällig, dass das Stichwort des Freimuts, das mit den idealen Anfängen in Jerusalem verbunden ist und die unverstellte, authentische, freie Rede auch angesichts von Konfliktsituationen meint, im letzten Vers der Apostelgeschichte erneut begegnet und die Verkündigung des Paulus in Rom charakterisiert (vgl. Apg 28,31). Genau so soll die lukanische Gemeinde auch agieren: Redefreiheit leben und mit Mut sich zu Jesus bekennen – auch dann, wenn es schwierig wird. Lukas schärft durch das erzählte Ideal der freimütigen Rede seiner Gemeinde ein, dass Trägheit in der Verkündigung, Bequemlichkeit und das Verschweigen der eigenen Optionen angesichts potenzieller Konflikte hinter den Ansprüchen der Anfänge zurückbleiben. Mindestens das Gebet um das göttliche Geschenk freimütiger Rede steht allen Gliedern seiner Gemeinde offen. Gewichtiger noch ist für Lukas das Ideal der Gütergemeinschaft. Denn auch seine Gemeinde, in der es mutmaßlich einige reiche Gottesfürchtige neben vielen ärmeren Gemeindegliedern gibt, soll teilen, was vorhanden ist, soll Gütergemeinschaft leben, sodass auch die ärmeren Gemeindemitglieder am Reichtum der Reichen in der Gemeinde partizipieren können. Wer die Apostelgeschichte vom Lukasevangelium her liest, kennt dieses Thema als eine Art lukanischen Dauerbrenner. **Lukas geizt nicht mit Kritik am Reichtum**. Gerade in seinen Gleichnissen zeigt er, wie man sinnvoll mit dem ungerechten Mammon umgehen kann und wie gefährlich es ist, wenn man seinen Reichtum nicht mit den Armen teilt.

Das wird überdeutlich im Gleichnis vom Verwalter der Ungerechtigkeit in Lk 16,1–9 erzählt, der in geradezu paradoxer Manier die Schuldscheine der Gläubiger seines Herrn fälschen lässt, um Schuldenerlass für die Gläubiger zu gewähren und für sich selbst eine gute Zukunft zu sichern. Dafür wird er vom Herrn gelobt, weil er als Verwalter der Ungerechtigkeit, der den Mammon der Ungerechtigkeit verwaltet, klug handelt und sich mit dem ungerechten Mammon sinnvollerweise Freunde macht, indem er Schulden erlässt. Er dient nicht dem Geld und der Geldvermehrung seines Herrn, sondern er dient den Schuldnern. Und dafür lobt ihn der lukanische Jesus.

Deutlich schlechter ergeht es da dem reichen Mann im Gleichnis von Lk 16,19–31, der den armen Lazarus vor seiner Tür sprichwörtlich vor die Hunde gehen lässt und seinen Reichtum, ja nicht einmal die Speisereste, die von seinem Tisch herunterfallen, mit dem Armen teilt. Das bringt ihn in den Hades und nicht in Abrahams Schoß, dem Ort, an dem sich Lazarus nach seinem Tod befindet. Wohlgemerkt: Das Gleichnis erzählt nicht, dass sich Lazarus durch Entbehrung und Leiden den Platz bei Abraham verdient hätte. Es erzählt, wie der reiche Mann diesen Platz verfehlt und im Hades endet, gerade weil er seinen Reichtum nur für sich behalten hat.

In diesem Sinne mahnt Lukas die Reichen seiner Gemeinde durch die Bildwelt der Gleichnisse Jesu. Er tut dies aber auch sehr deutlich im Klartext, wenn er seinen Jesus in Lk 6,20–30 die Armen seligpreisen und die Reichen bedrohen lässt. Besser ist es, die Goldene Regel von Lk 6,31 zu leben, die Lukas gleich im Anschluss ökonomisch im Blick auf die Reichen fortführt (Lk 6,32–35): Wer nur denen Gutes tut und sie liebt, die das in gleicher Münze wiedervergelten können, der handelt nicht gerecht und hat seinen Lohn schon erhalten. Und wer nur denen Geld leiht, die auch ganz sicher den Kredit zurückbezahlen können, hat seinen Dank schon erhalten: „Auch Sünder leihen Sünder, damit sie das Gleiche zurückbekommen" (Lk 6,34). Die Adressaten des lukanischen Jesus sollen ihr Geld denen geben, von denen sie es im Leben nicht zurückerhalten können: den Armen (vgl. Lk 6,35). Gütergemeinschaft bietet dafür einen guten Rahmen.

Lukas koppelt in seinem Doppelwerk also in sehr kreativer Weise Armenfürsorge und Reichenfürsorge aneinander. Im Blick auf die Armen sorgt er sich um deren materielle Existenz und die Befriedigung ihrer Bedürfnisse und ihrer Notlage im Diesseits. Im Blick auf die Reichen treiben ihn eschatologische Sorgen um: Wer seinen Reichtum nämlich nur für sich behält, hat in der Sicht des Lukas im Gericht Gottes und im Jenseits schlechte Karten. Als Evangelist der Armen und der Reichen wirbt Lukas für einen innerweltlichen Güteraustausch, für das Teilen und die Verteilung geteilten Besitzes entlang der Kriterien der Bedarfsgerechtigkeit. Das macht die Reichen im Übrigen zumeist allenfalls in ihrem Überfluss etwas ärmer, aber die Armen auf jeden Fall satt.

Während Lukas zu einem solchen Verhalten im Rahmen seines Evangeliums durch eindringliche Jesusworte im Rahmen von Reden und Gleichnissen motiviert und dabei nicht davor zurückschreckt, Reiche in der imaginierten Welt der Gleichnisse auch im Hades enden zu lassen, nutzt er in der Apostelgeschichte eine andere Motivationstechnik. Er zeichnet das Bild einer idealen Gemeinde, die den gerechten Ausgleich zwischen Arm und Reich in ihren Reihen durch das freiwillig gelebte Ideal der Gütergemeinschaft realisiert und motiviert zur Nachahmung dieser vorbildlichen Anfänge – mit dem Migranten Josef Barnabas als leuchtendem Vorbild und dem Ehepaar Hananias und Sapphira als Negativbeispiel. So weitgehend ideal wie damals in Jerusalem soll es auch in der lukanischen Gemeinde zugehen. Dann bleibt auch die lukanische Gemeinde anziehend für andere, lebt in ihren Reihen bereits das Reich Gottes und folgt damit Jesus selbst nach.

1.2 Der Text heute – Themen und Bausteine

Kerstin Offermann

Lukas fordert mit dem Bild, das er von der ersten Gemeinschaft der an Jesus Christus Gläubigen zeichnet, seine Lesenden dazu heraus, sich mit der Frage zu beschäftigen:
Zu welcher Form von Gemeinschaft bewegt uns heute die Auferstehung Jesus Christi?
Wie sieht eine Lebensform aus, die:
* für uns heute attraktiv ist
* eine Antwort auf die Botschaft von Jesus Christus bietet
* in der Gottes Reich wächst
* und die den Herausforderungen unserer Zeit begegnet?

 Zu dieser Frage finden Sie im Downloadmaterial eine Predigt zum Bibeltext. Außerdem finden Sie dort auch drei Textdokumente, in denen Menschen aus unterschiedlichen Kontexten von den geistlichen Gemeinschaften erzählen, in denen Sie in ihrem Alltag leben.

Die Suche nach einer Lebensgestaltung, die den eigenen Werten und Überzeugungen entspricht, bewegt Menschen dazu, alternative Lebensformen auszuprobieren: in Wohngemeinschaften, auf ökologischen Höfen, in christlichen Gemeinschaften, in Mehrgenerationenhäusern, in Klöstern.

 Für die damalige Gesellschaft war die von Lukas gezeichnete Lebensform sehr attraktiv. Sie verkörperten sowohl das Bild des endzeitlichen Gottesvolkes als auch das römische Freundschaftsideal. Auch heute noch üben alternative Lebensformen eine Faszination aus. Können die TN die Faszination für / die Sehnsucht nach einem solchen alternativen Leben nachvollziehen? Worin besteht für sie der Reiz, aber worin bestehen auch die Risiken?

 Alternative Lebensformen sind aus dem kirchlichen Kontext ausgewandert. Vor allem die ökologische Frage spielt eine wichtige Rolle. Wie können wir so leben, dass wir nicht mehr auf Kosten des Klimas und den anderen zwei Dritteln der Weltbevölkerung leben? Was bedeutet „teilen" in diesem Zusammenhang? Was ist „das Nötige"? Meint das Nötige das, was wir als nötig ansehen, oder das, was nötig für die Umwelt ist, nötig für das Klima, nötig für andere Menschen weltweit?

Woher weiß man von dem Mangel der anderen? Oft werden wir durch viele Medien mit Berichten über den Mangel Anderer überschwemmt. Das Problem: Die Flut an Informationen lässt abstumpfen und motiviert nicht unbedingt zum Tun. Wie kann es gelingen, den Mangel des anderen wahrnehmen und ihn sich zu Herzen zu nehmen, sodass daraus eine Haltung des gegenseitigen Sorgens und Teilens entsteht?

Ein Traum von Kirche?

Ist die beschriebene Gemeinschaft ein Traum oder ein Alptraum? Sind solch enge Gemeinschaften nicht auch eine Brutstätte für Übergriffe? Mit dieser Frage beschäftigt sich die Bibelarbeit (vgl. S XX)
Sicherlich ist der Text die „Mutter aller Sozialutopien". Aber der Realitätscheck in (geistlichen) Gemeinschaft bringt einen schnell wieder auf den Boden der Tatsachen. Schon bei Lukas und bis heute ist die Umsetzung dieses Ideals immer exemplarisch, sei es, dass die Umsetzung zeitlich befristet ist, so wie es z.B. auf Rüstzeiten möglich ist, oder sei es, dass sie von bestimmten Menschen gelebt wird, so wie im Kloster. Exemplarisch wird das Reich Gottes spürbar. „Das Leben der ersten Christen inspiriert in jeder Generation Menschen, es ihnen gleich zu tun. ...Wie ein Funke, der regelmäßig das Feuer bei denen entzündet, die sich nicht damit abfinden wollen, dass es so ist, wie es ist. Ein anderes Leben ist möglich. Gerechtigkeit ist möglich." (Katharina Wiefel-Jenner, in: Te deum April 2021, S. 207-208)
Gemeinschaften, die so leben, wirken auch immer in die Gesellschaft hinein. Sie reagieren auch auf gesellschaftliche Herausforderungen. Die Geschichtswissenschaftlerin und Theologin Virgina Burrus schreibt dazu: „It is more difficult and dangerous to question the invisible economic infrastructure of empire than to question the public face of its political leadership" – Es ist schwieriger und gefährlicher, die unsichtbare ökonomische Infrastruktur eines Machtgefüges in Frage zu stellen, als die öffentliche Fassade seiner politischen Führung („The Gospel of Luke and the Acts of the Apostel" in *A Postcolonial Commentary on the New Testament Writings*).

Eingelöste Verheißung

Lukas macht in seinem Doppelwerk sehr deutlich, dass sich in Jesus Christus die biblischen Verheißungen von der heilsamen Herrschaft Gottes in der Welt erfüllen.
Im Magnificat (Lk 1,48-55) bekennt Maria und im Benedictus (Lk 1,68-79) bekennt Zacharias diese Erfüllung schon in prophetischer Weise. Sie malen dort ein Bild von einer auf Gott bezogenen und von Gott geschenkten Zukunft, in der alle, die dazugehören, ohne Feinde und Armut in einer gerechten und für alle lebenswerten Weise miteinander leben. Das Bekenntnis des Simeon in Lk 2,29-32 öffnet bereits den Blick über Israel hinaus auf alle Menschen. Die **Erfüllung der Verheißung des Kommens des Reiches Gottes** durch Jesus, dem Messias, wird von Lukas (Lk 4,16-20) in dessen erster öffentlicher Rede in einer Synagoge als Schriftzitat inszeniert. Auch hier erzählt Lukas jedoch schon von Widerstand und Ablehnung durch die religiöse Elite.

Die Vorstellung des Reiches Gottes, das durch Jesu Auferstehung beginnt sich zu etablieren, ist ein Gegenbild zum Römischen Reich, das die ganze damalige Welt beanspruchte. Jesu Anspruch ist nach der Apostelgeschichte mindestens genau so weit und allumfassend. Wird also eine totalitäre Herrschaft durch eine andere ersetzt? Werden durch die Missionierung Roms die kolonialistischen Römer selbst „kolonialisiert"? Auf jeden Fall ist der Begriff des Reiches Gottes heute missverständlich – Assoziationen zu ähnlichen Begriffen wie „Kalifat" oder „Gottesstaat" sind nicht von der Hand zu weisen. Nicht für jede*n ist es per se eine gute Botschaft, dass Jesus einmal alles in allem sein wird.

In unsere Zeit scheinen die großen Verheißungen des Reiches Gottes in die Gesellschaft hinein diffundiert zu sein, so sieht es zumindest Detlef Pollak in seinem Essay „Erschüttert, zum Russland-Ukraine-Krieg", erschienen am 6. März 2022 in *Christ und Welt*. Er zeichnet ein bewegendes Bild unserer wunderbaren, schützenswerten, verletzlichen Kultur, das dem biblischen Bild vom Reich Gottes sehr nahekommt: „[...] Der Mensch ist ein verletzliches Wesen. An der Spitze unserer Verfassung heißt es: Die Würde des Menschen ist unantastbar. Dieser Satz steht dort, weil die Würde des Menschen sehr wohl missachtet werden kann, weil sie auf unbedingten Schutz angewiesen ist, weil gerade wir Deutschen die tief verstörende Erfahrung gemacht haben, dass die Würde des Menschen in den Dreck getreten werden kann. Die gesamte rechtsstaatliche, demokratische und soziale Ordnung ist gegen diese Verletzlichkeit des Menschen gebaut. Jetzt, angesichts der auch an uns näher heranrückenden Kriegsgefahr, sehen wir so deutlich wie seit Langem nicht, dass in dem Kern unserer Kultur das tiefe Bewusstsein dieser Verletzlichkeit hineingelegt ist. [...] Der christliche Glaube verehrt einen Gott, der misshandelt und gekreuzigt wurde und sich so verletzlich gemacht hat, wie wir selber sind. Er übt ein in das Mitleiden mit diesem menschlichen Schicksal. Und er stellt ein Angebot zum Umgang mit der Verletzlichkeit des Menschen bereit. Er sagt, dass aus der Überwindung des Todes, die Christus vollbracht hat, für uns die Kraft kommt, unsere Angst und Besorgnis zu überwinden und uns den Herausforderungen des Lebens zu stellen."

Die Apostelgeschichte inszeniert Lukas auch als eine Art gerichtliche Rehabilitation Jesu, mit Zeugen und Aktennotizen. Dabei ist natürlich die Auferstehung Jesu von zentraler Bedeutung, weil sein Kreuzestod alle messianischen Ansprüche ad absurdum geführt hat. Aber auch die erste Gemeinschaft, die entsteht, ist eine Beglaubigung Jesu. In ihr verwirklicht sich die Verheißung für ein endzeitliches Gottesvolk (Dtn 15,4: „Es sollte überhaupt kein Armer unter euch sein.") In ihr realisieren sich auch Auftrag, Verheißung und Anspruch Jesu (vgl. z.B. Lk 12,33f: „Verkauft, was ihr habt, und gebt Almosen. Macht euch Geldbeutel, die nicht altern, einen Schatz, der niemals abnimmt, im Himmel, wo sich kein Dieb naht, und den keine Motten fressen. Denn wo euer Schatz ist, da wird auch euer Herz sein"). Dabei ist die Frage vom Umgang mit Besitz und Reichtum so zentral, dass über die erste Gemeinde gesagt werden kann: „Es gab unter ihnen auch niemand, der Not leiden musste." (Vers 34)

Im Teilen wird das „Ein Herz und eine Seele"-Sein praktisch. Die erste Gemeinschaft setzt das Doppelgebot der Liebe um, das Lukas (Lk 10,27) einem Gesetzeslehrer als ein Stück religiöse Tradition in den Mund legt. In Dtn 6,5 beschreiben „Herz und Seele und alle Kraft" den Menschen, der in seiner Gesamtheit auf Gott ausgerichtet ist, wobei „Kraft" die nach außen gerichtete Wirksamkeit ist, also auch die materielle Hilfe und Unterstützung, die bei Lukas mit „Trost" beschrieben wird. Barnabas ist als Sohn des Trostes ein Vorbild für den angemessenen Umgang mit Besitz und Geld. Weil er seinen Trost nicht aus dem Reichtum bezieht, sondern auf den Trost Israels ausgerichtet ist, der nach Lk 2,25 Jesus Christus ist. (vgl. Markus Öhler, „Barnabas. Der Mann der Mitte", Biblische Gestalten, Bd. 12, S.42)

Gelebte Spiritualität

Die urchristliche Spiritualität ist „demnach nichts Privates, Mysteriöses, Weltabgewandtes, sondern sie äußert sich nach diesen Texten wesentlich sozial. Sie ist Ausdruck der Kraft Gottes, die alle Grenzen des Individuums sprengt." (Klaus Berger, Kommentar zum Neuen Testament, 2011, S.436)

 Der Heilige Geist hat also was mit unserem Geld zu tun. Wo geht unser Geld hin – sowohl privat als auch in der Gemeinde? Geht unser Geld hauptsächlich in die Gebäude, in den Erhalt des Status quo? Das passiert sicherlich, aber die Realität von Gemeinden und Christ*innen ist auch: Sie geben alles, um zu teilen und zu unterstützen. Als Beispiele für gemeindliches Engagement könnten kirchliche Partnerschaftsprojekte vorgestellt werden, wie es sie in jedem Kirchenkreis der EKD gibt. Auch die Vesperkirche oder Campingkirche sind attraktive Beispiele (In der Linkliste im Downloadmaterial finden sich einige Videoverweise zu diesen Projekten).

 Wie ist das bei mir? Was habe ich, was ich teilen kann? Wie stehe ich zu meinem Besitz? Gehört mein Eigentum mir? Oder sehe ich es so, wie die ersten Gläubigen: „Nicht ein Einziger betrachtete irgendetwas von dem, was ihm gehörte, als sein persönliches Eigentum" (V. 32).

Wie könnten wir exemplarisch als Gemeinde, als Gesellschaft oder als Einzelne anders mit unserem Besitz umgehen lernen? Als satirischen, augenzwinkernden Einstieg in die Frage nach „Mein und Dein" könnte ein Känguru-Comic von Marc Uwe Kling dienen, in dem der mittlerweile berühmte Ausspruch des Kängurus vorkommt: „Mein, dein, das sind doch alles bürgerliche Kategorien!" (Zu finden in der Link-Liste).
Ist für die TN die Einführung eines bedingungslosen Grundeinkommens ein Weg in die richtige Richtung? Verwirklicht sich darin etwas von der Freiheit und der Gerechtigkeit des Reiches Gottes? (Vgl. dazu die Darstellung und Diskussion auf YouTube – Links in der Link-Liste im Downloadmaterial)

 Als bildliche Konkretisierung finden Sie im Downloadmaterial ein Bible Art Journaling (I), auf dem zu sehen ist, wie die Äcker und die Häuser und auch das Geld golden glänzen. Dadurch, dass sie geteilt werden, spiegelt sich in ihnen die Herrlichkeit Gottes wider. Animieren Sie die TN dazu, selbst ein Bible Art Journaling zu gestalten. Erste Schritte dazu können Sie der Anleitung im Downloadmaterial entnehmen.

Abgrenzung

In den Aspekten, von denen sich Lukas in seinen Texten jeweils abgrenzt, kann man ablesen, was für ihn zentral und unaufgebbar zur Identität der christlichen Gemeinschaft gehört. Direkt im Anschluss an den Text aus Einheit 1 erzählt Lukas eine sehr dramatische Abgrenzungsgeschichte. Er stellt Hananias und Saphira als Negativbeispiele zu Barnabas dar. Die Reaktion auf ihren Täuschungsversuch wird deshalb so drastisch dargestellt, weil das Teilen einen solch zentralen und existenziellen Stellenwert für Lukas hat. Hier kann er keine Abstriche machen, denn dann würde er Abstriche am Reich Gottes machen.

Auch in den anderen Texten gibt es deutliche Abgrenzungen, an denen das theologische Profil der christlichen Gemeinde aus lukanischer Sicht deutlich wird. Diese Abgrenzungen fordern uns heraus, unsere eigenen unaufgebbaren Grundsätze zu formulieren: Was ist für uns so zentral und wichtig, dass wir uns von anderen abgrenzen, um es zu erhalten? Was macht unsere Identität als christliche Gemeinschaft aus? Was ist für uns ein absolutes „No-go"?

Wirken des Geistes

Die Gemeinschaft, die unter den Glaubenden entsteht, ist für Lukas eine Wirkung des Heiligen Geistes. Der Geist wirkt integrativ, er weckt Liebe und gegenseitige Wahrnehmung und Unterstützung.

Er wirkt in Barnabas, der laut Lukas voll Heiligen Geistes und voller Glauben ist. Lukas zeichnet Barnabas als einen Versöhner, Tröster und Vermittler. Matthias Wenk, Pfarrer einer Pfingstkirche, formuliert es so: Es scheint, als bräuchten sowohl eine Welt, die von ethnischen Konflikten erschüttert ist, als auch eine Kirche, die unter Spaltungen und Individualismus leidet, sowie eine Gesellschaft, die dermaßen im unzählige Subkulturen, Interessensgruppen und Generationen zersplittert ist, dass diese kaum noch miteinander kommunizieren können, dringend eine erneute Ausgießung des Heiligen Geistes, so wie es an Pfingsten geschehen ist" (Matthias Wenk, „Acts" in *A Biblical Theology of the Holy Spirit; übersetzt von der Autorin*).

 Ist der Gedanke, dass der Heilige Geist auch versöhnend in die Gesellschaft hineinwirken könnte, für die TN weltfremd, hoffnungsvoll, übergriffig oder ungewohnt?

Der Heilige Geistes macht aus den Gläubigen eine Gemeinschaft, die ein **Herz und eine Seele** sind, in einem Geist. Zumindest am Anfang scheinen diese sich einig gewesen zu sein, über ihre Ziele und ihre Sozialform. Was am Anfang einer Bewegung oft der Fall ist, da sich alle mit dem „Neuen" begeistert identifizieren. Das Lied „We Are One in the Spirit" drückt diese Realität und die Sehnsucht danach wunderbar aus. Ebenso gibt es viele Taizé-Lieder, die genau diesen Zusammenhang im Fokus haben, z.B. die Gesänge „Ubi caritas", „Tui amoris ignem" oder „Tu sei sorgente viva" (YouTube-Links in der Link-Liste im Downloadmaterial).

Der Begriff „Ein Herz und eine Seele" ist spätestens durch die TV-Serie in den 1970er-Jahren zu einem stehenden Begriff geworden, der den TN möglicherweise als erstes einfällt. Die Sendung selbst hat das Konzept immer ironisch gebrochen benutzt, so auch in der Vorrede zur 1. Sendung, die auf YouTube zu finden ist und sich als Einleitung zu einer Diskussion eignet (vgl. Link-Liste im Downloadmaterial).

Können wir und wollen wir überhaupt noch positiv ungebrochen von einer solchen Einheit und Einigkeit reden? Auch wenn wir das nicht können oder wollen, ist die gegenseitige Liebe, die darin zum Ausdruck kommt, doch für viele eine Sehnsucht und vielleicht sogar ein Alleinstellungsmerkmal christlicher Gemeinden.

Dazu finden Sie im Downloadmaterial ein Bible Art Journaling (II), das sehr bewegt und bewegend das Herz in die Mitte stellt. Sie können das Bild gemeinsam mit den TN ansehen, oder es als Impuls nehmen, selbst kreativ zu werden. Wenn die TN an ihre Gemeinde denken, was ist ihnen da eine Herzensangelegenheit? Wofür schlägt ihr Herz? Mit wem schlägt es im Gleichtakt?

Eine andere Auswirkung des Heiligen Geistes, von der in dem Textabschnitt berichtet wird, ist die Predigt der Apostel, die vor allem die Auferstehung Jesu Christi als zentralen Inhalt hat. Für Lukas war das Entscheidende bei der Auferstehung Jesu Christi, dass Jesus als Messias bestätigt worden ist und sich nun als eingelöste Verheißung das Reich Gottes ausbreitet. Das Wortgeschehen ist deshalb zentral, weil in ihm und durch es der Glaube an Jesus Christus entsteht, d.h. es zu einer Begegnung mit dem Auferstandenen, zu einer Erfahrung der Realität der Auferstehung durch den Heiligen Geist kommt. Im Kapitel 4 verwendet Lukas eine Vielzahl verschiedener Verben für das Wortgeschehen: reden, lehren, verkündigen, sprechen, nicht schweigen. (vgl. Textblatt „Wortgeschehen" im Downloadmaterial).

 Suchen Sie mit den TN die verschiedenen Worte zum Impuls heraus und diskutieren Sie die Bandbreite der Bezeichnungen.

Im Wortgeschehen ist der Auferstandene präsent. Dadurch entsteht die Realität des Reiches Gottes unter den Jünger*innen, die sich in der Erfahrung von Heil und Heilungen zeigt, die wiederum Auferstehungserfahrungen sind.

 Was ist für die TN das Entscheidende an der Auferstehung Jesu? Was begeistert und inspiriert sie daran?

Strukturveränderung/Problemlösung

Im Unterschied zu der Zeit mit Jesus müssen sich die Apostel in eine neue Sozialform hineinfinden, die aber den Werten treu bleibt, die sie mit Jesus geteilt haben, als sie mit ihm durchs Land zogen. Indem Lukas von dieser notwendigen und kreativen Veränderung in der Sozialgestalt der Gemeinschaft erzählt, fordert er zugleich seine Leser*innen auf, auch für sich eine angemessene und Jesus gemäße Sozialform zu finden (vgl. dazu die Predigt im Downloadmaterial).
Die ersten Jesus-Gläubigen rechneten dabei mit der prägenden Gegenwart Jesu Christi im Heiligen Geist. Sie fühlen sich nicht alleingelassen oder machen „Pläne, wie man jetzt das Unternehmen ‚Reich Gottes' bestmöglich ohne Jesus organisiert" (Lectio Divina Bd 15: Eure Söhne und eure Töchter werden Propheten sein. Apostelgeschichte lesen, S. 11). Der Glaube an die Gegenwart der Kraft Gottes befreit sie zu kreativen und pragmatischen Lösungen, wie wir auch im nächsten Text sehen werden.
Diese Lösungswege sind dabei nicht nur Bericht, sondern dienen auch den damaligen Leser*innen der Apostelgeschichte als Inspiration für ihre eigene Situation. Virginia Burrus erklärt den erzählerischen Handgriff den Lukas dafür verwendet: Indem Lukas seine Geschichte immer näher an die erzählte Zeit heranrücken lässt, scheint er zuzugestehen, dass die Radikalität von Jesus und seinen ersten Jüngern in eine unwiederbringliche Vergangenheit rückt und ermöglicht es seine Leser damit pragmatisch auf die gesellschaftlichen Realitäten des

antiken römischen Reiches zu reagieren" („The Gospel of Luke and the Acts of the Apostel" in *A Postcolonial Commentary on the New Testament Writings*).

Nun weitergedacht: Welche Lösungswege können wir heute gehen? Welchen Herausforderungen unserer Zeit könnten wir mit einer christlichen Gemeinschaftsform attraktiv und kreativ begegnen? Themen wie Einsamkeit, Armut, Umweltschutz, Sozialraumgestaltung liegen auf der Hand. Welche Sozialformen haben wir von der Gesellschaft übernommen? Ist eine Organisation in Vereinsform noch zeitgemäß? Gäbe es anderen Formen, in denen sich die Anliegen des Reiches Gottes besser repräsentieren lassen könnten?

1.3 Vorschlag für eine Bibelarbeit

Jochen Wagner

Vorbereitung

Inhaltlicher Schwerpunkt

Apg 4 beschreibt eine besondere Gemeinschaft. Eine Gemeinschaft, die in einer Übergangszeit entsteht; die ein paar Jahre besteht, eine kurze Zeit, und dann wieder in andere Formen übergeht. Die Beschreibung dieser Gemeinschaft kann uns herausfordern, unsere eigenen Formen von Gemeinschaft zu hinterfragen. In kleinerem Maß ist z.B. jedes Zeltlager so eine besondere Gemeinschaft auf Zeit. Es ist ein Highlight. Die Teilnehmenden schwärmen noch Jahre später davon. Gleichzeitig kann das Leben kein immerwährendes Zeltlager sein. Es ist eben nicht das Normale, nicht der Alltag, nichts auf Dauer Angelegtes. So ist auch die Gemeinschaft, die in Apg 4 beschrieben wird, eine Gemeinschaftsform, die nur ein paar Jahre gelebt wurde und in dieser Zeit funktionierte. Darüber hinaus wird sie idealisiert beschrieben. Trotzdem kann sie uns herausfordern, ermutigen und uns einen Ausblick geben. Das Wissen darum, dass es eine Gemeinschaft auf Zeit war, kann uns davor bewahren, uns mit diesem Ideal zu überfordern.

Verbindung zu anderen Einheiten

Mit Apg 4,32-37 wird die ökumenische Bibelwoche eröffnet. In diesem Text zeigt sich die Überschrift „Kirche träumen" auf besondere Art und Weise. Die Texte sind wirkmächtig. Sie prägen das Bild der christlichen Gemeinschaft bis heute. Auch der zweite Text Apg 6,1-7 knüpft beim Thema Gemeinschaft an und behandelt das Füreinander und Miteinander. Es wird deutlich, dass zur christlichen Gemeinschaft auch Konflikte gehören.

Raumgestaltung
→ Stuhlkreis
→ Das Bild einer Kirche auf Papier bzw. ein Plakat ausdrucken oder aufmalen.

Materialien und Medien
→ Post-its in unterschiedlichen Farben
→ Stifte in der Anzahl der Teilnehmer:innen
→ Ein Plakat

Zusätzliche Liedvorschläge
→ Gut, dass wir einander haben
→ Wo zwei oder drei in meinem Namen versammelt sind
→ In deinem Namen wollen wir gemeinsam gehen
→ Vertraut den neuen Wegen
→ Komm Herr segne uns
→ We are one in the spirit

Zur Gestaltung des Abends

Liturgische Eröffnung

Gebet
Guter Gott,
es tut mir gut, zu einer Gemeinschaft zu gehören.
Gemeinsam nach deinem Willen heute zu fragen,
von Erfahrungen anderer zu hören,
ihren Glauben zu sehen,
ihre Zweifel wahrzunehmen,
ihre Sehnsucht zu teilen,
gibt mir das Gefühl,
aufgehoben zu sein.
Hier wird füreinander gebetet!
Ich wusste lange nicht, wie wichtig das ist
und wie sehr es den Blick auf meine Mitmenschen verändert.

Auch in meiner Gemeinde gibt es Schwierigkeiten,
Eitelkeiten, die ihre Blüten treiben,
Achtlosigkeiten, die weh tun,
Verletzungen, die wir einander zufügen.
Wir sind keine makellosen Spiegel deiner Liebe, Gott.
Und doch spüre ich hier noch etwas davon,
dass man an den eigenen Fehlern leidet,
Verantwortung übernehmen will
nach Versöhnung sucht.
Unvollkommen bleibt auch das,
aber wir halten dein Wort
und deinen Geist hier nicht außen vor
und meinen, alles unter uns regeln zu können.

Mir ist meine Gemeinde ans Herz gewachsen
und ich bin zu einem Teil von ihr geworden.
Dafür danke ich dir.
Halte uns zusammen
und halte uns nah bei dir.
Amen

Sylvia Bukowski / Jochen Denker / Holger Pyka, Worte finden. Neue Gebete für Gottesdienst und Alltag, Neukirchen-Vluyn 2021, 105)

Lied
„Gut, dass wir einander haben" (Manfred Siebald). Wo es bekannt ist, kann es gemeinsam gesungen werden. Ansonsten bietet es sich an, das Lied anzuhören (z.B. über youtube.com).

Alternativ: „Wo zwei oder drei" (EG 578) oder „Hinne ma tov u`mannajim"

Auf den Text zugehen (ca. 20 Min.)

Ideal und Enttäuschung

Kirche und Gemeinschaft – das sind zwei große Worte, die mit vielen Wünschen und Idealen verbunden sind. Deshalb die Fragen:
- Was wünschen Sie sich für eine christliche Gemeinschaft?
- Was ist ihr Ideal?

Die Antworten werden auf Post-its in einer einheitlichen Farbe geschrieben und auf das Bild der Kirche geklebt. Es folgt ein weiterer Bereich und damit eine weitere Frage:
- Wo bin ich von christlicher Gemeinschaft enttäuscht worden?

Die Antworten werden auf Post-its, die eine andere Farbe als die ersten haben, geschrieben und auf das Bild der Kirche geklebt.

Dem Text begegnen (ca. 40 Min.)

In der Apostelgeschichte ist von der ersten christlichen Gemeinde die Rede, von der sogenannten Urgemeinde. Sie ist das Urbild der Gemeinde bzw. Kirche, das Ideal. Was dieses Ideal ausmacht, das uns in der Apostelgeschichte vor Augen gemalt wird, wollen wir nun gemeinsam entdecken.

Eine Person liest Apg 4,32-37 vor.

Zwei Perspektiven – Textarbeit:

In zwei Gruppen bearbeiten die TN den Text anhand folgender Aufgaben:
- **Gruppe I**: Erstellen Sie aus dem Text ein Programm für eine Gemeinde. Beginnen Sie jeden Satz mit „Wir …"
- **Gruppe II**: Verkehren Sie den Text in sein exaktes Gegenteil, indem Sie die Aussagen umkehren und mit „wir …" beginnen. Formulieren Sie in der Gegenwart: z.B.: „Wir sind uneins und haben viele Meinungen …" Wir …

Im Plenum stellt zuerst Gruppe II ihr Ergebnis vor.

Im Gespräch können diese Fragen gestellt werden: Wie geht es uns mit diesen Aussagen? Sind sie Abbild der Realität? Oder zu negativ? Betreffen Sie Christen? Oder andere? Oder beide? Oder niemanden?

Dann stellt Gruppe I ihr Programm vor.

Fragen für den Austausch: Wie realistisch ist so ein Programm? Welche Teile sind schon Wirklichkeit? Welche könnten umgesetzt werden? Welche Hindernisse gibt es? Hilft die Vision, unsere Realität zu verändern?

Harmoniebilder

Ähnliches schildert uns Psalm 133, Vers 1: „Siehe, wie fein und lieblich ist's, wenn Brüder (und Schwestern) einträchtig beieinander wohnen." Dieses Bild der Gemeinschaft, die ein Herz und eine Seele sind, hat sich tief eingeprägt und ist sogar sprichwörtlich geworden. Dass es auch hier schon Konflikte gab, wird leicht ausgeblendet. Die heile und hier leuchtend geschilderte Anfangszeit entfaltet eine mächtige Wirkung – und ist damit zugleich auch eine gefährliche Illusion. Was könnte an dieser Schilderung gefährlich sein?

Auf ein Plakat schreibt L in die Mitte groß „ein Herz und eine Seele". Die TN werden eingeladen, Symbole oder Begriffe, die ihnen dazu einfallen, dazuzumalen. Es wird gleich dazu gesagt, dass das Wort nicht nur illustriert und bestätigt werden muss – auch „Störungen" haben Platz – eine Frage, ein Stopper …

Dann folgt ein Gespräch

Wie ist das mit dem frühchristlichen „Kommunismus"? Die Mitglieder der Gemeinde hatten alles gemeinsam. Oder um es mit den Worten des Kängurus aus den Känguru-Chroniken von Marc-Uwe Kling zu sagen: „Ach, „mein", „dein" - das sind doch bürgerliche Kategorien!" Den Besitz zu teilen, das ist spannend. In Wohngemeinschaften gibt es Modelle zur gemeinsamen Nutzung von Werkzeugen usw. Wo ist die Grenze der Bereitschaft? Wäre das Teilen von Ressourcen auch ein Modell für eine ganze Gesellschaft?

Weitere Anregungen zur Textbeobachtung finden Sie im TNH.

Mit dem Text weitergehen: Gott geht mit (ca. 20 Min.)

Ein streitbares Zitat

> *Wer seinen Traum von einer christlichen Gemeinschaft*
> *mehr liebt als die christliche Gemeinschaft selbst, der*
> *wird zum Zerstörer jeder christlichen Gemeinschaft, und ob er*
> *es persönlich noch so ehrlich, noch so ernsthaft und hingebend*
> *meinte.*
> *Gott haßt die Träumerei; denn sie macht stolz und anspruchsvoll.*
> *Wer sich das Bild einer Gemeinschaft erträumt, der fordert*
> *von Gott, von dem Andern und von sich selbst die Erfüllung.*
>
> Dietrich Bonhoeffer

Gespräch über Bonhoeffers Aussage

Neben das in der Apg beschriebene Ideal christlicher Gemeinschaft treten unsere Erfahrungen mit der realen christlichen Gemeinschaft, mit der Realität. Das Ideal trifft auf unsere Enttäuschungen, die wir zu Beginn aufgeschrieben haben. Beides soll nun miteinander ins Gespräch gebracht werden, ins Verhältnis gesetzt werden. Wie passt beides zusammen?

Wenn wir unsere Gemeinschaft mit einem zu hohen Ideal vergleichen, kann sie diesem Anspruch nicht standhalten. Trotzdem gilt: Christliche Gemeinschaft kann ein Geschenk sein. Gleichzeitig gilt aber auch: Wo Menschen miteinander unterwegs sind, bleiben Verletzungen und Enttäuschungen nicht aus. Und leider trennen sich dabei manchmal auch die Wege.

Liturgischer Abschluss

Text/Gebet
Gott des Friedens,
wir klagen dir das, wovon wir auch nicht frei sind.
Streit, Konflikte und Zwietracht um Dinge, die es nicht wert sind.
Wir bringen die Menschen vor dich,
die uns im Streit verlassen haben,
wir lassen die Frage los, ob sie recht hatten oder wir,
und legen sie dir einfach ans Herz,
dass du ihre Wege begleitest und sie segnest.

(a.a.O., 120.)

Vaterunser

Segen
Gott, segne und behüte uns.
Sei bei uns, wenn wir aufbrechen,
um deine frohe Botschaft zu den Menschen zu bringen.
Segne unsere Schritte,
damit wir nicht müde werden auf unserem Weg.
Segne unsere Worte,
damit wir die Herzen der Menschen erreichen.
Es segne uns der eine Gott,
der Vater, der Sohn
und der Heilige Geist.
Amen.

1.4 Bildbetrachtung

Johannes Beer

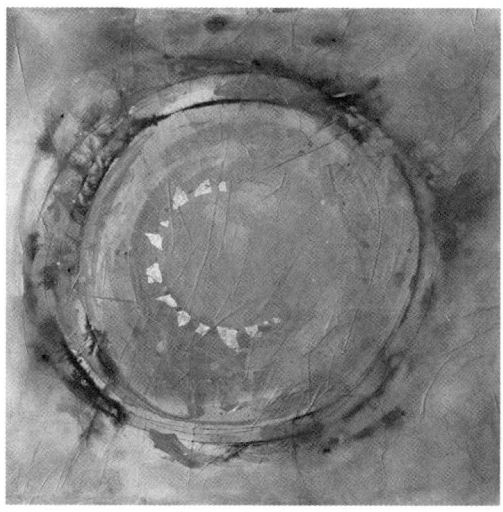

Annette Weber-Vinkeloe: Apostelgeschichte 4, 2022, Mischtechnik auf Papier, 90 x 97,5 cm

Diese Arbeit ist in hellen und etwas kräftigeren Blautönen und bräunlich, roten Kupfertönen gehalten. Wenige Goldapplikationen treten hervor. Auf der rechteckigen Form des Blattes dominiert eine runde Form, die sich durch mehrere Kreise und Ringe bildet. Sie wirkt schwebend, nicht fest und starr. Da sind blau verschwimmende Kreise, die fast pulsierend wirken. Nach außen hin fasern die Kreise aus, verläuft das Blau. In den blauen Kreisen gibt es eine runde Form aus den bräunlich, roten Kupfertönen. Das Innerste bildet ein hellblaues Rund, an dessen Rand im linken Bereich sich zwölf glänzende Goldapplikationen finden.

Das Rechteck steht mit seinen vier Seiten und vier Ecken für das Irdische, das Weltliche. Auch die Farbe der bräunlich-roten Kupfertöne verweist auf die Erde, die sozusagen den Background bildet. Gottes Schöpfung, der Lebensraum der Menschen, konkreter der Lebensraum Jerusalem, ist der Raum, in dem diese Erzählung spielt.

In diesem Raum ist der Kreis mit seinen verschiedenen Blautönen zentral angeordnet. Er deutet sich in blauen Linien an, die sich aus dem universellem himmlischen Blau speisen. Das nach außen auslaufende Blau verweist auf den unendlichen himmlischen Raum, der größer als die Schöpfung, und weit größer als unser Lebensraum, ist.

Im inneren himmelblauen Rund sehe ich in den zwölf Goldapplikationen symbolisch die zwölf Apostel dargestellt. Das Gold zeigt dabei ihren Glanz in der frühen Gemeinde und steht zugleich für ihre Erleuchtung, ihre Geistbegabung, die sie Pfingsten geschenkt bekommen haben. Sicherlich nicht zufällig erinnern die Goldapplikationen in ihrer Form an so manche Darstellung der „Zungen wie von Feuer" aus der Pfingsterzählung.

Auch die Anordnung dieser goldenen Apostelsymbole scheint mir nicht zufällig zu sein. Sie sind nicht oben in dem Kreis, dessen Rand sie definieren, um so eine Hierarchie anzudeuten. Sie verteilen sich nicht gleichmäßig um das innere hellblaue Rund, sodass dieses zu einer geschlossenen Form würde. Sie sind auf der linken Seite angeordnet, sodass das innere Rund etwas Offenes bekommt. Unterstützt wird das dadurch, dass der in bräunlich-roten Kupfertönen gehaltene Kreis hinter den Apostelsymbolen relativ kräftig ist, während er auf der gegenüberliegenden Seite hinter dem himmlischen Blauton kaum noch zu erkennen ist. Die erste christliche Gemeinde ist nicht abgeschlossen. Sie bildet ein Rund, aber es können Menschen hinzukommen und sie wirkt in die Welt hinein

Markus Lau

Der Streit um die Witwenversorgung und der Erfindungsreichtum des frühen Christentums (Apg 6,1–7)

Trotz der augenscheinlich idealen Anfänge in Sachen Gütergemeinschaft, die materielle Armut in der Jerusalemer Gemeinde eigentlich unmöglich machen sollten, kommt es in Jerusalem schon recht früh zu einem ersten gravierenden Gemeindekonflikt, vor dessen Hintergrund soziale Verwerfungen und Armutsfragen sichtbar werden, die entlang ethnischer Grenzen innerhalb der Gemeinde verlaufen. Von diesem Konflikt und seiner überaus kreativen Lösung erzählt Lukas in Apg 6,1–7.

1. Der Kontext

Nach dem Tod von Hananias und Sapphira erzählt Lukas recht unbekümmert weiter vom großen Erfolg der Jesusverkündigung in Jerusalem und von vielfachen Wundern durch die Apostel (Apg 5,12–16). Das ruft die Partei der Sadduzäer und den amtierenden Hohepriester auf den Plan, die Lukas als eifersüchtig auf diesen Erfolg charakterisiert. Sie lassen die aus ihrer Sicht als Rädelsführer und Wundertäter erscheinende Gruppe der Apostel aus dem Kreis der Gemeinde heraus verhaften (Apg 5,17f.). Die Mauern des Gefängnisses, verschlossene Türen und Wachen können die Apostel aber nicht im Gefängnis halten. Im Rahmen eines Befreiungswunders führt ein Engel Gottes die Gruppe wundersam aus dem Gefängnis heraus und schickt die Apostel mitten in das Jerusalemer Tempelareal hinein. Dort sollen sie die „Worte des Lebens" (Apg 5,20) verkünden.

Der Hohepriester ahnt noch nichts von diesen Ereignissen und versammelt um sich sowohl den Ältestenrat als auch den Gerichtsrat und versucht, die Gefangenen zum Verhör vorführen zu lassen (Apg 5,21). Mit einiger Ironie erzählt dann Lukas von Überraschung und Verwirrung unter den jüdischen Autoritäten, die das leere, fest verschlossene und bestens bewachte Gefängnis auslöst (Apg 5,22–24). Aus dem Tempel werden sodann die Apostel erneut vorgeführt und befragt, warum sie sich über das Verbot hinweggesetzt haben, Jesus zu verkündigen (vgl. Apg 4,5–20). Als Rechtfertigung formulieren die Apostel den berühmten Satz: „Man muss Gott mehr gehorchen als den Menschen!" (Apg 5,29). Das Verhör spitzt sich dann weiter zu und die Ankläger der Apostel erwägen, diesem Spuk radikal ein Ende zu setzen und die Apostel beseitigen zu lassen (Apg 5,33).

Doch es kommt anders. Gamaliel, ein weiser Pharisäer und Gesetzeslehrer, der beim ganzen Volk hoch geehrt ist, schreitet ein (Apg 5,34–39). Mit Verweis auf jüdische Männer wie Theudas und Judas, die sich jeweils als Messias Gottes verstanden und eine Gruppe von Anhängern um sich gesammelt haben, führt er aus, dass all diese Revolutionsgruppen untergegangen seien und Theudas und Judas sich so als Schein-Messiasse erwiesen hätten. Sein Rat läuft darauf hinaus, die Sache mit Jesus und den Aposteln Gott zu überlassen. Wenn Jesus nicht der Messias ist, wird sich seine Anhängerschaft von selbst auflösen und zerstreuen und Jesus in Vergessenheit geraten. Sollte Jesus aber doch der wahre Messias Gottes sein, wäre ein Angriff auf seine Bewegung höchst gefährlich, weil man gegen das Projekt Gottes kämpfen würde.

Diese Argumentation trägt Früchte und die Apostel werden unter Wiederholung des Verbots und nach körperlicher Züchtigung wieder in die Freiheit entlassen (Apg 5,40). Ihre freimütige Verkündigung setzen sie ungebrochen fort: Erneut erzählt Lukas summarisch, dass die Apostel in den Häusern der Gemeinde und im Tempelareal lehren und Jesus als Messias Gottes verkünden (Apg 5,41f.). Mit diesem abschließenden Summarium fasst Lukas Tage und Wochen zusammen. Die Zeiten vergehen und langsam beginnt es in den Häusern der Gemeinde zu rumoren. Denn nicht alles ist ideal. Davon handelt unser Text.

2. Der Text und seine Struktur

1 In diesen Tagen, als die Zahl der Jünger zunahm, begehrten die Hellenisten gegen die Hebräer auf, weil ihre Witwen bei der täglichen Versorgung übersehen wurden. 2 Da riefen die Zwölf die ganze Schar der Jünger zusammen und erklärten: Es ist nicht recht, dass wir das Wort Gottes vernachlässigen und uns dem Dienst an den Tischen widmen. 3 Brüder, wählt aus eurer Mitte sieben Männer von gutem Ruf und voll Geist und Weisheit; ihnen werden wir diese Aufgabe übertragen. 4 Wir aber wollen beim Gebet und beim Dienst am Wort bleiben. 5 Der Vorschlag fand den Beifall der ganzen Gemeinde und sie wählten Stephanus, einen Mann, erfüllt vom Glauben und vom Heiligen Geist, ferner Philippus und Prochorus, Nikanor und Timon, Parmenas und Nikolaus, einen Proselyten aus Antiochia. 6 Sie ließen sie vor die Apostel hintreten und diese legten ihnen unter Gebet die Hände auf. 7 Und das Wort Gottes breitete sich aus und die Zahl der Jünger in Jerusalem wurde immer größer; auch eine große Anzahl von den Priestern nahm gehorsam den Glauben an.

Die unseren Text eröffnende Zeitangabe verortet den in Apg 6,1–7 erzählten Konflikt und seine Lösung in genau jener Zeitspanne, die in Apg 5,42 gerafft erzählt worden ist. Apg 6,1 beschreibt dabei nachträglich, was in dieser Zeit neben der Verkündigung Jesu als Messias Gottes noch passiert ist. Wenig überraschend ist, dass Lukas erneut die Zahl der Anhängerinnen und Anhänger Jesu anwachsen sieht. Zugleich aber wird ein Konflikt beschrieben, der mit Hebräern, Hellenisten und der täglichen Witwenversorgung zu tun hat. Die Lösung dieses Konflikts wird in V. 2–6 erzählt, während V. 7 abschließend erneut im Sinne einer Gemeindewachstumsnotiz summarisch den Erfolg der Jesusbewegung zusammenfasst. Insofern rahmen die V. 1.7 angesichts ihres summarischen Charakters und der Wachstumsnotizen die Konfliktlösung, von der im Zentrum unseres Textes in den V. 2–6 die Rede ist. Dieses Zentrum lässt sich seinerseits noch feiner in zwei Teile untergliedern: Während die V. 2–4 den Konfliktlösungsvorschlag des Apostelkreises beschreiben, wird in V. 5f. die Umsetzung dieses Vorschlages durch die versammelte Gemeinde im Zusammenspiel mit den Aposteln erzählt.

3. Der Konflikt und seine ethnischen Implikationen

Blicken wir zunächst auf V. 1 und den Konflikt, der in der Gemeinde offenkundig schon länger schwelt und mit Apg 6,1–7 in die erzählte Öffentlichkeit gerät. Lukas stellt uns zwei Gruppen innerhalb der Jerusalemer Jesusgemeinde vor Augen, die er jeweils unter einem Oberbegriff zusammenfasst und präsentiert. Die dabei gewählten Begriffe haben sprachliche und kulturelle Implikationen. Auf der einen Seite stehen die Hebräer. Der Begriff verweist auf Menschen, die Hebräisch bzw. Aramäisch sprechen, in der jüdischen Kultur Israels tief verwurzelt sind und in Israel leben – im konkreten Fall unseres Textes: in Jerusalem. Es sind die Einheimischen.

Auf der anderen Seite stehen die Hellenisten. Mit diesem Wort werden in antiker Literatur Menschen beschrieben, die mit griechischer Kultur und Sprache verbunden sind. Gemeint sind also in unserem Fall Gemeindemitglieder, die Griechisch sprechen und ihre Wurzeln in der griechischsprachigen Welt und damit eben auch in griechischer Kultur haben. Griechische Kultur freilich gibt es seit den Eroberungen Alexanders des Großen im 4. Jh. v. Chr. überall in der antiken Mittelmeerwelt. Griechisch hat als antike Sprache in der Zeit des Lukas in etwa den Stellenwert, den in unseren Tagen die englische Sprache hat. Es wird überall in den Städten des Römischen Reiches gesprochen, in Athen genauso wie in Korinth, im kleinasiatischen Ephesus, im ägyptischen Alexandria, im syrischen Antiochia und natürlich auch in Jerusalem. Nicht von ungefähr lässt z. B. der König Herodes seine Münzen mit griechischer Aufschrift prägen. Sein Geld spricht Griechisch und der König rechnet damit, dass die Menschen, die mit seinen Münzen in Israel bezahlen, auch die Sprache der Münzen sprechen können. Hellenisten gibt es in diesem Sinne schon lange in Jerusalem.

Hellenisten, das können Menschen sein, die sich als Nichtjuden temporär oder seltener auch dauerhaft in Jerusalem aufhalten, so, wie es die Römer tun, die in Apg 2,10 genannt werden; es können aber auch Jüdinnen und Juden sein, die in der jüdischen Diaspora, also irgendwo außerhalb Israels leben und sich z. B. als Festpilger für eine Zeit in Jerusalem aufhalten. Hellenisten können schließlich auch Menschen sein, die als Jüdinnen und Juden aus der Diaspora stammen, aber nach Jerusalem umgesiedelt sind. Einem solchen sind wir bereits begegnet: dem Zyprioten Josef Barnabas aus Apg 4,36. Bei den Hellenisten, die in Apg 6,1 im Blick sind, wird es sich am wahrscheinlichsten um Menschen dieser dritten Kategorie handeln. Denn unser Text setzt voraus, dass sie zur Gemeinde gehören und ihre Witwen bei der *täglichen* Versorgung, also nicht bei einer einmaligen Aktion, sondern bei einer dauerhaften Institution „übersehen" werden – und auch dies nicht einmalig, sondern dauerhaft. **Die Hellenisten von V. 1 sind also jüdische Jesusanhängerinnen und -anhänger, deren Wurzeln in der griechisch geprägten Diaspora liegen und die nach Jerusalem eingewandert sind.**

Die Paarung Hebräer und Hellenisten stellt uns also das Gegenüber von Einheimischen und neu Zugezogenen, von im Judentum Israels Sozialisierten und Diasporajüdinnen und -juden vor Augen. Die Angehörigen beider Gruppen sind in religionssoziologischer Perspektive Jüdinnen und Juden und teilen dauerhaft diese religiöse Grundoption. Kulturell allerdings dürfte es nicht wenige Unterschiede zwischen den Gruppen gegeben haben, angefangen bei Fragen der Sprache, über unterschiedliche alltägliche Lebensgewohnheiten bis hin zu unterschiedlichen Fassungen der heiligen Schriften: Denn neben der hebräischen Bibel Israels gibt es auch eine griechische Übersetzung der Bibel Israels, die Septuaginta, die aller Wahrscheinlichkeit nach aus dem ägyptischen Alexandria stammt und für Diasporajüdinnen und -juden geschaffen worden ist, die des Hebräischen oft gar nicht mächtig waren. Auch wenn die religiöse Basis, die Hebräer und Hellenisten teilen, der Glaube an den *einen* Gott Israels und das Leben nach der Tora ist, so werden diese Gruppen in Jerusalem vermutlich relativ getrennt voneinander gelebt haben. Ein Indiz dafür liefert Apg 6,9, erzählt Lukas doch dort von einem Nebeneinander unterschiedlicher jüdischer Synagogengemeinden mitten in Jerusalem. Diese Gemeinden organisieren sich entlang von Sprache und Kultur, sodass sich Jüdinnen und

Juden einer bestimmten Diasporaregion in Jerusalem zu einer Synagoge zusammenschließen. Da gibt es die Synagoge der Libertiner, die der Leute aus Kyrene und die der Menschen von Alexandria, aus Kilikien und der Provinz Asien. Nimmt man den Völkerkatalog aus der Pfingsterzählung von Apg 2,9–11 hinzu, dann wird das Bild noch viel bunter. **Jerusalem ist ein Schmelztiegel, in dem viele Arten Judentum leben, (z. T. unverbunden) nebeneinander existieren**.

In der Jesusbewegung bilden diese durch ihre neue und zusätzliche Grundüberzeugung, in Jesus den Messias zu sehen, verbundenen Gruppen der Hebräer und Hellenisten nun eine Einheit – eine gemeinsame Jesussynagoge. Das ist Neuland. In der Jesusbewegung bilden Menschen eine neue Gemeinde, die bisher zwar alle Jüdinnen und Juden waren, aber in sprachlich und kulturell unterschiedlich geprägten Synagogen gelebt haben. Und genau das wird zum Problem: Zu diesen beiden ethnisch und kulturell divergenten Gruppierungen in der Jesusgemeinde gehören nämlich auch Witwen. Es handelt sich um Frauen, deren Männer verstorben sind und die oft in ökonomisch prekären Situationen leben müssen. Oft sind sie Willkür, Ausbeutung und Missbrauch ausgesetzt, sind an den Rand gedrängt, haben keine Lobby in den lokalen Gesellschaften. Das Alte Testament ist voll von Texten, die das Schicksal der Witwen (oft in Kombination mit den Waisen) einklagen und zum gerechten Umgang mit ihnen auffordern (vgl. z. B. Dtn 10,18; 16,18–20; 24,17; Ps 68,6; Jes 10,1f.). Der Prophet Ezechiel kann z. B. die Stadt Jerusalem anklagen (Ez 22,7):

> *In dir verachtet man Vater und Mutter. In deiner Mitte beutet man die Fremden aus. In dir unterdrückt man Waisen und Witwen.*

So soll es in Israel nicht zugehen – und schon gar nicht in Jerusalem, der Stadt mit dem Tempel, in dem Gott selbst wohnen will. Diesem Gott liegen die Witwen, Waisen und Schwachen besonders am Herzen. Wo ihnen Gerechtigkeit widerfährt, da will Gott sein und wohnen, wie es z. B. Jer 7,6f. formuliert:

> *6 Wenn ihr die Fremden, die Waisen und Witwen nicht unterdrückt, unschuldiges Blut an diesem Ort nicht vergießt und nicht anderen Göttern nachlauft zu eurem eigenen Schaden, 7 dann will ich bei euch wohnen hier an diesem Ort, in dem Land, das ich euren Vätern gegeben habe von ewig und auf ewig.*

Im Licht dieser biblischen Ideale arbeitet auch die Jerusalemer Jesusgemeinde durch ihr Sozialverhalten daran mit, dass Gott selbst einen Ort auf Erden hat, an dem er auch für die Witwen spürbar wird, an dem letztlich das Reich Gottes gelebte Wirklichkeit wird. Auf der Basis des Ideals der Gütergemeinschaft und der Bedarfsgerechtigkeit hat die Gemeinde dazu offenkundig eine Praxis entwickelt, die zu einer *täglichen* materiellen Versorgung der Witwen führt. Genau das hält ja Apg 6,1 fest. **Die Gemeinde ist also nicht nur am Sonntag diakonisch aktiv, sondern an jedem Tag**. Dabei – und das ist eine kluge Implikation dieser Praxis – stillt die tägliche Versorgung der Witwen nicht nur materielle Not und Bedürfnisse im Blick auf Nahrung, Wasser und Kleidung, sondern ermöglicht auch jeden Tag zumindest ein wenig Gemeinschaft. Denn auch wenn wir nicht wissen, wie diese tägliche Versorgungspraxis organisiert war, so darf man doch annehmen, dass es zu persönlichen Kontakten zwischen allen Beteiligten kommt. Denn wenn die hellenistischen Witwen „übersehen" werden, dann impliziert dies einen aktiven Vorgang. Die Gemeinde wird daher kaum einen anonymen Gabentisch etwa aufgestellt haben, von dem sich die Witwen dezent bedienen können. Es muss, um im Bild zu bleiben, auch jemand hinter dem Gabentisch stehen, der dann die hellenistischen Witwen aktiv „übersieht".

Genau das ist das in Apg 6,1–7 verhandelte Problem. Ein Teil der Gemeindewitwen, eben die Witwen, die zur Gruppe der Hellenisten gehören, werden wiederholt bei diesem täglichen Dienst übersehen. Ihre Bedürfnisse werden also nicht gestillt. Das von Lukas in Apg 4 breit erzählte Ideal der Gütergemeinschaft bekommt damit Risse entlang einer ethnisch-kulturellen Verwerfungslinie. Die Hebräer achten stärker auf jene Witwen, die wie sie zu den Einheimischen gehören, die schon immer da waren; die anderen, die Neuen, geraten zunehmend aus dem Blick. Die Herkunft aus unterschiedlichen Synagogengemeinden und die Grenzen, die zwischen diesen Gruppen bestehen, wirken sich also auch in der Jesusgemeinde noch aus. Das führt zu Konflikten zwischen den Hebräern und den Hellenisten, die aufbegehren, die murren und Einspruch erheben. Die in V. 1 sichtbar werdenden Konfliktlinien legen dabei nahe, dass die Witwenversorgung stärker in den Händen der Hebräer lag, zu denen ja auch die Apostel gehören, die mutmaßlich die Gemeindekasse verwalten. Warum allerdings die Hebräer der Jesusgemeinde so handeln und die hellenistischen Witwen übersehen, bleibt im Rahmen von V. 1 weitgehend im Dunkeln. Über Spekulationen, wie der Konflikt konkret entstanden sein könnte, wird man kaum hinauskommen. Es ist nicht einmal sicher, dass bei den Hebräern wirklich intentionales Handeln vorliegt, das den hellenistischen Witwen bewusst etwas aktiv vorenthalten will. **Vielleicht gilt auch hier, dass Blut einfach dicker ist als Wasser und die Wahrnehmung der Bedürftigkeit anderer bei den Nächsten beginnt und erst später auch die übrigen im Blick hat**. Wenn dann die täglich zur Verfügung stehenden Mittel schon verbraucht sind, wird es schwierig. Denkbar ist auch, dass die hebräische und die hellenistische Gemeindegruppe die je eigenen Witwen versorgt hat, bei den Hellenisten aber entweder die Zahl der Witwen größer war oder die finanziellen Mittel, die der hellenistische Teil aufbringen konnte, nicht ausreichten und der Transfer von Mitteln zwischen beiden Gruppen zum Problem wurde. Freilich: Eine Gemeinde, die – wie es Lukas formuliert – „ein Herz und eine Seele" (Apg 4,32) ist, müsste anders funktionieren. Apg 6,1–7 stellt insofern schlagend unter Beweis, dass die Gemeindeverhältnisse von Apg 4,32 ein lukanisches Idealbild sind, das nicht mit der Wirklichkeit verwechselt werden darf. Die Hellenisten fordern in dieser Situation konkrete Änderungen in der Gemeindepraxis. Die sind bei allen lukanischen Idealisierungen gleichwohl keine Utopie, sondern möglich, wie der Fortgang der Erzählung zeigt.

4. Die Lösungsoption der Apostel und die Entscheidungsfindung der Gesamtgemeinde

Die zwölf Apostel sehen sich für diesen Gemeindekonflikt zuständig und von ihnen geht der Impuls zur Lösung des Konflikts aus, den sie freilich nicht alleine lösen können und wollen. Sie rufen die Gesamtgemeinde zusammen, denn dieser Konflikt betrifft die Gemeinde als ganze. Hellenisten und Hebräer sind also beisammen. Damit verweigern sich die Apostel von Anfang an einer Art Versuchung der Macht. Denn sie schaffen Öffentlichkeit und entscheiden nicht allein im Hinterzimmer der Macht. Unsere Übersetzungen, die von der Menge oder Schar der Jünger sprechen (Apg 6,2), verdecken dabei im Übrigen ein wenig, dass natürlich auch Frauen zur Jerusalemer Gemeinde gehören, wie etwa Apg 1,14 deutlich macht. Und da hier im Griechischen der Begriff *plēthos* verwendet wird, der die Menge und Masse, die Mehrheit und auch die Vereins- und Bürgerversammlung meint, ist wirklich an eine Versammlung aller Angehörigen der Gemeinde gedacht. Der gleiche Begriff fiel im Übrigen schon zur Beschreibung der Gemeinde in Apg 4,32. Gerade mit Blick auf Apg 4,32 wäre es seltsam, wenn nur die Männer der Gemeinde „ein Herz und eine Seele" wären. In der Folge darf man auch in Apg 6,1–7 die Frauen der Gemeinde mithören. Es versammeln sich Jüngerinnen und Jünger, so dass auch der Terminus „Brüder" in V. 3 Züge eines generischen Maskulinums annimmt, also unter Rückgriff auf maskuline Begriffe geschlechtsneutral zu formulieren sucht.

Im Blick auf die Gesamtgemeinde und damit auch auf die Konfliktparteien formulieren die Apostel gemeinsam, dass sie diesen Konflikt nicht zu lösen vermögen, weil sie einfach andere Aufgaben haben: den Dienst am Wort (Apg 6,2.4), der in formaler, wenngleich nicht inhaltlicher Opposition zum Dienst an den Tischen steht. Beides ist Dienst und beides ist wichtig, aber die Apostel müssen nicht beide Dienste selbst übernehmen. Die Witwenversorgung wird damit dem Bereich des Dienstes am Tisch zugewiesen, ist aber auffälligerweise selbst schon gar nicht mehr explizit das Thema in den V. 2–6. Die Konfliktlösung formuliert bereits allgemeiner und hat wohl das Gesamt der Umsetzung der Gütergemeinschaft und Bedarfsgerechtigkeit im Blick. **Im Rückgriff auf Apg 4,32-35 könnte man sagen, dass die Apostel die Verwaltung der Gemeindekasse und damit letztlich auch Macht abgeben**.

Sodann machen sie einen Vorschlag, wie das Problem konkret gelöst werden kann. Sie optieren dafür, eine neue Gruppe von Funktionsträgern in der Gemeinde zu etablieren, die diesen Dienst an den Tischen übernehmen. Diakone würden wir heute sagen, obwohl der Terminus in unserem Text nicht fällt, sondern immer nur vom Dienen und dem Dienst die Rede ist. Das ist ein äußerst kreativer Vorschlag. Die Apostel votieren für eine Strukturveränderung und die Erfindung eines – modern gesprochen – neuen „Amtes". Dieses „Amt" fällt nicht vom Himmel, sondern wird situativ gebildet, um einen Konflikt zu lösen. Die Apostel geben dabei der Gemeinde Kriterien an die Hand, wer für diese Aufgabe in Frage kommt, denn die Gemeinde soll, so formuliert V. 3 überdeutlich, aus ihrer Mitte, also aus ihren Reihen, die Diener der Tische auswählen. Dabei schlagen die Apostel vor, dass es sich um sieben Personen handelt, die männlichen Geschlechts sind, einen guten Leumund haben („von gutem Ruf", V. 3) und von Geist und Weisheit erfüllt sind, also bestimmte Begabungen haben (ein Exkurs zum Thema Männer- und Frauenrollen bei Lukas findet sich beim **Downloadmaterial**).

Die Apostel selbst wollen Diener des Wortes und Betende bleiben. Das freilich ist ein „Vorschlag", wie die revidierte Einheitsübersetzung treffend zu Beginn von V. 5 formuliert. Und dieser Vorschlag, der vor das Forum der Gesamtgemeinde – erneut wird der Begriff *plēthos* verwendet – gebracht wird, wird von dieser Gemeinde entschieden. Sie klatscht nicht Beifall, wie die revidierte Einheitsübersetzung übersetzt. Sie entscheidet! Das in V. 5 von Lukas verwendete Verb (*areskō*) hat nämlich auch eine politische Komponente und kann den Beschluss einer Körperschaft von Personen meinen, was bestens zum Begriff *plēthos* passt. **Hier wird nicht einfach abgenickt, sondern abgestimmt**. Die Gemeinde beschließt, dem Vorschlag zu folgen und entlang der Kriterien der Apostel sieben Diener der Tische zu wählen. Die Apostel dürfen – auch das ist Teil des Beschlusses – Diener des Wortes bleiben, wie es ihrem Wunsch (V. 4) entspricht. Bei der Errichtung des Siebenerkreises handelt es sich also nicht um eine Delegation von Macht durch den Kreis der Apostel, sondern um eine Neuorganisation, die auf der Autorität der Gesamtgemeinde beruht. Sie entscheidet!

So wählt die Gemeinde aus ihren Reihen sieben Männer aus, unter ihnen mit Stephanus einen Mann, der für den Fortgang der Erzählung in Apg 6f. zentral werden wird. Es sind Männer, deren Namen schillernd sind. Denn alle sieben tragen griechische Namen. Sie stammen also aus den Reihen der Hellenisten. Einer von ihnen, Nikolaus, ist gar ein Proselyt, also ein Mann, der als Nichtjude geboren wurde und zum Judentum konvertierte. Er stammt aus dem syrischen Antiochia. Die Vorwürfe der Hellenisten gegen die Hebräer scheinen in dieser Perspektive ein wirkliches Fundament in der Sache zu haben, sodass ab sofort Angehörige der Hellenisten gesamthaft für den Dienst der Tische zuständig sind, um die Missstände abzustellen. Die Gemeinde führt diese sieben vor die Apostel, die diese durch Handauflegung und Gebet rituell in Dienst nehmen. **Auch die Apostel bleiben also bei ihrem Vorschlag, akzeptieren die Wahl der Gemeinde und zeigen sich fähig, das Heft des Handelns anderen zu überlassen und vertrauensvoll bisherige Zuständigkeitsbereiche abzugeben.** Mit dieser Neuorganisation scheint der Konflikt gelöst – und dies offenbar so nachhaltig, dass von ihm zum einen in der Apostelgeschichte nie wieder die Rede sein wird und zum anderen Lukas sofort wieder eine Wachstumsnotiz anfügt, die auf das Anwachsen der Gemeinde und die Ausbreitung des Wortes Gottes abhebt, auf das sich die Apostel nun dank der arbeitsteiligen Prozesse in der Gemeinde konzentrieren können. Die Gemeinde ist nicht nur aufgrund ihrer theologischen Option und Verkündigung attraktiv, sie schafft es nicht nur trotz eines heftigen Konflikts die Einheit zu wahren, auch ihr Sozialverhalten, ihre vorbildlichen Konfliktlösungsstrategien, die partizipativen Gemeindestrukturen und die das Gemeindeleben prägenden Ideale sind anziehend. Die Gemeinde hält, was sie verspricht. Selbst eine große Anzahl von Priestern des Jerusalemer Tempels wird in der erzählten Welt nun Teil der Jesusbewegung, wie V. 7 abschließend konstatiert, sodass nun sogar die ersten Gegnerfronten – die Priester waren in Apg 4,1 noch gesamthaft Teil derer, die die Apostel verhaften ließen – zu bröckeln beginnen.

5. Dem Anfang verpflichtet: Kreative Konfliktlösungen als Blaupause für die Gegenwart des Lukas

Erneut erzählt Lukas über vorbildliche Anfänge, die Bedeutung für die Situation seiner Gemeinde haben. Schon das quantitative Verhältnis zwischen Konfliktbeschreibung in V. 1 – präziser müsste man eigentlich sagen: in 2/3 dieses Verses – und Konfliktlösung in V. 2–6, die in die summarische Notiz von V. 7 mündet, machen deutlich, dass es ihm vor allem um die Konfliktlösung geht, die er für seine Gemeinde anschlussfähig als vorbildlich erzählt. Dabei passt natürlich auch das Ideal der Witwenversorgung als Konkretion in das lukanische Programm der Armenfürsorge hinein. Auch die lukanische Gemeinde soll sich um die materielle Not der Witwen in ihren Reihen sorgen und Gemeinschaft mit ihnen halten. Insofern hat Lukas auch am Hintergrundkonflikt Interesse, der in V. 1 präsent ist und in V. 2–6 in bereits allgemeinerer Form gelöst wird.

Ganz nebenbei gelingt es Lukas durch diese Erzählung auch, die Diener der Tische als eigene Funktion und Rolle in der Jerusalemer Gemeinde neben den Aposteln als Dienern des Wortes zu verankern. Sollte es in der lukanischen Gemeinde solche Diener der Tische geben, die sich besonders um die Armen und Marginalisierten kümmern, also ein lukanisches Herzensanliegen umsetzen, dann setzt Lukas ihnen mit Apg 6,1–7 ein erzählerisches Denkmal und führt ihre Aufgabe auf die Zeit der Anfänge zurück. Sie stehen in einer ehrwürdigen Tradition, die unmittelbar bei den Aposteln ihren Ursprung hat. Sollte es die Diener der Tische in seiner

Gemeinde nicht geben, so lässt sich unser Text als Plädoyer verstehen, ein entsprechendes Amt in der Gemeinde einzurichten. Der Dienst an den Armen ist in jedem Fall eine Form der Jesusnachfolge, denn auch der lukanische Jesus versteht sich als einer, der anderen dient – auch an den Tischen, wie Lk 12,37; 22,26f. mit der Gegenüberstellung der zu Tisch Liegenden und der bei Tisch Bedienenden – zu denen sich Jesus selbst rechnet – erzählt.

Gewichtiger aber als all das scheinen die Charakteristika der Konfliktlösungsstrategie der Jerusalemer Gemeinde zu sein, die im Zentrum der V. 2–6 stehen. Es ist unumstritten, dass Jesusgemeinden keine heile Welt sind. Weder ist das in unseren Tagen noch in denen des Lukas der Fall. Auch wenn wir nicht genau wissen können, welche Konflikte nach Innen wie nach Außen die lukanische Gemeinde prägen und erschüttern, so erzählt Apg 6,1–7 doch von Merkmalen, wie diese Konflikte gelöst werden können und dabei auch die durch die Konflikte bedrohte Gemeinschaft zwischen unterschiedlichen Gemeindeteilen gewahrt bleibt (vgl. dazu auch Apg 15) – und manches davon hat bis in unsere Gegenwart Bedeutung: Konflikte gehören, plakativ formuliert, auf den Tisch. Wenn sie im Untergrund gären, können sie spaltende Kräfte entwickeln. Was alle betrifft, soll sodann auch von allen verhandelt oder mindestens in der Gegenwart aller thematisiert werden. Konfliktlösungen im kleinen Kreis der Hinterzimmer der Macht erteilen Lukas und die Jerusalemer damit eine Absage. Konflikte werden dabei im Zusammenspiel von Gesamtgemeinde und Leitungsfiguren gelöst.

Auch die lukanische Gemeinde soll überdies in ihrer Orientierung an den vorbildlichen Anfängen wie die Jerusalemer Gemeinde über partizipative Gemeindestrukturen und kollegiale Entscheidungsfindungsprozesse verfügen und diese nutzen. Schließlich dürfen und sollen Gemeindekonflikte kreativ gelöst werden. Niemand muss alles können und keine Leitungsfigur ist allein für alles verantwortlich. Anstehende Herausforderungen können auf viele Schultern verteilt werden. **Ämter in der lukanischen wie in der Jerusalemer Gemeinde haben damit dienende Funktion. Sie sollen helfen, Gemeinschaft zu wahren, Interessen auszugleichen, Konflikte zu lösen und sollen nicht selbst zum Konfliktgegenstand werden**. Die „Diener der Tische" fallen dabei nicht vom Himmel, sondern werden in einer Konfliktsituation neu von der Gemeinde etabliert. Strukturen werden an die aktuellen Erfordernisse angepasst. Zusammen mit den Ämtern der Gemeinde dienen sie dem Wohl der Gemeinde – nicht umgekehrt. Die Jerusalemer Apostel machen das vor. Eine Kirche, die sich als apostolisch versteht, tut gut daran, diesem Vorbild nachzueifern.

2.2 Der Text heute – Themen und Bausteine

Kerstin Offermann

Nach dem Ideal, das Lukas im ersten Text vorgestellt hat, kommt es nun im zweiten Text zu einer Berührung mit der konfliktträchtigen Seite menschlicher Gemeinschaften. Alte Diskriminierungen durch kulturelle Unterschiede und Bevorzugung der eigenen Herkunftsgruppierung tauchen auch in der neuen Gemeinschaft wieder auf. So wie es offensichtlich auch immer noch Privatbesitz gab, gab es auch immer noch Spaltungen und Ungerechtigkeiten. „Es ist nun eine Stärke dieser neuen Gruppierung, diese Konfliktlage offen anzugehen." (*Lectio Divina* Bd. 15, Eure Söhne und eure Töchter werden Propheten sein. Apostelgeschichte lesen, S.22)

Ein Traum von Kirche?

Bei Lukas sind Konflikte ein Motor für Veränderung. Sie sind nötig, um die Erzählung voranzutreiben, ein Anlass zu Aufbruch und Grenzüberschreitung. Konflikte sind zielführend. Sie führen weiter und führen in die Weite.

 Wie nehmen wir Konflikte in unseren Gemeinden wahr? Bitten Sie die TN, sich an einen Konflikt in der Gemeinde zu erinnern. In einem Schreibgespräch kann das Thema vertieften werden: Auf einem großen Papierbogen wird das Wort „Konflikt" in die Mitte geschrieben. Die TN schreiben nun um das Wort herum andere Worte oder Sätze, die ihnen dazu einfallen. Aus dem Gesamtbild können alle gut ersehen, was Konflikte für die TN bedeuten. Diese Methode funktioniert auch gut online. Bekannte Videokonferenz-Tools wie Zooms oder Google Teams besitzen eine eigene Whiteboard-Funktion, aber es gibt auch kostenlose Hilfsmittel im Internet wie z.B. cr4yon.com oder webwhiteboard.com.

Erfahrungsgemäß sind Konflikte bei uns nicht so willkommen und wertgeschätzt. Wir möchten das Gefühl von „ein Herz und eine Seele" gerne konservieren. Gerade dadurch entstehen aber Konflikte, weil ein konserviertes Gefühl von Einheit zu einem äußerlichen Anpassungsdruck wird. Dann stören Konflikte das Ideal und werden unter den Teppich gekehrt. **In der Apostelgeschichte wird der Konflikt nicht unter den Teppich gekehrt, sondern angegangen**. Die Gemeinde gibt dem Konflikt Raum. Die Benachteiligten dürfen ihre Sicht der Dinge vortragen und ihre Klagen vorbringen. Aber daraus entsteht keine Dynamik der gegenseitigen Anklage und Schuldzuschreibung.

Wir fühlen uns von der im Konflikt geäußerten Kritik schnell bedroht und persönlich angegriffen. Und oft geht es bei solchen Konflikten auch – wie hier – um Einfluss und Macht in der Gemeinde. Daher sind sie zwar strukturell, werden aber auf der persönlichen Ebene ausgetragen, weil Machtstrukturen nicht mehr hinterfragbar scheinen und auch deshalb, weil Menschen so viel Herzblut in ihre (Form und Idee von) Gemeinde stecken.

Bei Lukas wird lösungsorientiert und systemisch auf den Konflikt geschaut. Der Text zeigt, wie es konstruktiv gehen kann: Der Konflikt wird öffentlich ausgesprochen, alle Beteiligten kommen zu Wort und werden gehört. **Der Konflikt wird danach von der persönlichen Ebene der Betroffenheit auf eine sachlichere, strukturellere Ebene gebracht**, die es ermöglicht, Abstand zu gewinnen und nach Lösungen Ausschau zu halten, die für alle Beteiligten akzeptabel sind. Durch das Gebet und das Einbeziehen der Schrift wird noch eine dritte Ebene in den Konflikt eingeführt, die für alle Beteiligten eine positive, affirmative Bezugsgröße ist und versöhnend zwischen sie tritt. Dadurch können sich alle darauf einigen, was das sie Einende, Verbindende, Gemeinsame ist, welches gemeinsame Ziel sie haben. Dadurch wird es auch möglich, Macht und Verantwortung abzugeben und neue Menschen mit neuen Aufgaben zu betrauen. Menschen bekommen den Mut, Verantwortung zu übernehmen.

 Erarbeiten Sie mit den TN die Schritte, die in der Apostelgeschichte zur Konfliktlösung gegangen werden. Bitten Sie die TN, selbst von gelungenen Konfliktlösungen zu erzählen. Was haben sie dabei als hilfreich erlebt? Wer hat ihnen geholfen?

Kulturelle Unterschiede

Der beschriebene Konflikt ist auch kulturell bedingt. „Denn vermutlich pflegen die „Hellenisten" auch in ihren gottesdienstlichen Zusammenkünften die griechische Sprache und entwickeln dabei eigene theologische Ansichten" wie Christfried Böttrich erläutert („Petrus" in *Biblische Gestalten* Bd. 2, S. 149). Es ist erstaunlich, dass nur die Hellenisten vertrieben wurden, nicht auch die eigentliche Führungselite der Gemeinde. Sind evtl. die Witwen nur die Spitze des Eisberges, gibt es noch tiefere Konflikte?

Unterschiedliche Herkunft und Geschichte führen zu Konflikten. Menschen bringen aber auch durch ihre Herkunft und Geschichte Problemlösungsfähigkeiten und –strategien mit. Die Betroffenen kennen die Missverständnisse aus eigener Erfahrung und können besser vermitteln und weiterdenken als die Mehrheitsgruppe. Das setzt aber voraus, dass man miteinander redet und dass auch der Minderheit Mitspracherecht und Entscheidungsbefugnis eingeräumt wird

Wo und wie treffen bei uns verschiedene Kulturen einander? **In unseren Gemeinden und auch in unserer Gesellschaft gibt es immer weniger Kontaktflächen zwischen verschiedenen „Kulturen".** Die Medienwissenschaft spricht von „Meinungs-Blasen" bzw. Filter-Blasen – die menschliche Tendenz, sich zu anderen mit dem gleichen Weltbild zu gesellen, wird im Internet durch Algorithmen noch verstärkt, die den Betreffenden nur noch die Art Inhalt und Internetcommunities vorsetzt, die diese gerne sehen möchten. Die eigene Meinung begegnet einem immer wieder und dadurch entsteht der Eindruck, dass eigentlich alle (vernünftigen) Menschen so denken wie ich. Gespräche (Streit, Kompromiss, Lösungen) sind kaum noch möglich.

Wie homogen sind unsere Gemeinden? Wo gibt es Kontakte mit Andersdenkenden, mit anderen Kulturen, mit einer Gesellschaft, die sich auch immer mehr von christlichen Kirchen distanziert? Möchten die TN einen solchen Kontakt überhaupt? Dadurch, dass man das Phänomen der „Blasen" auch als mittlerweile reelles, gesellschaftliches Phänomen begreift, wird man in seiner eigenen Ratlosigkeit ein bisschen entlastet: Es geht nicht nur uns so, dass wir kaum Kontaktflächen mit andersdenkenden Menschen haben. Diese emotionale Entlastung könnte dazu führen, nach kreativen Möglichkeiten der Kontaktaufnahme zu suchen. Wem möchten die TN außerhalb ihrer gewohnten Blase gerne begegnen? Wie könnte eine solche Begegnung arrangiert werden?

Strukturveränderung

Gemeindeintern fordert der heutige Text noch immer heraus. Der Text betont, die Ämter ausschließlich an Männer zu vergeben. Das ist innerhalb der Kirche und auch außerhalb immer noch ein Thema.

Sind Männer tatsächlich für geistliche Ämter und Leitungsaufgaben besser geeignet? Brauchen wir Quoten für eine faire Besetzung von Leitungsämtern? Was bringen diese? Wie ist bei den TN die Zusammensetzung des Kirchenvorstands, des Gemeinderats? Wer wird für welche Aufgaben und Ämter in der Gemeinde von wem angesprochen? Wer darf predigen? Wer darf entscheiden? Wer legt das fest?

Wie gehen wir mit verschiedenen Bedürfnissen in der Gemeinde um? Notieren Sie mit den TN die Bedürfnisse der Apostel, die Bedürfnisse der Witwen, die Bedürfnisse der Gemeinde, die Bedürfnisse der hellenistischen Männer, die genannt und gewählt werden. Gibt es da (unvereinbare) Gegensätze? Wo knirscht es? Welche Bedürfnisse (welcher Gruppen) nehmen die TN in ihren Gemeinden wahr?

Die kreative Antwort auf das Problem von damals, nämlich Strukturveränderung und neue Ämter zu gründen, ist heute die gängigste Form der Problemlösung „Wenn du nicht mehr weiterweißt, gründe einen Arbeitskreis!" heißt es oft scherzhaft. Gleichzeitig drehen sich unsere Diskussionen darum, dass wir Ämter einsparen müssen, statt neue gründen zu können, da wir noch nicht einmal genug Leute für die bestehenden Ämter finden. Die Apostelgeschichte ist also keine Blaupause für unsere Herausforderungen. Welchen Herausforderungen sehen sich die TN in ihren Gemeinden gegenüber. Gibt es bereits Lösungsansätze?

 Laden Sie die TN zu einer flexiblen Podiumsdiskussion ein: Drei Stühle bilden das Podium, die anderen sitzen im Halbkreis drum. Nur die Menschen auf dem Podium dürfen diskutieren oder ihre Meinung sagen. Geben Sie eine Anfangsfrage/These vor (z.B. „Wir sollten das Pfarramt abschaffen und dafür lieber Ehrenamtliche predigen lassen!" oder „Die Diakonie ist viel näher an den Menschen als die Kirchengemeinden. Da sollten wir unsere Energie hineinstecken!"), zu der sich dann bis zu drei Menschen auf das „Podium" setzen, ihre Meinung äußern und diskutieren können. Sie können als Gesprächsleiter*in die Zeit auf dem Podium begrenzen und jederzeit eingreifen, etwa mit neuen Impulsen oder auch mit einem Wechsel auf dem Podium.

Gelebte Spiritualität

Dienst am Wort – Die Verkündigung des Auferstandenen ist die eigentliche Aufgabe der Apostel: Was ist hier die gute Botschaft? Der Auferstandene erscheint bei Lukas als Retter und Richter. Können die TN mit den beiden Begriffen etwas anfangen?

 Machen Sie eine Umfrage mit den Füßen. Bitten Sie die TN, sich entweder zu dem Begriff „Retter" oder zu dem Begriff „Richter" zu stellen. Bitten Sie sie, während sie bei ihrem Begriff stehen, kurz zu sagen, was sie mit dem Begriff verbinden: Wer wird wovor gerettet? Wer wird wofür gerichtet?

Das Wortgeschehen ist deshalb so zentral, weil in ihm und durch es der Glaube an Jesus Christus entsteht, d.h. es kommt zu einer Begegnung mit dem Auferstandenen durch den Heiligen Geist. Für Lukas ist der Auferstandene durch das Wort präsent. Durch diese Präsenz entsteht das Reich Gottes, es kommt zum Heilwerden und zu Heilungen – beides Auferstehungserfahrungen!
Da die TN zu einer Bibelwoche gekommen sind, ist ihnen offensichtlich das Wortgeschehen auch wichtig. Was bedeutet es für sie, in der Bibel zu lesen? Können sie die Sicht der Apostelgeschichte teilen? Erfahren sie Gottes Nähe? Erfahren sie Heilung? Was lieben sie am Wort Gottes? Warum lesen sie die Bibel?

Der Dienst am Tisch − „Alles ist Diakonie im Rahmen gemeinsamer Erfülltheit durch den Heiligen Geist." (Klaus Berger, Kommentar zum Neuen Testament, 2011, S. 436) Und damit ist es eine Form der Jesusnachfolge. (siehe unten: eingelöste Verheißung)

Im antiken wie im modernen Griechisch hat das Wort „trapeza" (Tisch) die gleich Doppelbedeutung wie bei uns das Wort „Bank": Sitzmöbel oder Geldinstitut. Hier wird es also um Leitungsverantwortung und Geldverwaltung gehen, nicht nur um die Verteilung von Nahrung (vgl. Klaus Haaker, „Stephanus" in *Biblische Gestalten* Bd. 28, S. 20). „Diakonia meint im Neuen Testament grundsätzlich die Ausführung eines Auftrages Gottes oder der Gemeinde" wie Andras Müller in *Welt und Umwelt der Bibel* schreibt. Es geht hier − wie in der frühchristlichen Gemeinderegel, der *Didache* − um eine kollegiale Gemeindeleitung. In der Didache 15,1f. heißt es „Wählt euch nun Episkopen und Diakone, würdig des Herrn, Männer, mild und ohne Geldgier und wahrhaftig und erprobt; denn sie leisten für euch ja auch den Dienst der Propheten und Lehrer. Verachtet sie also nicht. Denn sie sind die ehrenvoll Ausgezeichneten unter euch, gemeinsam mit den Propheten und Lehrern" (zitiert nach: Welt und Umwelt der Bibel 3/20, S. 30). Diakone sind also genauso für das Gesamtbild der Gemeindeleitung zuständig wie die Apostel, auch für die Verkündigung, die Leitung der Gemeinde und das Verwalten des Geldes.

Bei uns sind Diakonie und Kirche separate Wege gegangen, vor allem organisatorisch. Im Moment rücken beide wieder enger zusammen. **In der letzten Kirchenmitgliedschaftsuntersuchung (KMU 5) wurden die diakonischen Einrichtungen von einer großen Mehrheit als glaubwürdige Formen christlicher Kirche bewertet und fanden deutlich mehr Zuspruch in der Gesellschaft als die Kirchen selbst** (vgl. Link zum freien Download in der Link-Liste im Downloadmaterial). Die Arbeitsstelle für missionarische Kirchenentwicklung und diakonische Profilbildung (midi) denkt in ihrem Aufgabenbereich immer beide Formen von Kommunikation des Evangeliums zusammen. (**www.mi-di.de**).

Die Ausdifferenzierung in kirchliche und diakonische Aufgaben führt im kirchlichen Bereich dazu, dass "nur" noch gepredigt wird. Gleichzeitig predigen auch diakonische Handlungen in sehr gut wahrnehmbarer Form das Evangelium der Liebe.

Wie erleben die TN den Zusammenhang von Kirche und Diakonie, von kirchlichem und diakonischem Handeln? Wie verhalten sich bei ihnen vor Ort die beiden zueinander? Gäbe es Möglichkeiten, beide noch besser aufeinander zu beziehen? Welchen Beitrag leistet Kirche für diakonische Arbeit? Welcher Bedarf ist auf Seiten der Diakonie vorhanden? Was brauchen die Leute heute? Wort Gottes oder „Diakonie"? Wieviel „Verkündigung" steckt in diakonischem Handeln?

 Im Bible Art Journaling zu diesem Text geht es um die weltweite (un)gerechte Verteilung der Güter. Auch dieser Aspekt der weltweiten Gerechtigkeit und des weltweiten geschwisterlich-diakonischen Handelns kann bei dieser Einheit als Schwerpunkt gewählt werden.

Wirken des Geistes

Der Heilige Geist wirkt bei Lukas sehr pragmatisch: Die Entscheidungsfindung der Gemeinde wird als eine Wirkung des Heiligen Geistes verstanden. Nehmen die TN das auch so wahr, dass in allem, was in der Gemeinde geschieht, der Geist Jesu Christi wirkt?

Der Mut sich einzusetzen und Verantwortung zu übernehmen ist genauso eine Wirkung des Heiligen Geistes, wie der Mut Verantwortung abzugeben und sich zurückzunehmen!

 Was macht die TN mutig? Erleben sie den Glauben als Ermutigung? Wofür brauchen die TN heute Mut?

„Im Leiten dienen" sagt sich leicht, ist aber in der Tat gar nicht einfach. Macht ist auch sehr verführerisch für das Ego. Strukturen entwickeln eigene Dynamiken, die Menschen, denen die Strukturen eigentlich dienen sollten, in den Hintergrund treten lassen.

 Die Gemeinde richtet sich bei Lukas immer wieder im Gebet auf den Heiligen Geist hin aus. Integrieren Sie in den Abend eine Gebetszeit, mit Liedern aus Taizé, in denen um den Heiligen Geist gebetet wird (vgl. Link-Liste im **Downloadmaterial**). Es bietet sich auch eine Schweigephase an, in der die TN ihre Gedanken auf Gottes Gegenwart ausrichten (evtl. mit Musikuntermalung).

Eingelöste Verheißung

Sowohl das Dienen als Lebenshaltung als auch die gerechte Versorgung von Witwen sind Zeichen der Verwirklichung des Reiches Gottes unter uns:
*   Lk 22,25-27 – „Er aber sprach zu ihnen: Die Könige herrschen über ihre Völker, und ihre Machthaber lassen sich Wohltäter nennen. (26) Ihr aber nicht so! Sondern der Größte unter euch soll sein wie der Jüngste und der Vornehmste wie ein Diener. (27) Denn wer ist größer: der zu Tisch sitzt oder der dient? Ist's nicht der, der zu Tisch sitzt? Ich aber bin unter euch wie ein Diener."
*   Lk 1,75 „[…] und dass wir ihm unser ganzes Leben lang ohne Furcht in Heiligkeit und Gerechtigkeit in seiner Gegenwart dienen werden."

Die Gemeinde arbeitet durch ihr Sozialverhalten daran mit, dass Gott selbst einen Ort auf Erden hat, wo er auch für Witwen und Waisen spürbar wird und wo das Reich Gottes gelebte Wirklichkeit wird. Wir sind also Mitarbeit am Reich Gottes und damit Mitarbeiter Gottes.

Der taoistische Philosoph Tu Weiming formuliert es so: „Der Himmel ist omnipräsent und allwissend, aber nicht omnipotent. Menschen müssen zu den großen Werken des Himmels beitragen" (Florentijn van Rootselaar, *Leben in schwierigen Zeiten,* S.136).
Phil Collins kontrastiert in seinem Lied „Another Day in Paradise" unser Leben „in paradise" mit der Armut und dem Elend um uns herum, denen es eigentlich abzuhelfen gilt.
Jürgen Henkys dichtet uns schon deutlich weiter weg vom Himmel und verortet uns eher irdisch, verhaftet in unserer Realität: „Ein Mensch zu sein auf Erden in dieser Welt und Zeit heißt ganz auf Gnade leben, weitab von Ewigkeit, heißt auf die Stimme hoffen, die einst vom Himmel fuhr, und so wie Jesus werden, tasten in seiner Spur."

 Diese drei Texte/Lieder könnten in eine Diskussionsrunde führen, wie nah oder fern vom Reich Gottes und seiner Wirklichkeit die TN sich selbst und ihre Gemeinde sehen. Vielleicht auch im Unterschied zu den vollmundigen Behauptungen der Apostelgeschichte, dass das Reich Gottes nun angebrochen sei.

Fernwirkung

Die Wachstumsangabe im Text ist als Beglaubigung der Gemeinde durch Gott verstanden. In unseren Gemeinden erleben wir hingegen häufig kein Wachstum mehr. Liegt es daran, dass wir etwas falsch machen? Weswegen scheinen Kirchen so unattraktiv für viele Menschen? Könnten die (Macht)Strukturen in unseren Gemeinden und Kirchen gegen die eigentliche Botschaft sprechen? „Strukturen predigen mit"...

Insofern birgt der Text aus Apg 6 ein kritisches Potenzial gegen verhärtete Machtstrukturen und mächtigen Strukturkonservatismus. Gleichzeitig entsteht aber durch den Text auch das unrealistische Bild, wenn wir nur alles „richtig" machen würden, würden die Gemeinden wieder wachsen. Birgt der Text ein falsches Wachstumsversprechen? Unterstützt er Machbarkeitsphantasien bezüglich des Gemeindewachstums? Sind die Wachstumserwartungen, die der Text weckt, eine Quelle von Überforderung und Frustration für uns?

> **Das Leben ist wie ein Fahrrad. Man muss sich vorwärts bewegen, um das Gleichgewicht nicht zu verlieren.**
>
> Albert Einstein

2.3 Vorschlag für eine Bibelarbeit

Torsten Reiprich

Vorbereitung

Inhaltlicher Schwerpunkt

Lukas beschreibt die Gemeinde in Jerusalem als „ein Herz und eine Seele" (Apg. 4,31). Trotzdem bleiben Konflikte nicht aus. Der Streit um die Witwenversorgung (Apg 6) zeigt, dass von Anfang an um die Einbeziehung aller und um die Gewichtung kirchlicher Arbeitsfelder gerungen werden musste. Im Zentrum des Textabschnittes steht hierbei die kreative Bearbeitung und Überwindung dieses Konflikts. Die mustergültige Konfliktlösungsstrategie ist hierbei auch über die konkreten inhaltlichen Fragen hinaus bedeutsam.

Raumgestaltung

(Halboffener) Stuhlkreis mit der Möglichkeit, während des Rollenspiels 7 Stühle extra zu besetzen.

Materialien und Medien

→ Bibeltexte und Psalm aus dem Teilnehmerheft
→ Gesangbücher
→ Zettel und Stifte für Notizen für das Rollenspiel
→ Karten mit Beschreibungen für die TN für das Rollenspiel
→ Evtl. Papierstreifen (A3) und Stifte
→ Zettel mit Impulsfragen für Gruppengespräche, Stifte

Zur Gestaltung des Abends

Liturgische Eröffnung

Leiter*in: Wir sind versammelt im Namen Gottes,
des Vaters und des Sohnes und des Heiligen Geistes.
Der Friede unseres Herrn Jesus Christus sei mit uns allen.

Psalm der Bibelwoche

Lied
EG 251, 1,2,5 – „Herz und Herz vereint zusammen"

Auf den Text zugehen (ca. 20 Min.)

Rollenspiel
Situation: **Sitzung eines Kirchengemeinderats.** Vier TN übernehmen Rollen von Kirchvorsteher*innen und erhalten je eine Karte mit einem Anliegen. Zwei weitere TN spielen Kirchvor-

steher*innen ohne konkrete Anliegen. Die anderen TN bekommen den Auftrag, den Verlauf der Sitzung zu beobachten. Die „Sitzung" ist auf max. 15 Minuten beschränkt.

→ Der/die **Leiter*in** eröffnet die Sitzung und stellt die Situation dar. Die vier „Vorsteher" stellen ihr Anliegen dar. Der „Vorstand" versucht eine Einigung zum Einsatz der Mittel zu erzielen.

→ Nach dem Rollenspiel werden TN von L. bewusst aus ihren Rollen entlassen. Die Entscheidungsfindung wird mit den „Beobachtern" besprochen: Was hat die Entscheidungsfindung gefördert? Was stand der Einigung im Weg? Wie lief der Prozess der Entscheidungsfindung? Was hätte anders laufen können?

→ Die „Vorsteher*innen" werden befragt: Wie fühlen sich diejenigen, die keine Mittel für ihr Anliegen erringen konnten?

Alternative

Scheuen sich die TN, beim Rollenspiel mitzuwirken, können Situation und Anliegen im Plenum vorgestellt und besprochen werden: Welche Schritte wären zu gehen, um eine Entscheidung zu finden? Was hilft und was hindert bei einer Entscheidungsfindung?

Beschreibung der Situation: Eine kleine Kirchgemeinde, die in den letzten Jahren überall sparen musste, bekommt unerwartet Geld. Ein treues Gemeindeglied hinterlässt eine Erbschaft von 45.000 €. In der Sitzung des Kirchenvorstands soll entschieden werden, wofür das Geld eingesetzt werden soll. Im Vorfeld sind Gemeindeglieder an einzelne Kirchvorsteher mit ihren Bedürfnissen/Anliegen herangetreten:

Karte Kirchvorsteher*in 1: Kühlschrank und Spülmaschine in der Küche des Gemeindehauses sind defekt. Das Küchenmobiliar ist verschlissen, Fliesen gerissen und der gesamte Raum dringend renovierungsbedürftig. Für Seniorenkreis, Frauenkreis, Junge Gemeinde und Gemeindefest ist diese Investition unabdingbar. Zudem könnten Gemeinderaum und Küche für private Feiern vermietet werden und könnten so Einnahmen bringen. *Bedarf: ca. 15-20.000 €.*

Karte Kirchvorsteher*in 2: Laut Auskunft der Kantorin ist die Orgel der Friedhofskirche kaum noch spielbar. Eine umfassende Generalüberholung ist zeitnah dringend notwendig. Die Friedhofskirche wird für Trauerfeiern genutzt, dient der Gemeinde in den Wintermonaten aber auch als Gottesdienststätte. *Bedarf: ca. 35-40.000 €.*

Karte Kirchvorsteher*in 3: In zwei Jahren steht eine Strukturreform an. Dabei zeichnet sich die Kürzung der Anstellungsprozente Gemeindepädagogik ab. Mit der Erbschaft kann die für die Gemeinde zentrale Arbeit mit Kindern und Familien für weitere vier Jahre im gewohnten Umfang aufrechterhalten werden (Hinweis: kürzere Frist von 1 oder 2 Jahren ist arbeitsrechtlich schwierig). So bleibt auch Zeit, Mittel für eine weitere Eigenfinanzierung zu sammeln. *Bedarf: ca. 40-45.000 €.*

Karte Kirchvorsteher*in 4: Der Frauenkreis engagiert sich seit Jahren für ein Kinderheim in Rumänien und unterhält auch persönliche Kontakte. Doch das Haus befindet sich baulich in einem desolaten Zustand, sodass seine Zukunft gefährdet ist. Mit dem Geld könnte ein entscheidender Schritt zur Rettung und Modernisierung des Hauses geleistet und vielen Kindern nachhaltig geholfen werden. *Bedarf: 40-45.000 €.*

Dem Text begegnen (ca. 20 Min.)

Leiter*in: In unseren Gemeinden finden unterschiedliche Menschen zusammen. Unterschiedlich sind Bedürfnisse, Erwartungen an die Gemeindearbeit, die Schwerpunktsetzung. Das kann zu Spannungen und Konflikten führen. Der Bibelabschnitt, mit dem wir uns heute beschäftigen, zeigt, dass Konflikte zum Gemeindeleben dazugehören, aber auch dass sie kreativ und fruchtbringend bearbeitet und überwunden werden können.

Der Text Apg. 6,1-7 wird vorgelesen (L oder TN)

Evtl. dazu Sachinformationen vortragen (s. TNH-Heft):
→ „Witwen" – leben in wirtschaftlich und äußerst schwierigen Situation. Sie stehen schutzlos am Rand der Gesellschaft, werden unterdrückt, ausgebeutet, marginalisiert. Die christliche Gemeinde sorgt hingegen täglich(!) für zumindest einen Teil ihrer Witwen. Neben der Versorgung mit Lebensmitteln wirkt dies auch gemeinschaftsstiftend.
→ „Hebräer" – einheimische Jüdinnen und Juden, die sich zu Christus bekennen. Sie sprechen aramäisch/hebräisch und sind kulturell in Israel verwurzelt. Zu ihnen gehören auch die Apostel (= Zwölferkreis).
→ „Hellenisten" – zugezogene Jüdinnen und Juden, die sich zu Christus bekennen. Sie sprechen griechisch und sind in der von griechischer Kultur geprägten Diaspora aufgewachsen.
→ V.2: „… die ganze Schar der Jünger" – Hier sind Frauen wie Männer gemeint. Es handelt sich um eine Art „Gemeindevollversammlung".
→ V.5.: „… Vorschlag fand Beifall der ganzen Gemeinde" – Hier geht es nicht nur um Beifallsbekundung, sondern um die Abstimmung der Gesamtgemeinde über den Vorschlag der Apostel.
→ Die sieben gewählten Männer gehören offenbar alle zur Gruppe der Hellenisten: Ihre Namen sind griechisch, bei Nikolaus wird der Herkunftsort „Antiochia" erwähnt. Er ist „Proselyt" – d. h. als Nichtjude geboren und erst später zum Judentum konvertiert.

Gesprächsrunde

1. Der Konflikt und seine Ursachen (V.1-2): Die TN werden eingeladen, Apg 4,34 zu lesen. Wie passt diese Beschreibung zum Konflikt in Apg 6?
→ Worin liegen die Ursachen für den Konflikt?
→ Welche Rolle spielt dabei das Leitungsgremium?
→ Welche Gründe könnte es haben, dass die Witwen der Hellenisten übersehen werden?
Die Antworten können auf Papierstreifen notiert, in der Mitte ausgelegt werden. Mögliche Antwortideen:
→ Unterschiedliche Bedürfnisse
→ Überlastung des Leitungsgremiums
→ Unterschiede in Sprache und Kultur
→ Zugezogene werden übersehen.

2. Der Konflikt und seine Bearbeitung (V.1-6): Die TN werden gebeten, im Text die verschiedenen Personengruppen zu markieren. Je 2 TN versuchen (auch mit Hilfe der Texterklärung im TNH) eine der Gruppen zu beschreiben: „Wir sind …", „Uns ist es wichtig …", „Wir sind der Meinung

...", „Unser Vorschlag ist ...". Welche einzelnen Schritte werden gegangen, um den Konflikt zu bearbeiten und zu lösen? Was alles ist zur Überwindung des Konflikts nötig? Die Antworten können auf Papier aufgeschrieben, in der Mitte ausgelegt werden. Antwortideen:

→ Beschwerde wird artikuliert.
→ Konflikt wird von Leitung ernst genommen.
→ Leitung steht zu den eigenen Grenzen.
→ Konflikt wird öffentlich thematisiert.
→ Leitung erarbeitet Vorschlag.
→ Aufgaben werden übertragen / Verantwortung wird abgegeben.
→ Kriterien für das neue Amt werden formuliert.
→ Entscheidung liegt bei der Gemeindeversammlung.
→ Wahl der Amtsinhaber erfolgt durch Gemeinde.
→ Beschwerdeführer werden eingebunden.
   Übertragung der Aufgaben wird geistlich begleitet.

3. Die Konfliktlösung und seine Folgen (V.7): Was bedeutet es, dass die Versorger der Bedürftigen als Menschen „voll Heiligen Geistes" beschrieben werden? (s. V. 8). Gibt es einen Zusammenhang zur Art und Weise der Konfliktbewältigung und Vers 7? Die Antworten können auf Papier aufgeschrieben, in der Mitte ausgelegt werden. Antwortideen:

→ Die Art und Weise der Konfliktlösung hat Ausstrahlungskraft.
→ Das praktische Leben der Gemeinde wirkt sich auf ihre Glaubwürdigkeit und Attraktivität aus.
→ Delegation von Aufgaben nützt der Wortverkündigung der Apostel.

Mit dem Text weitergehen (ca. 20 Min.)

Leiter*in: Die Situation unserer Gemeinden unterscheidet sich von der in Jerusalem: Dort trifft sich die Gemeinde in Privathäusern, was Rückschlüsse auf ihre überschaubare Größe zulässt. Sie besitzt eine andere Struktur. Die Konzentration bei der Berufung auf Männer ist für uns heute zum Glück fragwürdig. Eine 1:1-Übertragung des Umgangs mit dem Konflikt in Jerusalem auf heute ist deshalb schwierig. Dennoch möchte ich mit Ihnen überlegen, welche Impulse wir für unseren Umgang mit Konflikten und unterschiedlichen Bedürfnissen ableiten können.

Gespräch in kleinen Gruppen
Die TN erhalten ein Blatt mit folgenden Impulsfragen und kommen darüber für ca. 10 Min. ins Gespräch.

→ Wie erlebe ich in meiner Gemeinde den Umgang mit Konflikten – bzw.: wie erwarte ich den Umgang mit möglichen Konflikten?
→ Welche Impulse aus dem Bibelabschnitt können für unseren Umgang mit Konflikten bedeutsam sein, welche eher nicht?
→ Welche Rolle kommt der Leitung (Kirchenvorstand, Pfarrer*in) und welche der Gemeinde bei Konflikten zu?
→ Welche Rolle könnte mir selbst zukommen?
Die Ergebnisse werden in Anschluss im Plenum kurz vorgestellt und zusammengetragen.

Liturgischer Abschluss

Leiter*in: Bei der Bearbeitung des Konflikts um die Witwenversorgung spielt die geistliche Begleitung eine große Rolle. Das Gebet trägt den Klärungsprozess und auch die Berufung zu neuen Aufgaben. Dahinter steht das feste Vertrauen, dass Gottes Geist uns bei allen Herausforderungen im Gemeindeleben begleitet.

Auch an unserem Abend wollen wir mit Gebet, Segen und Lied schließen.

Gebet

Vaterunser

Segen

Lied

„Gut, dass wir einander haben" (Singt von Hoffnung, 118 / Kinder-Gotteslob 165). (Oder ein Abendlied)

2.4 Bildbetrachtung

Johannes Beer

Annette Weber-Vinkeloe: Apostelgeschichte 6, 2022, Mischtechnik auf Papier, 96 x 96 cm

Dieses Bild hat im Hintergrund ein dunkles, tiefes Blau, das nicht einheitlich ist. In diesem Blau wird ein unendlicher Raum angedeutet. Wir denken an das tiefe Meer, aber mehr noch an den großen Himmel. Zugleich wirkt das Blau fest und gegenständlich, denn darüber breitet sich ein helleres Blatt aus, dessen Ränder und Ecken rechts und links umgeklappt, zurückgeworfen sind. Diese Teile sind in sehr hellen Farben, fast in Weiß gehalten, so dass die Assoziation eines Tischtuches aufkommt. Ich werde an einen sommerlich gedeckten Tisch erinnert, dessen Tischdecke vom Wind angehoben wird. Der Wind spielt mit den Ecken des Tuches und wirft sie zurück. Auf diesem Tuch, dem inneren Blatt, sehen wir hellere Blautöne, aber auch dunkle Tupfen. Wir erkennen bräunlich-rote Kupfertöne, die in einem Rund angeordnet sind, und dunkelrote Flecken. Die bräunlich-roten Kupfertöne und die dunkelroten Flecken setzen sich vom mittleren Rund ausgehend einmal nach unten und einmal nach oben bis zum Bildrand fort. Fast wirkt es wie die Arme eines Spiralnebels im All, bei dem sich Materie aus dem Zentrum entfernt und in die Weite geschleudert wird. Oder ist es wie bei einem Strudel, sodass die Farbflecken dieser Arme ins Innere gesogen werden? Auch auf diesem Bild sehen wir zwölf goldene Applikationen. Diesmal sind sie mit regelmäßigen Abständen zu einem ganzen Kreis angeordnet, der die Mitte des Bildes umschließt.

Auch hier symbolisieren die goldenen Applikationen für mich die Apostel. Sie sind die tragenden Säulen der Gemeinde und glänzen durch ihre Geistbegabung. Aber der Kreis, die erste christliche Gemeinde, ist nicht mehr so klar wie auf dem ersten Bild definiert. Er droht zu verschwimmen. Es gibt kein deutliches Drinnen und Draußen. Wo stehen die Witwen der griechischen Juden, die bei der täglichen Versorgung übersehen wurden? Wo stehen die griechischen Juden, die diesen Missstand anklagend ansprechen?

Die Apostel hatten ihren Blick auf den inneren Raum konzentriert und merken erst, wie kräftig der Wind an dem gemeinsamen Tischtuch zerrt, als sie darauf angesprochen werden. Dann aber erkennen sie, dass die griechischen Juden drohen, aus der inneren Gemeinschaft rauszufliegen. Den Aposteln gelingt es aber durch die Wahl der Diakone, das Tischtuch wieder zu glätten, die Gemeinschaft in der Versorgung und im Mahl wiederherzustellen. Ihnen gelingt es, die Bewegung, die aus der Mitte herausführt, umzudrehen, sodass sie wieder in die Mitte hineinführt. Das Bild von Annette Weber-Vinkeloe zeigt mir genau diese Spannung kurz vor dem Glätten des gemeinsamen Tischtuches.

3.1 Exegese

Markus Lau

Magie, Macht und Moneten: Simon Magus und die Versuchung der Macht (Apg 8,4–25)

Mit Philippus reisen die Leserinnen und Leser der Apostelgeschichte nach der Zerstreuung der Gemeinde aus Jerusalem in samaritanisches Land. Dort erleben sie mit, mit welcher Offenheit ausgerechnet die wenig geliebten Samaritanerinnen und Samaritaner die Botschaft von Jesus als Messias Gottes in der lukanischen Idealwelt aufnehmen und die in Jerusalem erlittene Zerstreuung daher durchaus heilvoll sein kann. Sie folgt einem geheimnisvollen Plan Gottes. An einer zwielichtigen Erzählfigur namens Simon wird zudem deutlich, worum es bei Wundertaten eigentlich geht.

1. Der Kontext

Nachdem bereits in Apg 5,33 sichtbar wurde, dass sich der Konflikt zwischen Jesusbewegung und Teilen des Jerusalemer Judentums zuspitzt, eskaliert die angespannte Lage angesichts von Vorwürfen, die Stephanus, einem der sieben Diener der Tische gemacht werden. Er ist inzwischen zum Wundertäter (Apg 6,8) avanciert und ist derart von Weisheit und Geist Gottes erfüllt, dass seine nichtchristusgläubigen jüdischen Kontrahenten ihm argumentativ nicht beikommen können (Apg 6,9f.). Da greifen sie zu einem Trick und heuern Falschzeugen an, die Stephanus verleugnen: Er habe lästerliche Worte gegen Mose, Gott und den Jerusalemer Tempel gesprochen und verkünde Jesus als einen, der die Gesetze des Mose verändern und den Tempel, den „heiligen Ort" (Apg 6,13), zerstören werde. Voller Wut stellen sie Stephanus vor Gericht (Apg 6,11–15). Dieser hält eine lange, von Lukas komponierte Rede (Apg 7,2–53), an deren Ende Stephanus den Himmel geöffnet und Jesus als Menschensohn rechts von Gott stehen sieht (Apg 7,54–56). Die Verkündigung dieser christologischen Vision, in deren Rahmen Jesus bereits zur Rechten Gottes steht und nicht mehr sitzt (vgl. Lk 22,69), was ein Indiz ist, dass Stephanus indirekt die nahe Wiederkunft des Menschensohns Jesus zum Gericht verkündet, bringt für die Ankläger des Stephanus das Fass zum Überlaufen. Sie treiben ihn aus der Stadt hinaus und steinigen ihn, wobei auch Saulus/Paulus (Apg 7,58; 8,1.3) an der Hinrichtung indirekt beteiligt ist.

Es ist ein verbreitetes Missverständnis, dass Paulus vor seinem Eintritt in die Jesusbewegung den Namen Saulus trägt und mit seiner Bekehrung sich Paulus nennt. Tatsächlich trägt er wie viele andere Juden auch einen lautlich ähnlich klingenden Doppelnamen (vgl. auch Apg 13,9), dessen einer Bestandteil ein typisch jüdischer Name ist, der an König Saul erinnert, während der andere Name römisch klingt (*paulus* bedeutet „wenig", „klein"), was zu Saulus/Paulus als römischem Bürger (vgl. Apg 22,25–29) gut passt. Lukas kann Paulus entsprechend auch nach der Erzählung seiner Bekehrung in Apg 9,1–19 noch Saulus nennen (vgl. Apg 9,22; 11,25.30).

In der Folge kommt es zu jener großen Verfolgung der Jerusalemer Gemeinde, die für die Gliederung der Apostelgeschichte und die Ausbreitung der Jesusbewegung in die weite Welt entscheidend ist. Während die Apostel als personale Garanten der Kontinuität auf wundersame und sich recht deutlich dem Gestaltungswillen des Lukas verdankende Weise in Jerusalem verbleiben, wird der gesamte Rest der Gemeinde in die Gebiete Judäas und Samariens, also jene Region, die nördlich an Judäa anschließt, zerstreut (Apg 8,1), was sich freilich als besonders heilvoll erweisen wird.

Unser Text beginnt in Apg 8,4 mit einer zusammenfassenden Notiz im Blick auf die aus Jerusalem Zerstreuten und fokussiert ab V. 5 auf einen der Zerstreuten, den „Hellenisten" Philippus, ein Mitglied des Siebenerkreises der Diener der Tische (der Apostel Philippus [Apg 1,13] kann nicht gemeint sein, da die Apostel ja in Jerusalem verbleiben). Er gelangt nach der Einheitsübersetzung in „die Hauptstadt Samariens", nach der Lutherübersetzung in „die Stadt Samariens", was dichter am griechischen Text übersetzt ist. Welche Stadt hier konkret gemeint ist, ist in der Exegese umstritten. Es könnte sich um die bedeutsamen Städte Sichem oder Samaria/Sebaste handeln. Da Lukas in Apg 7,15f. unter Nennung des Namens Sichem von dieser Stadt ganz konkret sprechen kann, liegt es m. E. etwas näher, bei der uneindeutigen Einführung „der Stadt Samariens" in Apg 8,5 an die Stadt Samaria zu denken, die von Herodes dem Großen unter dem Namen Sebaste um das Jahr 27 v. Chr. neu aufgebaut worden ist. Der Name ist dabei durchaus programmatisch gewählt. Er bedeutet „erhaben/ehrwürdig" und ist in der Nominativform *sebastos* die griechische Übersetzung des römischen Titels Augustus, also des Ehrentitels des Kaisers Octavian, der für ihn quasi zu einem zweiten Vornamen geworden ist. Diesem Augustus verdankt Herodes der Große zu guten Teilen seine Herrschaft. Und so ehrt er ihn mit dieser „Augustusstadt" und lässt ihn sogar kultisch mit einem großen Kaiserkulttempel in dieser Stadt als Gott verehren. Die Stadt hat also einen spezifischen Charakter und ist alles andere als jüdisch geprägt. Sie ist eine samaritanische Stadt mit paganem Anstrich. Das spiegelt sich in unserer Erzählung. Vielleicht ist auch das Phänomen der zwei unterschiedlichen Namen ein Grund für Lukas gewesen, in Apg 8,5 uneindeutig zu formulieren und dem römischen Kaiser, an den der Name der Stadt auch in den Tagen des Lukas erinnert, kein literarisches Denkmal in der Apostelgeschichte zu setzen.

2. Der Text und seine Struktur

Der Text verfolgt einen klaren thematischen Faden, wird durch den gleichbleibenden Handlungsort zu einer Texteinheit zusammengebunden und lässt Personen auf- und abtreten. Gerade diese Auf- und Abtritte ermöglichen eine Untergliederung. V. 4 verknüpft dabei wie ein Scharnier das im Folgenden Erzählte mit den Konflikten in Jerusalem, die zur Zerstreuung geführt haben:

> 4 *Die Gläubigen, die zerstreut worden waren, zogen umher und verkündeten das Wort.*

Im Anschluss schwenkt die Erzählung nach Samaria/Sebaste und erzählt vom Wirken des Philippus in dieser Stadt. Er agiert überaus erfolgreich in Wort und Tat, sodass mit V. 8 abschließend festgehalten werden kann, dass Philippus Freude in die Stadt bringt:

5 Philippus aber kam in die Hauptstadt Samariens hinab und verkündete dort Christus. 6 Und die Menge achtete einmütig auf die Worte des Philippus; sie hörten zu und sahen die Zeichen, die er tat. 7 Denn aus vielen Besessenen fuhren unter lautem Geschrei die unreinen Geister aus; auch viele Lahme und Verkrüppelte wurden geheilt. 8 So herrschte große Freude in jener Stadt.

Ab V. 9 betritt nun ein Mann die Bühne, der bis zum Ende unseres Textes präsent bleiben wird: Simon, der in der späteren Tradition den Beinamen „Magus" erhalten hat, weil er sich mit Magie und Zauberei beschäftigt. Er wird in der lukanischen Erzählung zunächst vorgestellt und im Detail charakterisiert, wobei besonders seine Wirkung auf das samaritanische Volk herausgestrichen wird (V. 9–11). Auch er wird Jesusanhänger, lässt sich taufen und schließt sich Philippus an (V. 12f.):

9 Ein Mann namens Simon hatte schon länger in der Stadt Zauberei getrieben und das Volk von Samarien in Staunen versetzt; er gab sich als etwas Großes aus. 10 Alle achteten auf ihn, Klein und Groß, und sie sagten: Dieser ist die Kraft Gottes, die man die Große nennt. 11 Sie achteten aber deshalb auf ihn, weil er sie lange Zeit durch Zaubereien in Staunen versetzt hatte. 12 Als sie jedoch dem Philippus Glauben schenkten, der das Evangelium vom Reich Gottes und vom Namen Jesu Christi verkündete, ließen sie sich taufen, Männer und Frauen. 13 Auch Simon wurde gläubig, ließ sich taufen und schloss sich dem Philippus an; und als er die großen Zeichen und Machttaten sah, geriet er außer sich vor Staunen.

Mit diesem gewaltigen Erfolg des Philippus verschwindet dieser Diener der Tische, der längst auch zum Diener des Wortes mutiert ist – in Apg 21,8 wird er als Evangelist bezeichnet, der mit seiner Familie in einem Haus in Caesarea Maritima lebt –, für einen Moment von der Erzählbühne und überlässt Simon Magus sowie Simon Petrus und Johannes das Feld. Er selbst wird in Apg 8,26 erneut auftreten und von einem Engel an der Straße positioniert, die von Jerusalem nach Gaza führt, um dort einem äthiopischen Hofbeamten der Königin Kandake zu begegnen, der sich von Philippus taufen lässt (Apg 8,26–40). In V. 14 erzählt Lukas, dass die Apostel in Jerusalem von den Erfolgen in Samarien gehört haben. Sie schicken Petrus und Johannes in die Stadt, auf deren Gebet und Handauflegung hin die Samaritaner den Geist Gottes geschenkt bekommen. Das wiederum ruft Simon auf den Plan, der eigene Pläne verfolgt, die für ihn brandgefährlich zu werden drohen:

14 Als die Apostel in Jerusalem hörten, dass Samarien das Wort Gottes angenommen hatte, schickten sie Petrus und Johannes dorthin. 15 Diese zogen hinab und beteten für sie, dass sie den Heiligen Geist empfingen. 16 Denn er war noch auf keinen von ihnen herabgekommen; sie waren nur getauft auf den Namen Jesu, des Herrn. 17 Dann legten sie ihnen die Hände auf und sie empfingen den Heiligen Geist. 18 Als Simon sah, dass durch die Handauflegung der Apostel der Geist verliehen wird, brachte er ihnen Geld 19 und sagte: Gebt auch mir diese Vollmacht, damit jeder, dem ich die Hände auflege, den Heiligen Geist empfängt! 20 Petrus aber sagte zu ihm: Dein Silber fahre mit dir ins Verderben, wenn du meinst, die Gabe Gottes lasse sich für Geld kaufen. 21 Du hast weder einen Anteil daran noch ein Recht darauf, denn dein Herz ist nicht aufrichtig vor Gott. 22 Wende dich von deiner Bosheit ab und bitte den Herrn, dass dir das Ansinnen deines Herzens vergeben werde! 23 Denn ich sehe dich voll bitterer Galle und in Unrecht verstrickt. 24 Da antwortete Simon: Betet ihr für mich zum Herrn, damit mich nichts von dem trifft, was ihr gesagt habt! 25 Nachdem sie so das Wort des Herrn bezeugt und verkündet hatten, machten sie sich auf den Weg zurück nach Jerusalem und verkündeten in vielen Dörfern der Samariter das Evangelium.

Mit V. 25 verlässt die Jerusalemer Delegation wieder Samaria/Sebaste und reist Richtung Jerusalem ab. Auf dem Weg allerdings machen sie in vielen Dörfern der Samaritaner Station und verkünden das Evangelium, womit nicht nur der Bogen zu V. 14 geschlossen ist, sondern auch an Apg 8,4 erinnert wird. Auch die Apostel ahmen nun das Evangeliumsverkündigungswerk der Zerstreuten, konkret der Hellenisten wie Philippus (der auch das Evangelium verkündet, vgl. Apg 8,12) nach und beteiligen sich am Projekt der Ausbreitung der Jesusbewegung über Jerusalem hinaus.

3. Ein neues Angebot auf dem religiösen Markt: Das Wirken des Philippus

Mit Philippus, dem zweiten Diener der Tische (Apg 6,5), kommt ein von Geist und Weisheit erfüllter Jerusalemer Jesusanhänger nach Samaria/Sebaste und hat ein neues religiöses Angebot im Gepäck. Er verkündet den Christus, also Jesus als jüdischen Messias. Dieser geraffte Verkündigungsinhalt macht deutlich, dass sich Philippus nicht etwa an Nichtjuden wendet, sondern an die Angehörigen der samaritanischen Religion. Denn diese sind jüdisch sozialisiert und kennen das Konzept des Messias und warten auf ihn.

Dass Angehörige der Jerusalemer Jesusbewegung überhaupt nach Samarien gehen und nicht einen weiten Bogen um diesen Landstrich machen, ja, der lukanische Jesus sie explizit dorthin sendet, verwundert. Denn die Samaritaner und die unterschiedlichen Schulen und Parteien im Judentum, zu denen die Jesusbewegung ja gehört, sind sich einander nicht wohlgesonnen. Im Hintergrund steht ein theologischer Streit. Beide Gruppierungen, Judentum wie Samaritaner verstehen sich als wahre Kinder Israels und verehren den einen Gott. Allerdings unterscheiden sich die Orte der kultischen Verehrung des einen Gottes: Während das Judentum exklusiv den Jerusalemer Tempel als alleinigen Ort der kultischen Gottesverehrung erachtet, unterhalten die Samaritaner einen ebenso exklusiven und einzigen Kultort auf dem Berg Garizim.

Es konkurrieren also zwei Altäre und zwei Tempel samt dazugehöriger Priesterschaften, die einander gegenseitig ausschließen. Hinzu kommt, dass Samaritaner und Juden das gemeinsame Erbe teilen und sich beide auf den Pentateuch, die fünf Bücher Mose, als normative Tora beziehen. **Allerdings unterscheiden sich die Textfassungen und Textinterpretationen und Samaritaner und Judentum streiten darüber, wessen Fassung in Wahrheit heilige Schrift ist**. Sodann unterscheidet sich auch der weitere Umfang des jeweiligen Kanons heiliger Schriften: Während im Judentum neben der Tora auch die Propheten und die weiteren Schriften „Bibel Israels" sind, erachten die Samaritaner allein die fünf Bücher Mose als heilige Schriften. Diese Gemengelage führt zu anhaltenden Spannungen und Konflikten zwischen beiden Gruppierungen, die auch kriegerische Formen annehmen. So zerstört am Ausgang des 1. Jh. v. Chr. der jüdische Hasmonäerherrscher Johannes Hyrkan I. den Tempel der Samaritaner auf dem Garizim. Echos dieser Konfliktgeschichte haben sich auch in der Jesustradition des Neuen Testaments erhalten. So verbietet Jesus im Matthäusevangelium seiner Gruppe explizit, zu den Samaritanern zu gehen (Mt 10,5f.) und sendet seine Schülerinnen und Schüler allein zu Jüdinnen und Juden. Erst am Ende des Matthäusevangeliums räumt er diese Position und setzt das Verbot, zu Samaritanern und Nichtjuden zu gehen, außer Kraft (Mt 28,16–20).

Gerade im Wissen um diese Konfliktgeschichte fällt nun auf, dass Jesus im Lukasevangelium anders agiert. Er kommt zwar in der erzählten Welt des Lukas in ein samaritanisches Dorf, das ihm keine Herberge bieten will, weil er nach Jerusalem und damit zum falschen Kultort unterwegs ist, aber auf das Ansinnen seiner beiden Schüler Jakobus und Johannes, die die Samaritaner aus Rache mit einem Bittgebet an Gott strafen wollen, er möge ihr Dorf mit Feuer zerstören, reagiert der lukanische Jesus barsch ablehnend (Lk 9,51–56). Er will kein Öl ins Feuer des Konflikts gießen. Mehr noch: **Der Jesus des Lukasevangeliums macht keinen Bogen um Samaritaner**. Im Gegenteil: Im berühmten Gleichnis vom barmherzigen Samariter (Lk 10,25–37) wird ein Samaritaner zum Vorbild für alle Leserinnen und Leser des Lukasevangeliums, das besonders hell im Vergleich zu Priester und Levit leuchtet, die am im Gleichnis halbtot Geprügelten achtlos vorbeigehen. Schließlich kommt Jesus in Lk 17,11–19 erneut in ein samaritanisches Dorf und heilt dort zehn Aussätzige. Während neun von ihnen einfach weitergehen, bleibt einer stehen und lobt Gott für das Wunder der Heilung. Dieser eine wird ganz explizit als Fremder bezeichnet. Er ist ein Samaritaner, der in Jesu Wirken Gott selbst entdecken kann, so dass Jesus abschließend konstatiert: „Dein Glaube hat dich gerettet."

Vor diesem Hintergrund gelesen, ruft die unspezifische Ortsangabe in Apg 8,5 nicht nur eine alte Konfliktgeschichte auf, sondern weckt auch Erwartungen wie die Samaritaner jetzt auf die Jesusbewegung reagieren, die in Gestalt des Philippus wieder nach Samarien gekommen ist. Kurz gesagt: Der Auftritt des Philippus wird ein Riesenerfolg. Samaritanische Männer und Frauen lassen sich taufen, werden Teil der Jesusbewegung, vertrauen Philippus und seiner Botschaft vom Reich Gottes und von Jesus als Messias (Apg 8,12). **Die Verkündigung des Philippus, die diesen Erfolg begünstigt, ist dabei mehr als ein Wortgeschehen. Philippus ist ein vollmächtiger Wundertäter**. Die in V. 6 genannten Zeichen meinen Wundertaten und werden in V. 7 nachträglich spezifiziert. Philippus heilt im Rahmen von Therapien Kranke und treibt als Exorzist Dämonen aus Menschen aus, befreit sie also aus Abhängigkeitsverhältnissen, die die Menschen in ihrem Tun unfrei machen (ein Exkurs zum Thema Dämonenglaube in der Antike findet sich beim **Downloadmaterial**).

Diese Kombination von Wortverkündigung und Wunderpraxis ist als Auftrag an den Zwölferkreis bereits Teil des Lukasevangeliums. In Lk 9,1f. werden die Zwölf von Jesus ausgesandt und mit der Vollmacht ausgestattet, Krankheiten zu heilen und Dämonen im Rahmen von Exorzismen auszutreiben. Sie sollen ebenso das angebrochene Reich Gottes verkünden. Genau das tut auch Philippus. Auch ihm ist die Kompetenz zu Heilung und Dämonenaustreibung zu eigen. Dabei ist für die Leserinnen und Leser des lukanischen Doppelwerkes evident, dass diese Fähigkeit sich nicht eigener Machtvollkommenheit verdankt. Sie wird durch Jesus bzw. den Geist Gottes geschenkt. Das wird zwar nicht in Apg 8,6f. explizit erzählt, ist aber im Licht von Apg 3,6.12–16 evident. Auch Petrus und Johannes heilen nicht aus eigener Machtvollkommenheit, sondern unter Rückgriff auf die Macht des Namens Jesu, des Messias, hinter dem Gott selbst steht und heilend agiert. Es ist der Glaube an die Macht dieses Namens, die Heilung ermöglicht, so ganz explizit Apg 3,16. Wenn Philippus in Samaria/Sebaste Wunder tut, dann ist also auch hier Gott am Werk. Philippus setzt fort, was die Apostel in Lk 9 als Auftrag erhielten und was Jesus selbst in Lk 17,11–19 getan hat.

4. Der verdrängte Platzhirsch: Simon Magus und sein Wirken

Diese gelöste Stimmung in der Stadt erfasst auch einen einzelnen Mann, an dem die lukanische Erzählung im Fortgang spezifisches Interesse entwickelt. Auf dessen Wirken wird im Rahmen eines Rückblicks in den V. 9–11 eingegangen, die von der Zeit vor dem Auftreten des Philippus erzählen. Er trägt einen häufig verwendeten und typisch jüdischen Namen: Simon. Ob es sich um einen Samaritaner handelt, wird in unserem Text im Letzten nicht wirklich deutlich, auch wenn klar ist, dass sich Simon bereits geraume Zeit in Samaria/Sebaste aufhält. In der Stadtöffentlichkeit gehört er zur lokalen Prominenz, ja strahlt sogar über die Stadt hinaus und hat Wirkung auf die ganze Bevölkerung der Region Samarien, wie V. 9 notiert. Berühmt ist er für seine „Magie", in unserer Übersetzung als „Zauberei" und „zaubern" wiedergegeben. **Was sich genau hinter der magischen Praktik Simons verbirgt, der in der Tradition den Beinamen Magus erhalten hat und der es im Laufe der Geschichte der Alten Kirche zu einiger Berühmtheit als Irrlehrer und Stammvater der Gnosis gebracht hat, bleibt einigermaßen unklar.** „Magoi" sind jedenfalls in der Antike nicht einfach mit Magiern und Zauberern in unserem Sinne gleichzusetzen. Der Begriff meint ursprünglich die Mitglieder einer aus Persien stammenden und für ihre Weisheit berühmten Priestergruppe, die u. a. Fachleute für Astronomie waren. In diesem Sinne treten z. B. „Magoi" in der Kindheitsgeschichte des Matthäusevangeliums auf, interpretieren das Erscheinen eines Sterns als Zeichen für den Beginn der Herrschaft eines neuen jüdischen Königs, folgen dem Stern und machen Jesus als diesem König ihre Aufwartung (Mt 2,1–12; in der Traditionsgeschichte sind daraus die heiligen drei Könige geworden, die es freilich in dieser Form im matthäischen Text nicht gibt).

Gegenüber dieser Art von „Magie" findet sich dann aber auch eine weitere Verwendung des Begriffs in antiker Literatur. Besonders deutlich wird das z. B. beim jüdischen Religionsphilosophen Philo von Alexandrien. Ihm verdanken wir wichtige jüdische Texte, die unser Wissen über das Judentum der Zeit Jesu und des Neuen Testaments bereichern. Auch für die Charakterisierung Simons ist ein Text aus der Feder des Philo hilfreich (De specialibus legibus III 100f.), in dem er zwei Arten der Magie einander gegenüberstellt und im Licht der von ihm fast überschwänglich gelobten weißen „Magie" der persischen „Magier", die für ihn Wissenschaft ist, eine dunkle Form der Magie beschreibt, die vor allem auf trickreiche Verführungskunst setzt und das Blaue vom Himmel verspricht.

Simon Magus wird von Lukas angesichts seiner Taten und seiner Verführungskunst eher der zweiten Kategorie zugeordnet, sodass das Label „Magier" negative Assoziationen wachruft. Er ist ein verführerischer Wundertäter, der auch vor Taschenspielertricks nicht zurückschreckt, um öffentlichkeitswirksam Effekte zu erzielen und sein Publikum zu verzaubern, das ihm in Samaria/Sebaste mehr und mehr verfällt.

Dabei rührt er, so Lukas, kräftig die Werbetrommel in eigener Sache, denn er gibt sich aktiv als ein Großer aus. Alle geraten in Staunen. Die Samaritaner freilich wähnen hinter Simon eine spezifische Macht am Werk, mit der Simon im Bunde zu sein scheint: Gott selbst nämlich. Simon sei die große Kraft Gottes, so V. 10, was die Selbstaussage, er sein ein Großer, bestätigt und religiös rückbindet. Damit erscheint Simon zwar noch nicht wie eine Inkarnation Gottes; aber er wird doch sehr eng an Gott herangerückt und als von göttlicher Macht und Kraft erfüllt verstanden. Gut möglich ist, dass Lukas den Eindruck erwecken will, dass Simon selbst seiner verführerischen „Magie" eine religiöse Grundierung beigelegt und sich als einen mächtigen Propheten und Wundertäter Gottes, als einen „göttlichen Menschen" stilisiert hat, in dem Gott selbst präsent ist. Und „göttliche Menschen", die von sich behaupten, mit einem Gott oder vielen Göttern im Bunde zu sein, gibt es in der griechisch-römischen Welt gar nicht so selten. An manche wird auch von außen das Etikett „göttlicher Mensch" herangetragen, weil andere durch sie Erfahrungen gemacht haben, die sie auf das Wirken der Götter selbst zurückführen (vgl. dazu Apg 14,8–20).

Für eine solche religiöse Grundierung der Wundertaten durch Philippus selbst könnte im Übrigen auch sprechen, dass die nächste Erwähnung eines „Magus" in der Apostelgeschichte ebenfalls das „magische" Wirken mit einem aus der Sicht der Apostelgeschichte falschen Anstrich von Religiosität verbindet. Es ist der „Magier" Elymas bzw. Barjesus in Apg 13,6–12, der als jüdischer Lügenprophet mit List und Bosheit versucht, die Jesusmissionare zu behindern. Aus der Sicht des Paulus, der den Kampf mit Elymas aufnimmt und gewinnt, ist er in Tat und Wahrheit ein verführerischer Sohn des Teufels, der durch seine falschen Prophetien den Weg Gottes stören will. **„Magoi" ist in dieser Linie gelesen ein lukanisches Etikett für trickreiche Verführer**, die wie jüdische Propheten und Wundertäter wirken und den Eindruck erwecken, mit dem einen Gott im Bunde zu sein, deren „Magie" im Falle des Elymas aber ganz explizit dämonischen Ursprungs ist, so dass Paulus in Apg 13,10 indirekt eigentlich den Jesus gemachten Beelzebulvorwurf (vgl. Lk 11,14f.) im Blick auf die „Magie" des Elymas erhebt.

Auch wenn wir nicht genau wissen können, was Simon in der erzählten Welt getan hat, so wirft das Label „Magie" jedenfalls kein gutes Licht auf ihn. Seine Wundertaten bleiben im Halbschatten, sie wirken verführerisch und anziehend, sind aber nicht harmlos. Die Samaritaner scheinen aus der Sicht des Lukas also einem Scharlatan auf den Leim zu gehen, den sie als einen Großen verehren und vermutlich auch monetär entlohnen.

Um diesen lokalen Platzhirsch und seine Anhängerschaft ist es allerdings in jenem Moment geschehen, an dem Philippus nach Samaria/Sebaste kommt und zu verkündigen beginnt. V. 12 spezifiziert dabei den Verkündigungsinhalt in Anknüpfung an V. 5. Philippus verkündet das Evangelium vom Reich Gottes und vom Namen Jesus Christus. Mit letzterem ist zunächst die christologische Aussage verbunden, dass Jesus der Messias/Christus Gottes ist. Im knappen Verweis auf den Namen Jesu wird sich aber wohl auch ein Hinweis auf die Ursache der gelingenden Wunder verbergen. Wie Petrus und Johannes in Apg 3, so macht auch Philippus in seiner Verkündigung deutlich, dass er nicht im eigenen Namen und auf eigene Rechnung als Wundertäter agiert, sondern Jesus und Gott es sind, die heilen, Dämonen vertreiben und Freiheit schenken.

Wie Klein und Groß sich von Simon haben in Bann ziehen lassen, so lassen sich nun Männer und Frauen von Philippus taufen und schenken seinen Worten Glauben und Vertrauen. Auch Philippus findet auf der Basis der Wunder und der Lehre also stürmischen Anklang in Samaria/Sebaste und verdrängt Simon in seiner Wirkung – allerdings mit zwei zentralen Unterschieden, die gerade angesichts der Parallelen im Wirken von Simon und Philippus auffallen: **Philippus verkündet nicht sich selbst, macht nicht sich groß, sondern verkündet durch seine großen Taten und deren Kommentierung in der Wortverkündigung ganz und gar Gott, sein Reich, Jesus als Messias und die Wirkmacht des Namens Jesu.** Seine Worte und wundersamen Taten sollen nicht ihn groß machen, sondern Gott die Ehre geben und das Reich Gottes verwirklichen. Philippus agiert zudem wie die gesamte frühe Jesusbewegung nicht für Geld. Er lässt sich sein Wirken nicht bezahlen, was denn auch im Fortgang zum Thema im Blick auf die aus Jerusalem hinzukommenden Apostel werden wird (Apg 8,18–20).

Den Worten und Taten des Philippus kann sich schließlich auch Simon nicht entziehen. Es kommt also nicht zu einem Konkurrenzkampf mit effektheischendem Showdown, einem Zauberwettkampf zwischen den beiden – was angesichts der von Lukas entworfenen Kontraste und Spiegelungen im Auftreten von Simon und Philippus und den parallel erzählten Reaktionen auf ihr Auftreten seitens der Bevölkerung durchaus in der Luft gelegen hätte. Nein, Simon streicht sofort die Segel. Oder besser: Auch er kann sich der Verkündigung des Philippus nicht entziehen. Wie sein ihm abhanden gekommenes Publikum wird auch er gläubig, vertraut den Worten des Philippus und lässt sich taufen. Ja, die großen Wunderzeichen und Machterweise faszinieren ihn so sehr, dass Lukas mit einiger Ironie das Ende von V. 11 am Ende von V. 13 wieder aufgreift und es mit vertauschten Rollen erneut einspielt: Während Simon und seine Taten in V. 11 der Grund für das Staunen der Bevölkerung sind, wird Simon seinerseits zum Staunenden angesichts der Taten des Philippus in V. 13. Mehr noch: Er gerät außer sich vor Staunen. Enthusiasmus, ja beinahe Ekstase erfassen ihn angesichts der Wundertaten des Philippus. Und so wird er ein Anhänger des Philippus, klebt sich geradezu an ihn, hält zu ihm und ist ihm treu ergeben, wie es V. 13 notiert und die Einheitsübersetzung mit „sich anschließen an" wiedergibt. **Seltsam ist nur, dass hier Philippus das Objekt ist, dem Simon sich verpflichtet fühlt, und nicht Gott oder Jesus.** Das weckt erste Zweifel, ob Simon trotz seines ihm von der lukanischen Erzählstimme attestierten Glaubens und der Taufe – beides wird man nicht ironisch, sondern als ernstzunehmende Bekehrungsakte lesen dürfen – wirklich alles schon verstanden hat. Der Fortgang der Erzählung in der dritten Episode, in der Philippus selbst keine Rolle spielt, wird diesen Zweifel fortführen und zeigen, dass Simon Entscheidendes noch nicht verstanden hat und einem tiefgreifenden Irrtum erliegt.

5. Ein „Gernegroß": Simon Magus und der Rückfall in alte Gewohnheiten

Die Kunde, dass in der Region Samarien – nicht allein nur in Samaria/Sebaste, sodass auch für Philippus eine Wirkung analog zu V. 9 über die Stadtgrenzen hinaus nachträglich erzählt wird – das Wort Gottes auf offene Ohren trifft und sich eine Jesusgemeinde bildet, dringt bis nach Jerusalem und zu den Aposteln, die das bewährte Zweierteam Petrus und Johannes nach Samarien schicken (V. 14). Angekommen beten sie dafür, dass die auf den Namen Jesu Neugetauften den Geist Gottes empfangen. V. 16 hält im Rahmen eines nachträglichen Erzählerkommentars fest, dass dieser Geist bisher nicht die Getauften erfüllt hat. Das ist im Rahmen des lukanischen Doppelwerks zumindest auffällig – an anderen Textstellen koppelt Lukas Taufe und Geistempfang direkt aneinander oder erzählt sogar in umgekehrter Reihenfolge, dass der Geistempfang der Taufe vorausgeht (vgl. Apg 10,44–48) – und wird zum Einfallstor für den Fortgang der Geschichte, für die konstitutiv ist, dass Simon Magus die Geistsendung miterlebt, die in seinen Augen auf das Wirken der Apostel zurückgeht. Überdies schafft Lukas so eine Brücke zwischen der Gemeinde in Jerusalem und der in Samaria/Sebaste, die gleichsam ein apostolisches Placet durch den Besuch von Petrus und Johannes erhält. Die Kombination von Gebet (V. 15) und Handauflegung (V. 17) durch die Apostel führt dann dazu, dass die Neugetauften den Geist Gottes empfangen. **Erstmals in der Erzählwelt der Apostelgeschichte kommt damit der Geist Gottes auch auf Menschen herab, die aus der Sicht breiter jüdischer Kreise nicht eigentlich zum jüdischen Gottesvolk gehören.** Auch Samaritanerinnen und Samaritaner können also getauft werden und erhalten von Gott das Geschenk des Geistes Gottes.

Die Grenzen des Gottesvolkes beginnen im Rahmen der Jesusbewegung durchlässig zu werden (vgl. dazu genauer bei Apg 15).

Genau diesen Geschenkaspekt kann man freilich nicht sehen. Von außen betrachtet ist es das Gebet und vor allem die sichtbare Handauflegung durch die beiden Apostel, die die Vermittlung des Geistes Gottes bewirkt. Und das wird im Folgenden zum Problem. Denn Simon als Getaufter erlebt mit, dass nach der Handauflegung der Geist Gottes Menschen erfüllt. Wie genau er das miterlebt, bleibt nicht im Dunkeln, wird von Lukas in V. 17f. aber so erzählt, dass letztlich zwei Szenarien möglich sind, die Lukas möglicherweise auch bewusst doppeldeutig erzählt: Wenn mit V. 17 ausgedrückt sein soll, dass alle Getauften durch die Handauflegung auch den Geist Gottes empfangen, dann gilt, dass auch Simon am eigenen Leib erfahren hat, dass ihn der Geist Gottes erfüllt. Dann muss zwischen V. 17 und V. 18 etwas Zeit vergehen. Man kann allerdings den Beginn von V. 18 auch so interpretieren, dass die Apostel im Rahmen der Handauflegungen noch gar nicht bis zu Simon gelangt sind, er aber bereits an anderen sieht, dass durch die Handlauflegung Geist vermittelt wird. Die Erfüllung mit dem Geist Gottes muss sich dann irgendwie äußerlich bemerkbar machen. Dann wäre die Quelle für die Überlegungen Simons seine Wahrnehmung der Geisterfüllung als Augenzeuge. Er sieht, wie V. 18 explizit notiert, dass „durch die Handauflegung der Apostel der Geist verliehen wird".

Im Nachgang dieser Wahrnehmung bricht bei ihm nun seine eigene alte Berufsbiografie durch. Denn er interpretiert das von ihm wahrgenommene Geschehen letztlich magisch und als von den Aposteln selbst getätigtes Wunder und vermutet entsprechend, dass die Apostel eine Kompetenz zur Geistvermittlung haben, die diesen aus ihnen selbst heraus zukommt und die diese ihm vermitteln können – und zwar gegen Geld. Er will die Fähigkeit zur Geistvermittlung bei den Aposteln kaufen, will auch durch die Auflegung seiner Hände den Geist an andere übergeben können (V. 19) – und zwar nach eigenem Gutdünken und theoretisch auch unabhängig vom Glauben und einer eventuellen Taufe desjenigen, dem Simon die Hände auflegt („damit jeder, dem ich die Hände auflege ...", V. 19). **„Simonie" nennt man in der Kirchengeschichte in Rückbindung an Simon solche Versuche, kirchliche Ämter gegen Geld zu erwerben oder zu verkaufen.**

> **Stellt man sich die ganze Erzählung szenisch vor** und vermutet, dass Simon noch nicht vom Geist Gottes erfüllt ist, dann entsteht das geradezu komisch wirkende Bild, dass die Apostel zu Simon kommen, dieser sie aber nicht ihre leeren Hände auf seinen Kopf auflegen lässt, sondern seinerseits die Gelegenheit nutzt, nach seinem Geldbeutel greift und seine mit Geld gefüllten Hände den Händen der Apostel entgegenstreckt und sein Ansinnen vorbringt.

Von diesem Anliegen des Simon aus offenbart sich ein grundlegendes Missverständnis Simons, das sich indirekt schon im Blick auf seine enge Anbindung an Philippus und seine Wahrnehmung der großen Zeichen und Wunder (V. 13) zeigt. Auch bei Philippus glaubt er nämlich offenbar, dass dieser Wunder aus eigener Machtvollkommenheit tun kann. Insofern interpretiert Simon die von Philippus gewirkten Zeichen falsch und sieht in ihnen nicht das Wirken Gottes auf den Namen Jesu hin. Zugespitzt formuliert: **Simon hat offene Augen für das Wunderbare,**

aber verschlossene Ohren für die kommentierenden und die Zeichen interpretierenden Worte des Philippus im Rahmen seiner Evangeliumsverkündigung. Simon sieht in Philippus ein *alter ego* seiner selbst und überträgt seine Berufserfahrung als Magus auf die Wahrnehmung des Philippus, in dem er einen kompetenten Berufskollegen entdeckt. Und auch in den Aposteln Johannes und Petrus meint er entsprechende Profis zu erkennen, was fraglos stimmt, aber zugleich übersieht, dass im Hintergrund der Zeichen und Wunder, zu denen auch die Geistsendung gehört, nicht die eigene Machtkompetenz der Apostel steht, sondern ein unverfügbares göttliches Geschenk, das unverkäuflich ist.

Simon erliegt also einem grundlegenden Missverständnis, das man freilich nicht dahingehend interpretieren muss, seine Bekehrung sei nur vorgespielt und er habe heimlich im Rahmen seiner Anhängerschaft an Philippus die Geheimnisse von dessen „Zauberkunst" in Erfahrung bringen wollen. Dagegen spricht vor allem der Fortgang der Erzählung in V. 20–24. Petrus reagiert erwartet barsch auf das Angebot von Silbergeld und hält fest, dass auch der Aposteldienst, der zur Handauflegung berechtigt, wie das Geschenk des Geistes selbst eine Gabe Gottes ist (V. 20). Der Wunsch Simons ist gefährlich, ja, kann ihn ins Verderben stürzen. An der Aufgabe der Apostel hat Simon keinen Anteil. Petrus erkennt in ihm und seinem Rückfall in alte Denkmuster ein vor Gott unaufrichtiges Herz (V. 21). Herz ist in biblischer Anthropologie u. a. der Sitz von Verstand und Bewusstsein. In seiner Gedankenwelt also, die in diesem Moment wenig geisterfüllt wirkt, was vielleicht doch ein Indiz ist, dass die Apostel ihm noch nicht die Hände aufgelegt haben, sinnt Simon erneut danach, wieder ein Großer zu sein, an alte Tage anknüpfen zu können. „Bittere Galle", ein Bild für den Neid auf das, was die Apostel vermeintlich aus sich heraus können und was doch Gott ihnen geschenkt hat, erfüllt Simon. Er hat sich in Unrecht verstrickt, ist ein „Gernegroß".

Aber auch ihm ist Gott bereit, etwas zu schenken: Vergebung. Gott um Vergebung zu bitten, fordert Petrus Simon in V. 22 explizit auf. Dass Simon das in der erzählten Welt nicht tut, sondern vielmehr Petrus und Johannes bittet, für ihn Fürbitte bei Gott zu leisten – ein Ansinnen, dessen Umsetzung nicht erzählt wird, so dass die Geschichte Simons ganz offen endet –, wirft abschließend kein wirklich gutes Licht auf die Simonfigur. Denn noch immer scheint er nicht verstanden zu haben, dass die Apostel nicht aus sich heraus mächtig sind. Es ist Gott, der durch sie wirkt und seinen Geist auf ihr Gebet hin schenkt. Aber das macht die beiden Apostel nicht zu stärkeren Fürbittfiguren mit Blick auf die Vergebung der Sünde des Simon. Das Gebet Simons selbst würde genügen. Damit tritt die Simonfigur von der Bühne der Erzählung ab. Es bleibt offen, ob er das Entscheidende verstanden hat: Dass Gott es ist, der groß ist und großzügig schenkt, und dass die Apostel gerade nicht die „große Kraft Gottes" sind und sein wollen, die Simon einst zu sein meinte (V. 9f.) und die er in den Aposteln zu erblicken meint – und sich dabei gründlich täuscht. Wunder sollen den Menschen dienen, schaffen Raum für das Reich Gottes und gereichen Gott zur Ehre, nicht dem Wundertäter.

6. Dem Anfang verpflichtet: Grenzen überwinden, Umkehr wagen und der Verzicht darauf, ein Großer sein zu wollen

An der vielschichtigen Erzählung von Philippus im samaritanischen Land und an den Verständnisproblemen des Simon lässt sich für die lukanische Gemeindes einiges lernen. Bleiben wir zunächst auf der Ebene der Gesamtgemeinde: Grundsätzlich lernen lässt sich für sie, dass die Jesusbotschaft die Grenzen jüdischer Welt schon früh übersteigt und das auch darf. Auch die Samaritanerinnen und Samaritaner sind Hörer des Wortes, können in Jesus den Messias erkennen, sind offen für sein Evangelium, lassen sich taufen und werden von Gott mit seinem Geist beschenkt. Das Heil Gottes übersteigt ethnische Grenzen. Das ist eine Lektion, die die lukanische Gemeinde kaum mehr lernen muss. Sie selbst stammt mindestens in Teilen aus den nichtjüdischen Völkern und weiß, dass die Jesusbotschaft religiöse und ethnische Grenzen überwinden kann. Diesen Grenzübertritten setzt Apg 8,4–25 ein literarisches Denkmal und legitimiert damit auch entsprechendes Verhalten. Denn hier geschieht dieser Übertritt in der erzählten Welt zum ersten Mal – und mit explizit apostolischer Zustimmung aus Jerusalem. Lernen kann die Gemeinde freilich, dass auch vermeintliche Feinde sich als Freunde entpuppen können. Es sind eben gerade die aus jüdischer Sicht kritisch beäugten Samaritanerinnen und Samaritaner, mit denen eine lange Konfliktgeschichte besteht, die sich für das Wort Gottes öffnen. Anders gesagt: **Das Christentum, der „Weg", kann auch in einer multireligiösen Welt bestehen und überzeugen. Gott erweist sich als wirkmächtig. Das darf man sicherlich auch als Einladung an die lukanische Gemeinde verstehen, den eigenen Gegnern immer zuzutrauen, dass auch sie Hörer des Wortes werden können, und missionarische Neuaufbrüche zu wagen – auch dorthin, wo man vermutet, dass es schwierig werden wird**.

Das Gottvertrauen des Philippus, das keine Berührungsängste kennt, motiviert. Die Erzählung ruft schließlich auch in Erinnerung, dass Gottes Wege seltsame Windungen haben können, aber heilvoll sind. Gerade die in der jüdischen Tradition äußerst negativ bewertete Zerstreuung aus Jerusalem wird zum Ausgangspunkt für eine zutiefst positive Entwicklung. Zerstreuung entpuppt sich als von Gott initiierter Aussaatvorgang, an dem Menschen kräftig mitsäen. Das Leben als Jesusgemeinde in der Diaspora ist gottgewollt und gehört von Anfang zum Proprium der Jesusbewegung.

Fokussiert man stärker auf Einzelfiguren in der lukanischen Gemeinde, dann beinhaltet die Erzählung zunächst ein Rollenangebot für Neumitglieder in der Bewegung, die nach einem hoffnungsvollen Anfang, nach Taufe und Geistübergabe ins Straucheln geraten und in alte Gewohnheiten zurückfallen. Gefährdet scheinen dabei aus lukanischer Sicht besonders Menschen zu sein, die über Geld verfügen und reich sind, wie dies auch für Simon gilt. Die Gefahr besteht, dass sie erneut dem Mammon der Ungerechtigkeit (Lk 16,1–13) dienen und ihr Geld für sich und eigene Zwecke einsetzen wollen, wie es Simon zu tun beabsichtigt. Ihnen wird das Negativbeispiel des Simon vor Augen gezeichnet und auch ihnen gilt die Mahnung des Petrus, Gott um Vergebung zu bitten. Das ist nötig, aber eben für Lukas auch möglich. In Form narrativer Theologie, die eine Geschichte über konkrete Personen der Vergangenheit erzählt, transportiert Lukas diese Botschaft, die gerade durch das Medium der Erzählung vorbildlicher und weniger vorbildlicher Anfänge stärker Wirkung entfalten kann als eine direkte Instruktionsrede, die sich unmittelbar an die lukanische Gemeinde richtet.

Mit Blick auf eventuelle Wundertäter in der lukanischen Gemeinde, die man sich in der Nachfolge der Apostel durchaus vorstellen darf und die Menschen als wunderbar gedeutete Erfahrungen ermöglichen, entfaltet die Erzählung überdies einen kritischen Ton. Sie macht deutlich, dass Wundertäter keine Magier sind und entsprechende Taschenspielertricks völlig fehl am Platz wären. Die Täter von Wundern und Zeichen und die Vermittler des Geistes Gottes sind selbst Beschenkte und vermitteln nur göttliche Geschenke. Keiner kann dabei alles oder müsste über jede Kompetenz verfügen, wie die Aufteilung von Wundern, Zeichen und Taufe sowie Geistvermittlung auf Philippus und die Apostel zeigt. Wundertäter und

Geistvermittler in der lukanischen Gemeinde sollen nicht sich groß und einflussreich machen, sondern den Menschen dienen. Mit allem Nachdruck ruft die Erzählung zudem in Erinnerung, dass das Wirken von Wundern als missionarische Aktivität durch die Wortverkündigung begleitet sein muss, um Missverständnisse zu vermeiden. **Die Wunder, die Gott wirkt, kann nur richtig verstehen, wer auch die Worte intensiv hören kann, die die Wunder kommentierend begleiten**.

Dem Leitungspersonal in der Gemeinde schließlich schärft die Erzählung am Positivbeispiel des Philippus wie im Spiegel des „Gernegroß" Simon ein, dass der Dienst in einer Jesusgemeinde nichts mit Magie, Macht und Moneten zu tun hat, dass es nicht darum geht, selbst ein Großer zu werden, gar finanzielle Vorteile aus dem eigenen Tun zu schlagen, sondern Gott die Ehre zu geben und den Menschen zu dienen und ihnen gutes Leben im Reich Gottes zu ermöglichen, das Gott selbst geschenkt hat.

3.2 Der Text heute – Themen und Bausteine

Kerstin Offermann

Der Text vereint in sich verschiedene Handlungsfäden und Schauplätze, die zu einer Geschichte zusammengewoben sind. Und in jedem Abschnitt steckt eigenes Konflikt-Potenzial.

 Legen Sie den Text satzweise ausgedruckt auf den Boden aus. Geben Sie den TN jeweils ein ausgedrucktes Fragenzeichen, Ausrufezeichen, Herz und Glühbirne (alle als DIN A6-Druckvorlage im Downloadmaterial verfügbar). Lesen Sie den gesamten Text vor. Bitten Sie anschließend die TN, während Sie den Text noch einmal langsam vorlesen, an dem ausgelegten Text entlangzugehen. An der Stelle, an der sie eine Frage haben, können die TN das Fragezeichen ablegen. An der Stelle, die ihnen wichtig ist, legen sie das Ausrufezeichen ab; an der Stelle, die sie anspricht, das Herz, und an der Stelle, die sie interessant finden, die Glühbirne. Ergeben sich Muster? Vielleicht möchte jemand erklären, warum er/sie ihre/seine Symbole an der jeweiligen Stelle abgelegt hat.

Ein Traum von Kirche?

Der Text ist schwierig, wenn man ihn auf einen Traum von Kirche für uns heute abklopft. Er wirft viele Fragen auf. Höchstwahrscheinlich gab es in Samaria bereits eine christliche Gemeinde, die direkt von Jesus gegründet worden ist und an die Philippus mit seinen Predigten und Heilungen anknüpfen konnte. Ist diese Geschichte aus Apg 8 also die Legitimierung oder die Unterordnung einer autonomen christlichen Gemeinschaft und des eigenständigen Predigers Philippus durch bzw. unter die Autorität des Petrus? Geht es hier um den Beginn eines katholischen Kirchenverständnisses? Oder geht es um die Abgrenzung von nicht mehr als christlich geltenden Charismatikern rund um Simon?

Ist der Besuch von Petrus und Johannes ein Kontrollbesuch, eine Visitation, eine Legitimierung oder der Versuch einer Ein- bzw. Unterordnung des Philippus, der nicht zu eigenständig sein darf? Oder ist es eine Geste der Versöhnung? In Lk 9,51 hat Johannes auf Samaria Feuer vom Himmel regnen lassen wollen – jetzt vermittelt sein Kommen und Gebet den Heiligen Geist (der auch Feuer von Himmel ist).

 Wie empfinden die TN an dieser Stelle? Sind sie für klare Abgrenzung dessen, was richtig christlich kirchlich ist oder eher für eine Offenheit und Gelassenheit, die auch anderen zubilligt, einen Weg zu Gott gefunden zu haben?

Gelebte Spiritualität

Der Umgang mit Geld ist für Lukas ein zentrales Thema. Der Soziologe Hartmut Rosa trifft in seinem Werk „Unverfügbarkeit" einige zutreffende Gedanken dazu: „Das kulturelle Antriebsmoment jener Lebensform, die wir modern nennen, ist die Vorstellung, der Wunsch und das Begehren, Welt verfügbar zu machen. Lebendigkeit, Berührung und wirkliche Erfahrung aber entstehen aus der Begegnung mit dem Unverfügbaren" – die moderne Welt lebt von der Verheißung der Weltreichweitenvergrößerung. Das erklärt die Attraktivität des Geldes. „Wie viel Welt wir in Reichweite haben, lässt sich unmittelbar an unserem Kontostand ablesen" – Geld macht also Sachen und Menschen verfügbar. Dieses Verfügbarmachen aber zerstört die Möglichkeit zur Resonanz, um die es eigentlich geht. Zentral ist die Bereitschaft, sich auf unverfügbare Weise berühren und verändern zu lassen. **Im Kern des jüdisch-christlichen Gottesbildes wird Gott als prinzipiell unverfügbar gedacht**. Und doch „ist das Verhältnis zwischen Gott und Mensch als wechselseitige Erreichbarkeit und Bezogenheit konzipiert", was sich gerade im Gebet zeigt.

Schon im Evangelium beschreibt Lukas plastisch, wie wir unter Sorgen, Reichtum und den Genüssen der Welt ersticken (Lk 8,13f). Mit drastischen Negativbeispielen mahnt Lukas seine Leser*innen, es ihnen nicht gleichzutun: Judas Ischariot, Hananias und Saphira, der reiche Mann und der arme Lazarus, Simon der Magier. Hier sieht Lukas offensichtlich eine strukturelle Gefahr für jeden Christen und jede Christin, besonders aber für die Reichen und vielleicht auch besonders für christlicher Amtsträger!

 Anhand der verschiedenen Zitate (Hartmut Rose, Lukas) könnten die TN in drei Gruppen über einen guten Umgang mit Geld nachdenken.

Fernwirkung

In der Erzählung steckt eine interessante Herausforderung über die Jahrtausende hinweg: Flüchtende bringen die frohe Botschaft! Ist das eine neue Perspektive auf die Menschen, die zu uns flüchten? Sind Migrationskirchen Orte der Re-evangelisierung? Sind die Menschen uns von Gott gesandt, damit hier die Kirche neu zu einem Ort wird, wo das Reich Gottes wächst?

Abgrenzung

Dieser Text ist der Beginn der Auseinandersetzung und Abgrenzung von den religiösen Praktiken und religiösen Inhalten der Umwelt. Im Matthäusevangelium werden die Magier sehr positiv dargestellt. Und „Große Kraft" ist auch ein jüdisches Synonym für den Gottesnamen.

Hier aber wird Simon vorsätzlich als der böse Magier dargestellt. In der postkolonialen Exegese gibt es dafür den Begriff des „Othering". Eine Person oder eine Personengruppe die von der eigenen Position abgegrenzt werden soll, wird stereotyp negativ oder unzugänglich andersartig dargestellt (vgl. dazu den Artikel von Stephanie Feder: „Die andere Seite. Die Bedeutung von Grenzen im postkolonialen Diskurs", in *Bibel und Kirche*, 2/2016, 100-104). Dazu passt auch, dass die Antworten, die Simon am Ende des Textes gibt, papageienhaft Wiederholungen von Petrus' vorherigen Aussagen sind und dahinter keine eigenständige Person in verschiedenen Facetten und historischer Glaubwürdigkeit mehr auszumachen ist.

Diese Erzähltechniken dienen der Abgrenzung, aber auch der Diffamierung. Hier ist klar geschildert, wer gut und wer böse ist! „Als Christ muss man Simon Magnus verloren geben, er taugt nur noch zum Haupt aller Ketzer und zum Stifter aller Häresien" (Hans-Josef Klauck: *Magie und Heidentum in der Apostelgeschichte des Lukas,* SBS 167, S. 34). Aber offensichtlich ist Simon so einflussreich, dass Lukas ihn drastisch von Philippus abgrenzen muss, weil er sonst den Aposteln gleichgestellt wäre. Genau diesen Versuch wirft Lukas ihm ja auch vor. Die spätere Gnostisierung Simons – die ihn weiter diffamiert! – zeigt, dass er nicht unbedeutend war, sondern eine über Jahrhunderte währende Wirkungsgeschichte hatte! (vgl. Klaus Berger, Kommentar zum Neuen Testament, 2011, S. 442).

Lukas stellt aber durch die schillernde Figur des Simon eine entscheidende Frage: Aus welcher Quelle speisen sich meine Kräfte? Und wen möchte ich mit meinem Tun und Reden groß machen? Aus der Sicht eines taoistischen Philosophen klingt das sehr ähnlich: Die Natur des Menschen – mit seinen Fähigkeiten, seiner Mitwirkung an Gottes Werk, seinen Gaben und Erkenntnisse – ist ihm vom Himmel gegeben worden. Daher sollte der Mensch sich in Bescheidenheit üben. „Der Tao kann den Menschen nicht groß machen, sagt man im Taoismus; Menschen können den Tao groß machen. Je mehr wir über die Größe des Himmels wissen, je mehr wir uns dessen bewusst sind, wie wenig wir selbst vermögen, wie wenig wir wissen, desto mehr können wir zu dieser Größe beitragen." (Tu Weiming: Verzauberte Welt, in Florentijn van Rootselaar: Leben in schweren Zeiten, 2019, S.137)

Bei Simon, so wie Lukas ihn schildert, steht Simon selbst im Zentrum. Er möchte möglichst viel beherrschen und besitzen – sogar den Heiligen Geist. Man könnte ihn allerdings auch so beschreiben, dass er noch auf einem Lernweg ist, auf dem er sich intensiv an Philippus und Petrus orientiert. Simon vertraut beiden, dass sie ihn lehren und für ihn beten können.

Auch heute besteht immer die Gefahr, sich selbst in den Mittelpunkt zu stellen, wenn man eigentlich etwas für Gott tun möchte; auch in Opferbereitschaft und Spendenbereitschaft. Und zwar je mehr, je größer die Wirkung ist, die das eigene Handeln erzielt. Wie kann man sich dagegen wappnen? Durch Gemeinschaft? Durch Gebet? Durch Seelsorge? Anschaulich wird die Verstrickung in die eigene Macht in einem Bible-Art-Journaling,

Für Lukas war es völlig selbstverständlich, dass es Wunder und Magie gibt. Auch heute gibt es eine **neue Empfänglichkeit für Heilungen und magische Rituale**. Wie positionieren wir uns als Christinnen und Christen dazu? Es gibt moderne Schamanen und neo-pagane Heiler. Östliche Religionen wie der Buddhismus oder der Taoismus haben manchen Menschen eine glaubwürdigere Antwort auf die Fragen ihres Lebens zu geben als die christlichen Kirchen. Dort erleben Menschen Lehrer*innen, die glaubwürdig und mit Vollmacht lehren und dabei bescheiden sind. Sie haben eine Unmittelbarkeit zu Gott, ohne sich selbst zu Göttern zu machen – genau das, wonach sich Simon sehnt. Aber die Frage stellt sich wieder verschärft: Muss es auch heute wieder Grenzen geben, oder ist Gott da, wo Liebe und Barmherzigkeit erfahrbar sind? Ist alles gut, was heilsam ist? Müssen also vielleicht die alten, von der Apostelgeschichte gezogenen Grenzlinien überwunden werden?

Wirken des Geistes

Der Text betont, dass der Heilige Geist nicht verfügbar ist und vor allem ist er nicht käuflich. Der Empfang des Heiligen Geistes ist an die Gemeinschaft gebunden und an das gemeinsame Gebet. Auch Simon wird auf das Gebet verwiesen. Die Gemeinde in Samaria erlebt ihr eigenes Pfingsten und ist damit der Gemeinde in Jerusalem gleichgestellt. Der Heilige Geist selbst überwindet die alten Grenzen und Grenzziehungen.
Trotzdem ist es irritierend, dass es die Gebete von Petrus und Johannes braucht, damit die Gemeinde den Heiligen Geist bekommt. Die Apostelgeschichte erzählt solche Pfingstgeschichten an den Übergängen, beim Aufbruch in neue Welten. Vielleicht brauchen wir auch wieder dringend eine Pfingsterfahrung, damit wir mit den Veränderungen, die wir erleben, geistvoll umgehen können? Woran merkt man überhaupt, dass der Heilige Geist noch fehlt?
Wir haben heute eine regelmäßige Ergänzung zur Taufe, nämlich die Konfirmation oder Firmung, die auch als Versiegelung durch oder Stärkung mit dem Heiligen Geist gefeiert werden, in der es für die Jugendlichen eine Bestätigung und Erneuerung der Taufe im persönlichen Segen gibt. Wird im Text etwas Vergleichbares erzählt?

 Sowohl Taufe als auch segnende Handauflegung sind augenfällige Erfahrungen der Gegenwart Jesu Christi. Jedes Bekreuzigen beim Betreten einer Kirche mit Weihwasser ist eine Tauferinnerung. Feiern Sie mit den TN eine Tauferinnerung oder eine segnende Salbung, indem die TN sich gegenseitig mit dem Finger ein Kreuzzeichen (evtl. mit Öl) auf den Handrücken oder auf die Stirn zeichnen und es mit dem Zusprechen eines Segens verbinden.

Verschiedene Segen (tagesaktuell) und Materialien zum Thema Segen finden Sie bei der Aktion: „Ich brauche Segen" unter **www.segen.jetzt**.

3.3 Vorschlag für eine Bibelarbeit

Rita Müller-Fieberg

Vorbereitung

Inhaltlicher Schwerpunkt

In der Kontrastierung der christlichen Missionare und Apostel mit der Figur des „Simon Magus" wird ersichtlich, dass Wort und (Wunder-)Tat immer Gottes Handeln voraussetzen. Christ*innen haben sich nicht selbst ermächtigt, sondern handeln als mit der Gabe des Heiligen Geistes Beschenkte.

Verbindung zu anderen Einheiten

Philippus ist als einer der sieben Diakone in Jerusalem schon aus Apg 6,1-7 (Text 2) bekannt. Dass die Apostel und Missionare wie Jesus Wunder wirken, begegnet in Apg 9,36-43 (Text 4) erneut.

Raumgestaltung

Stuhlkreis mit Platz in der Mitte

Materialien und Medien

→ Liedblatt
→ Landkarten:
   a) Palästina im 1. Jh. n. Chr. (s. Linkliste Downloadmaterial)
   b) Weltkarte von heute
→ Wollfäden und eine Spielfigur
→ Karten einer Farbe mit den Zitaten zur Reaktion der Samaritaner
→ Bibeltext (DVD, Teilnehmerheft)
→ Karten einer anderen Farbe und Edding für Aussagen zu Simon
→ Blätter und Stifte

Zur Gestaltung des Abends

Liturgische Eröffnung

Lied
„Wir haben Gottes Spuren festgestellt" (z.B. in Bistum Essen (Hg.), Lieder vom Aufbruch, Nr. 160)

Auf den Text zugehen: „Zeichen und Wunder sahen wir geschehen ..." (ca. 20 Min.)

1. Einbettung in den Kontext
In der Mitte liegt eine Landkarte von Palästina. Der Faden ist zwischen Jerusalem und Samaria ausgespannt, die Figur steht auf Samaria. Der/die **Leiter*in** (L) liest den programmatischen Vers Apg 1,8 und verweist darauf, dass sich durch die „Zerstreuung" der Jerusalemer Urge-

meinde der erste Schritt der Ausbreitung des Evangeliums vollzieht (Apg 8,1): Der Diakon Philippus (Apg 6,5) verkündigt und heilt in Samaria – angesichts der jüdischen Abgrenzung von den Samaritanern eine bemerkenswerte Horizonterweiterung.

2. Worte und Wunder: die Mission des Philippus in Samaria
Folgende Wendungen (auf Karten) werden von den TN vorgelesen und in die Mitte gelegt: *„die Menge achtete einmütig auf die Worte des Philippus"* / *„sie hörten zu und sahen die Zeichen, die er tat"* / *„So herrschte große Freude in jener Stadt."* / *„Als sie jedoch dem Philippus Glauben schenkten"* / *„ließen sie sich taufen"* / *„dass Samarien das Wort Gottes angenommen hatte".* Die TN äußern einen ersten Eindruck hinsichtlich der Reaktion der Samaritaner auf das Wirken des Philippus in Wort und Tat. Eventuell ist zu erläutern, dass die Bibel mehrere Begriffe für das deutsche Wort „Wunder" kennt, darunter auch „Zeichen".

L greift den Refrain des Eröffnungslieds auf: *„Zeichen und Wunder sahen wir geschehn / in längst vergangnen Tagen, / Gott wird auch unsre Wege gehn, / uns durch das Leben tragen."*

Mögliche Fragestellungen für eine erste Gesprächsrunde im Plenum:
→ Was bringt uns zum Staunen? Wem schenken wir Glauben?
→ Wo begegnen wir heute „Zeichen und Wundern"?
→ Gibt es heute noch Wundertäter? Was macht sie aus?

Dem Text begegnen: Worauf es ankommt (ca. 40 Min.)
Eine Zusammenfassung der Beobachtungs-Impulse finden sich im TNH.

3. Simon Magus: eine Kontrastfigur zu Philippus (Apg 8,5-13)
Die TN unterstreichen bei ihrer Lektüre die Passagen, die Handeln und Wirkung des Simon als einem weiteren Wundertäter der Erzählung betreffen. Konkret kann beobachtet werden: Was ist er, was tut er, wie wirkt er auf andere? Und woher bezieht er seine Kraft?
Nach der Lektüre im Plenum werden die Aussagen zu Simon auf den andersfarbigen Karten notiert und ebenfalls in die Mitte gelegt. Ggf. kann eine Zuordnung erfolgen: Wo bestehen Parallelen zum Wirken des Philippus, wo Unterschiede? Vor dem Hintergrund der Lektüre werden auch die Beobachtungen zu Philippus und den Samaritanern noch einmal ausgeschärft. Für ein Verständnis der ambivalenten Figur des Simon sind ggf. Erläuterungen hilfreich:
→ Das Wirken von Wundercharismatikern ist ein Phänomen, das sich keinesfalls auf die Jesusbewegung beschränkt. Auch Simon versetzt Menschen ins Staunen (V. 9.11) und erregt Aufmerksamkeit (V. 10f). Sowohl in der Selbstwahrnehmung (V. 9) als auch in der Außenwahrnehmung (V. 10) wird er als ein von göttlicher Kraft erfüllter, „großer" Mensch betrachtet.
→ Seine Tätigkeit wird im Deutschen mit „Zauberei" umschrieben (was fälschlich an Tricks und Effekthascherei denken lässt), das Griechische hingegen spricht von „Magie" (vgl. den späteren Beinamen „Simon Magus"). Anders als bei den „Magoi", den astronomisch gebildeten Weisen aus der Kindheitsgeschichte Jesu, sind die magischen Praktiken hier aber negativ konnotiert.

→ Simon scheint in Philippus einen mächtigeren Kollegen zu sehen. Sein Staunen, sein Glaube und seine Taufe münden darin, dass er sich „dem Philippus" (nicht etwa Christus) anschließt (V.13).

4. Wirkmacht: Von Gott geschenkt (Apg 8,14-25)

Wieder lesen die TN den Text zunächst für sich und unterstreichen nun die Passage, die sie am meisten anspricht (positiv oder negativ). In einer „**chorischen Lektüre**" liest L den Text vor und die TN sprechen den von ihnen unterstrichenen Teil mit. So wird hörbar, welche Fragestellungen von besonderem Interesse sind. Folgende Aspekte könnten thematisiert werden:

→ Zwischen dem taufenden Philippus und den Aposteln besteht eine Art „Arbeitsteilung". Die Handauflegung zum Empfang des Heiligen Geistes nehmen erst Petrus und Johannes vor. Eine solche Abfolge stellt nur ein Modell unter mehreren biblischen Möglichkeiten dar. Zugleich wird die Verkündigung des Philippus in die gesamtapostolische Mission integriert.

→ Simon, der in der Wirkungsgeschichte zum ersten Häretiker wird und nach dem die „Simonie" (Ämterkauf) benannt ist, wird vorwiegend negativ gezeichnet. Er strebt nach Macht und will diese durch Geld erwerben (V. 19). Petrus weist sein Anliegen als unrechtmäßig zurück und tadelt ihn hart, indem er ihm Unaufrichtigkeit, Bosheit, Neid und Unrecht vorwirft (V. 20-23). Simon bittet nicht (wie gefordert) den Herrn direkt um Vergebung, sondern wählt den Weg über die Fürbitte der Apostel. Eine gewisse Distanz bleibt – hat Simon wirklich verstanden?

→ Beim Empfang des Heiligen Geistes für die Samaritaner stehen an erster Stelle Gebet und Fürbitte, dann erst die Handauflegung der Apostel (V. 15f). Deren „Vollmacht" (V. 19) verdankt sich weder der eigenen Kompetenz noch einem finanziellen Einsatz, sondern allein der Initiative und „Gabe" Gottes (V. 20).

Mit dem Text weitergehen: „mit dem Heiligen Geist" – im eigenen Leben (ca. 30 Min.)

In der Mitte liegt eine aktuelle Weltkarte. Die Fäden gehen von Jerusalem aus auf alle Kontinente: Heute ist das Christentum weitgehend „an den Grenzen der Erde" (Apg 1,8) angekommen. Die Figur steht auf dem Anwesenheitsort der TN. Die Mehrzahl der TN wird getauft, konfirmiert, gefirmt sein. Auch uns Christ*innen im Jahr 2021 ist die Gabe des Geistes zugesprochen worden.

→ 1. Wo spüre ich das Wirken des Heiligen Geistes in meinem Leben?

→ 2. Wozu befähigt / bevollmächtigt mich die Gabe des Geistes?

Dieser Frage wird in einer kreativen Phase nachgegangen. Dazu wird der Umriss der eigenen gespreizten Hand und des Unterarms aufgezeichnet, sodass er die Form eines Baumes annimmt. In die Handfläche wird „mit dem Heiligen Geist" geschrieben. In jeden Finger kann notiert werden, wie sich die Gabe des Geistes im eigenen Leben äußert. Weitere „Früchte des Heiligen Geistes" können als Früchte oder Blätter den Baum bereichern. Ein Gespräch zu zweit über die jeweiligen „Bäume" schließt sich an.

Liturgischer Abschluss mit Gebet und Lied

Liedvorschlag: „Wes Geistes Kind seid ihr?" (z.B. in Bistum Essen (Hg.), Lieder vom Aufbruch, Nr. 114)

3.4 Bildbetrachtungen

Johannes Beer

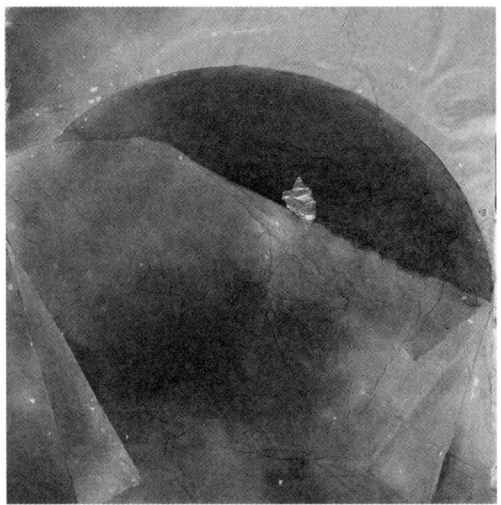

Annette Weber-Vinkeloe: Apostelgeschichte 8, 2022, Mischtechnik auf Papier, 101 x 97 cm

Dieses Bild ist von der Farbe Blau dominiert. Der Hintergrund ist ein lebendiges, helles Himmelblau mit wenigen weißen Einsprengseln. Mitten auf dem rechteckigen Bild befindet sich ein Kreis in leuchtendem, kräftigem Blau. Er sitzt nicht ganz im Zentrum, denn während oben Raum über dem Kreis ist, schneidet er rechts und links den Bildrand. Der untere Teil ist nicht zu erkennen, da ein aufgelegtes Papier diesen Kreis von unten her weitgehend abdeckt. Auf dem Papier, von dem drei Ecken zurückgeklappt sind, sehen wir neben Blautönen vor allem dunkelgraue Töne, die sich von der Mitte des Blattes her auszubreiten scheinen. Dieser graue Papierbogen deckt die strahlenden Blautöne, und vor allem den Kreis, zum großen Teil ab und droht, ihn ganz unsichtbar zu machen. Am Rand des Papieres, da, wo die obere rechte Ecke zurückgeklappt ist, findet sich auf dem tiefblauen Kreis eine goldene Applikation. Sie ragt etwas über die Kante des aufgelegten Papierbogens.

Die rechteckige Grundform dieser Arbeit steht für die Stadt Samariens. Sie ist nicht in den bräunlich-roten Kupfertönen gehalten, sondern in hellem Himmelblau, denn Philippus hat durch seine Predigten das Evangelium in diese Stadt gebracht und viele ließen sich dort taufen. Der blaue Kreis steht auch auf diesem Bild symbolisch für den Bereich Gottes. Als vollkommene Form steht er für den ewigen Geist Gottes, der in dieser Stadt durch Petrus und Johannes ausgegossen wird. In der Stadt Samariens wird der Bereich Gottes sicht- und erlebbar, durch das, was durch den Heiligen Geist geschieht.

In dem aufgelegten Tuch mit seinen dunkelgrauen Bereichen sehe ich eine symbolische Darstellung des Magiers Simon – vor allem seines Tuns. Er sieht das Wirken des Heiligen Geistes und ist doch ganz in seiner alten Welt der Zauberei gebunden. Er will den Heiligen Geist nicht glaubend empfangen, sondern käuflich erwerben und droht so, die Erkennbarkeit des Reiches Gottes abzudecken. Er will den Heiligen Geist einpacken und für sich verfügbar haben.

In der goldenen Applikation sehe ich ein Symbol für Petrus. Er hat mit Johannes zusammen den Heiligen Geist gebracht. Er wird von dem Magier Simon gefragt; ihm wird Geld angeboten. Er droht abgedeckt und eingepackt zu werden. Das Papier auf dem Bild muss nur umgeklappt werden.

Aber die Petrus symbolisierende goldene Applikation ragt über die Kante des aufgelegten Papiers. Petrus weist das Ansinnen des Magiers Simon zurück und macht den Bereich Gottes neu sichtbar. Das aufgelegte Blatt wirkt auf einmal, als ob es zurück-, ja abgezogen wird und das Verdeckte freigibt.

4 | ... über alle Grenzen hinweg ...

4.1 Exegese

Markus Lau

Vorbildliche Frauen in der Jesusnachfolge: Tabita und die Totenerweckung in Joppe (Apg 9,36–43)

Frauen als Erzählfiguren begegnet man im lukanischen Doppelwerk gar nicht selten. Das Ideal von Frauen in der Jesusnachfolge, das Lukas dabei zeichnet, hat allerdings für uns durchaus eigenwillige Züge. Es sind dienende Frauen, die sich aufgrund ihrer ökonomischen Potenz als Wohltäterinnen für die Jesusschüler und ganze Gemeinden betätigen (vgl. Lk 8,1–3). Diesem Ideal begegnen wir in Gestalt der Tabita auch in Apg 9,36–43, die an ihrem eigenen Leib die die Grenzen des Todes sprengende Wundermacht des einen Gottes erleben wird.

1. Der Kontext

Nach den Ereignissen rund um Philippus, der mit Apg 8,40 nach Caesarea Maritima gelangt und dortbleibt (Apg 21,8), gerät mit Apg 9 zunächst Paulus in den Blick, dessen Damaskus-Ereignis und seine Hinwendung zur Jesusbewegung in Apg 9,1–19a Thema sind. Er avanciert sogleich zum Wortverkündiger Jesu in den Synagogen von Damaskus (Apg 9,19b–22), muss diese Stadt dann aber wegen eines versuchten Mordanschlags gegen ihn fluchtartig in einer Nacht-und-Nebel-Aktion verlassen (Apg 9,23–25). Mit Apg 9,26 kommt Paulus nach Jerusalem und verkündet zur Überraschung vieler dort mit allem Freimut Jesus als den Messias Gottes. Er wird von Barnabas in die Jerusalemer Gemeinde eingeführt und erlebt erste Konflikte vor Ort, die für ihn erneut lebensgefährlich werden, sodass er in seine Geburtsstadt Tarsus abreist (Apg 9,26–30) und damit bis Apg 11,25 aus der erzählten Welt verschwindet. Lukas „parkt" Paulus also für längere Zeit in Tarsus und von dort führt ihn Barnabas wieder in die erzählte Welt zurück.

Mit dem Abtritt des Paulus und seiner Wandlung zum Anhänger Jesu brechen für die frühen Jesusgemeinden in Judäa, Jerusalem, Samarien und Galiläa ruhige Zeiten an, die Apg 9,31 summierend ins Wort bringt.

> *31 Die Kirche in ganz Judäa, Galiläa und Samarien hatte nun Frieden; sie wurde gefestigt und lebte in der Furcht des Herrn. Und sie wuchs durch die Hilfe des Heiligen Geistes.*

Mit dieser Notiz kommt ein erster großer Erzählbogen des zweiten Hauptabschnitts der Apostelgeschichte zu einem Ende. In die erzählte Welt kehrt für einen Moment Ruhe ein.

Der Neuaufbruch zu einem zweiten großen Erzählbogen beginnt mit Petrus, der sich auf Reisen begibt. Er kommt nach Lydda (Apg 9,32–35) und heilt dort einen seit acht Jahren Gelähmten namens Äneas. Nach einiger Zeit wird er nach Joppe gerufen, wo es zur Totenerweckung der Tabita kommt (Apg 9,36–43). Im Anschluss verbleibt er in Joppe im Haus eines Namensvetters Simon, der als Gerber vorgestellt wird, seinen Lebensunterhalt also durch die Verarbeitung von Tierfellen bestreitet (Apg 9,43). Mit Apg 10,1 wechselt die Erzählperspektive dann zunächst weg von Petrus in Joppe hin nach Caesarea und zu einem nichtjüdischen Mann namens Kornelius. Er dient als Centurio im römischen Heer und wird von Lukas als ein frommer und gottesfürchtiger Mensch vorgestellt. Ihm wird der Geist Gottes geschenkt. Das erlebt auch Petrus mit, der von Joppe nach Caesarea reist und Kornelius unter dem Eindruck tauft, dass Gott selbst die Grenze zwischen Juden und Nichtjuden eingerissen hat (vgl. Apg 10,1–48). **Apg 10 bildet damit den theologischen Auftakt für das zentrale Thema der Integration von Nichtjuden in die Jesusbewegung**, das thematisch bis Apg 15 bestimmend bleiben wird und letztlich schon in Apg 8 mit den Ereignissen in Samarien seine Schatten vorausgeworfen hat. Kurz vor diesem narrativen Knotenpunkt der lukanischen Erzählung, in dem einige zentrale Koordinaten jüdischer Identität – namentlich die Frage nach Beschneidung und Speisegeboten – von Gott selbst neu geordnet werden, und Gott den Aufbruch der Jesusbewegung ins nichtjüdische Land und ihre Öffnung hin auf Nichtjuden forciert, ist die Erzählung über die Auferweckung der Tabita positioniert.

2. Der Text und seine Struktur

Die kurze Perikope gehört im Blick auf die Gattung zu den besonders eindrücklichen und im Neuen Testament selten erzählten Totenerweckungen. In ihrer Struktur folgt sie weitgehend den Gattungsgesetzen für Wundergeschichten.

Mit V. 36f. wird zunächst die einleitende Exposition der Wundergeschichte erzählt, die im Zentrum stehende Person im Blick auf Namen, religiösen Status und Charakterzüge vorgestellt und die Notsituation charakterisiert:

> *36 In Joppe lebte eine Jüngerin namens Tabita, das heißt übersetzt: Dorkas – Gazelle. Sie tat viele gute Taten und gab reichlich Almosen. 37 Es geschah aber: In jenen Tagen wurde sie krank und starb. Man wusch sie und bahrte sie im Obergemach auf.*

Als Scharniervers zum vorher Erzählten und in Lydda Verorteten fungiert sodann V. 38: Zwei Boten aus Joppe werden nach Lydda geschickt, um den dort weilenden Petrus nach Joppe zu holen. Mit welcher Intention das geschieht, wird uns noch beschäftigen.

> *38 Weil aber Lydda nahe bei Joppe liegt und die Jünger hörten, dass Petrus dort war, schickten sie zwei Männer zu ihm und ließen ihn bitten: Komm zu uns, zögere nicht!*

Ab V. 39 läuft dann die Wundergeschichte auf ihr Zentrum zu. Der Wundertäter tritt auf und wird Stück für Stück an die Leiche der Tabita herangeführt. Geschickt baut dabei Lukas weitere charakterisierende Elemente im Blick auf Tabita ein, die er über die Figurengruppe der armen Witwen einspielt:

> *39 Da stand Petrus auf und ging mit ihnen. Als er ankam, führten sie ihn in das Obergemach hinauf; alle Witwen traten zu ihm, sie weinten und zeigten ihm die Röcke und Mäntel, die Dorkas gemacht hatte, als sie noch bei ihnen war.*

Im Zentrum des Textes stehen die V. 40–42, die in gattungstypischer Manier das eigentliche Wunder erzählen:

40 Petrus aber schickte alle hinaus, kniete nieder und betete. Dann wandte er sich zu dem Leichnam und sagte: Tabita, steh auf! Da öffnete sie ihre Augen, sah Petrus an und setzte sich auf. 41 Er gab ihr die Hand und ließ sie aufstehen; dann rief er die Heiligen und die Witwen und zeigte ihnen, dass sie wieder lebte. 42 Das wurde in ganz Joppe bekannt und viele kamen zum Glauben an den Herrn.

Dem Hinausschicken aller in V. 40 entspricht auf kompositioneller Ebene das Wiederhereinrufen aller Witwen und Heiligen in V. 41. Die eigentliche Wunderhandlung erleben insofern neben Petrus und Tabita keine weiteren Erzählfiguren; die Leserinnen und Leser des Textes freilich wissen durch die Kommentierung der Erzählstimme, dass Petrus kniend gebetet und zur Leiche gesprochen hat. Daraufhin kehrt Tabita ins Leben zurück und Petrus hilft ihr auf und demonstriert vor den Heiligen und den Witwen den Wundererfolg. Mit V. 42 verlagert sich dann der Fokus weg aus den engen Grenzen des Obergemachs hin in die Weite der ganzen Stadt Joppe. Viele kommen aufgrund der Verkündigung des Wunders zum Glauben an den Herrn. V. 43 schließlich hält fest, wo sich Petrus im Folgenden aufhält.

43 Es geschah aber, dass Petrus längere Zeit in Joppe bei einem gewissen Simon, einem Gerber, blieb.

Petrus verbleibt also in Joppe, so dass sich ein Erzählmuster aus Apg 9,32–35 wiederholt: Der Wundertäter Petrus bleibt jeweils für längere Zeit am Ort seines Wunderwirkens. Was Petrus in dieser Zeit tut, erzählt Lukas im Blick auf Lydda nicht. Auch die Petrusfigur wird insofern – durchaus in Analogie zur Paulusfigur – „geparkt" und in der jeweils anschließenden Perikope aus dem vorherigen Ort herbeigeholt. Wie es in Apg 9,38 dabei zwei Männer sind, die Petrus aus Lydda nach Joppe holen, so sind es in der folgenden Erzählung erneut zwei Männer und ein römischer Soldat (Apg 10,7), die Petrus aus Joppe nach Caesarea bringen. Für Joppe allerdings notiert der Text explizit, was Petrus im Haus des ansonsten in seiner Charakterisierung recht blass bleibenden Gerbers Simon tut, den Lukas im Licht von Apg 10 recht deutlich als jüdische Erzählfigur vorstellen will, weil Petrus nur mit großer Mühe den Weg zu Nichtjuden zu gehen bereit ist: Petrus betet (Apg 10,9) und hält sich an jüdische Frömmigkeitspraxis.

Auffällig freilich ist, dass Petrus nicht im Haus der Tabita oder gar in ihrem Schlafzimmer im Obergemach verbleibt, obwohl sie im Gegensatz zu Simon dem Gerber eindeutig als Jesusanhängerin charakterisiert wird. Da für das Haus der Tabita im ganzen Text kein einziger männlicher Bewohner genannt wird und Tabita daher vielleicht auch bereits Witwe oder eben ein unverheirateter Single ist, beeilt sich die lukanische Erzählstimme, Petrus aus diesem Haus wieder herauszuführen und bei einem Mann wohnen zu lassen. **Allen potenziell kompromittierenden Überlegungen wird damit vorauslaufend jede Grundlage entzogen. Petrus übernachtet nicht im Haus einer Single-Frau**. Damit verhindert die Apostelgeschichte jede spöttische Anfrage im Blick auf ein Techtelmechtel zwischen Tabita und Petrus. Oder anders: Das Wunder der Totenerweckung bringt von Seiten der Tabita im Blick auf Petrus keinerlei Dankesnotwendigkeiten mit sich. Der Dank gebührt auch hier allein Gott.

3. Tabita: Zur Charakterisierung einer Jesusjüngerin

Lukas nutzt die insgesamt kurze Erzählung, um Tabita mehrfach zu charakterisieren und sie in aus seiner Sicht gutes Licht zu stellen. Tabita, deren aramäischen Namen Lukas in seiner Bedeutung für seine Leserinnen und Leser durch das Wort „Dorkas" ins Griechische übersetzt (die Einheitsübersetzung trägt dann für heutige Leserinnen und Leser sogleich auch die deutsche Bedeutung „Gazelle" nach), ist eine Anhängerin Jesu, eine Jüngerin, wie V. 36 gleich zu Beginn notiert. Woher sie die Jesusbewegung kennt, erzählt Lukas nicht. Da ihre Heimatstadt Joppe, das heutige Jaffa bei Tel Aviv, zum Gebiet der Region Judäa gehört, wird im Licht der Tabitafigur deutlich, dass Lukas das Wirken der aus Jerusalem Zerstreuten tatsächlich exemplarisch erzählt wissen will. Philippus ist nur einer neben anderen, die zerstreut worden sind. Und auch die anderen waren aktiv. Der Erzähllogik der Apostelgeschichte folgend muss auf diesem Weg die Jesusbotschaft auch nach Joppe gedrungen sein und traf dort in Gestalt der Tabita und vieler anderer, aber in der Apostelgeschichte anonym bleibender Gemeindemitglieder auf offene Ohren.

Tabita ist in der erzählten Welt eine freundliche, hilfsbereite Frau. Sie tut viel Gutes und gibt reichlich und dauerhaft – Lukas verwendet in V. 36 eine Imperfektform, die wiederholtes oder andauerndes Handeln ausdrücken kann – Almosen. Der griechische Text des Neuen Testaments formuliert sogar, dass sie geradezu angefüllt und voll von guten Werken und Almosen ist. Sie sprudeln ihr gleichsam aus dem Inneren heraus und entstammen ihrem Wesen. Dafür muss sie über entsprechende materielle Ressourcen verfügen. Passend wird sie durch die zweimalige Erwähnung des Obergemachs (V. 37.39) daher auch als Besitzerin eines mehrstöckigen Hauses vorgestellt, was nicht etwa auf eine Villa hinweisen muss, aber auch nicht ein einfaches Einraumhaus meint. Nutznießer der guten Taten und der Almosen sind „alle Witwen", wie V. 39 notiert. Da diese Witwen in V. 41 neben den „Heiligen", den Gemeindemitgliedern (s. unten), genannt werden, sind diese beiden Gruppen nicht einfach deckungsgleich. **Die Almosenpraxis der Tabita bezieht sich insofern über die Witwen der Gemeinde hinaus auch auf nichtchristusgläubige Witwen.** Sie alle wurden durch Tabita mit Kleidung versorgt. „Röcke und Mäntel" sind dabei eine freie Übersetzung der eigentlich genannten Unter- und Obergewänder. Tabita scheint diese selbst produziert zu haben. Wenn dabei jede der Witwen über ein Ober- und Untergewand verfügt und dies eben für alle Witwen gilt – dieses „alle" betont Lukas in V. 39 deutlich – dann hat Tabita die Witwen, deren prekäre ökonomische und soziale Lebenslage zum biblischen Gemeingut gehört und uns schon mit Blick auf Apg 6,1–7 beschäftigt hat, großzügig versorgt. Als Mindestkleidungsmittel für arme Menschen gilt nämlich allein das in V. 39 erwähnte Obergewand des Mantels, das nach biblisch-jüdischem Recht dem Armen nicht über Nacht gepfändet werden darf, dient es ihm doch nicht nur als Kleidung, sondern auch als Schutz vor Sonne und Regen sowie in der Nacht als Decke (vgl. Ex 22,25f.; Dtn 24,10–13). Tabita indes verschenkt mehr als den Standard. Gerade darin zeigt sich ihre Großzügigkeit. Eine Familie scheint Tabita nicht mehr zu haben, jedenfalls wird sie ohne Bezüge zu Eltern, Kindern oder einem Partner vorgestellt.

Infolge einer Krankheit stirbt Tabita überraschend. Ihr wird durch die Gemeinde, zu der sie gehört, eine ehrende Aufbahrung zuteil: Man wäscht sie und bringt sie sodann ins Obergemach hinauf, wo sie zur Totenklage ruht. Dort versammeln sich die trauernden Witwen als Klagefrauen und beweinen die Tote öffentlich, was die Beliebtheit der Tabita, ihre Güte und Großzügigkeit unterstreicht. **Gerade in der Antike gehören die letzten Dienste, die man Toten**

erweist, zu den besonders wichtigen und ehrenvollen Familienpflichten. Antike Menschen betreiben nach Möglichkeit Vorsorge, was mit ihrem Leib nach ihrem Ableben passiert. Das führt u. a. dazu, dass sich Menschen in Begräbnisvereinen zusammenschließen, regelmäßig in die Vereinskasse einzahlen, um im Falle des Ablebens durch den Verein ein gutes Begräbnis mit allen dazugehörigen Riten zu erhalten.

So weit kommt es im Falle der Tabita gar nicht. Denn bei der Waschung, Aufbahrung und Klage der Frauen bleibt es nicht. Zwei Männer machen sich als Gesandte der Gemeinde von Joppe auf den rund 17km langen Weg nach Lydda (das heutige Lod), um Petrus herbeizuholen, von dessen Präsenz vor Ort und seiner Wundertat man in Joppe gehört hat. Petrus möge eilig mit ihnen nach Joppe kommen. Die Eile und das bewusst noch nicht erfolgte Begräbnis legen nahe, dass die Gemeinde mit einer spezifischen Intention im Blick auf Tabita nach Petrus schicken lässt. Immerhin hat er in Lydda einen seit acht Jahren Gelähmten spektakulär geheilt (Apg 9,33f.). Die Gemeinde in Joppe scheint mit dem Wundertäter Petrus insofern Zukunftshoffnungen im Blick auf die verstorbene Tabita zu verbinden. Freilich ist eine Totenerweckung doch eine andere Wunderkategorie als die Therapie eines Gelähmten.

4. Totenerweckungen: Typisches und Untypisches einer selten erzählten Gattung

Schon nummerisch stellen Totenerweckungen im Vergleich zu Therapien eine sehr viel seltener erzählte biblische Wundergeschichtenform dar: Im ganzen Alten Testament finden sich nur drei Totenerweckungen. Sie sind mit dem Propheten Elija (1 Kön 17,17–24) und seinem Schüler Elischa (2 Kön 4,18–37; 13,20f.) verbunden. Im Neuen Testament kennen die Evangelien ebenfalls drei Totenerweckungen, die allesamt durch Jesus gewirkt werden: Die Auferweckung der Tochter des Jairus in Mk 5,21–43, die Matthäus (Mt 9,18–26) und Lukas (Lk 8,40–56) jeweils aus dem Markusevangelium in ihre Jesusgeschichten übernehmen. Sodann bietet Lukas in Lk 7,11–17 die Totenerweckung des jungen Mannes in Nain. Das Johannesevangelium erzählt schließlich noch von der Erweckung des Lazarus (Joh 11,1–46). Neben unserer Totenerweckung findet sich zudem noch die in Apg 20,7–12 erzählte Erweckung eines jungen Mannes namens Eutychus durch Paulus. **Angesichts dieser Befundlage wird man sagen können, dass Totenerweckungen im Neuen Testament zum einen selten zum anderen ein Spezifikum des lukanischen Doppelwerkes sind** (nimmt man das Markusevangelium als Referenz, so stehen einer Totenerweckung durch Jesus z. B. zehn Therapien von Kranken gegenüber). Er übernimmt nicht nur die Erweckung der Jairustochter von Markus, sondern erzählt zudem drei weitere Totenerweckungen und nimmt damit einen einsamen Spitzenplatz in der ganzen biblischen Tradition ein.

Die Erzählung der Totenerweckung der Tabita realisiert einige der für die Gattung typischen Motive, angefangen bei dem für Totenerweckungen zwingenden Ableben einer Person, auf die sich dann das Wunder bezieht (entsprechend ist es gattungstypisch, dass die Gemeinde nicht bereits vor dem Tod der Tabita Petrus um Hilfe im Rahmen einer wundersamen Krankenheilung bittet: In der erzählten Welt muss Tabita erst sterben, damit die Erzählung gattungskonform erzählt werden kann). Blickt man auf diese Personen, so handelt es sich in aller Regel um junge Menschen beiderlei Geschlechts, die an Krankheiten oder, wie im Falle des Eutychus, an einem Unfall überraschend früh versterben. Das gilt etwa auch für die Totenerweckung in 1 Kön 17, die dem Sohn der Witwe von Sarepta gilt. Als Stellvertreter der Hilfsbedürftigen, die aus zwingenden Gründen natürlich nicht mehr selbst um Hilfe bitten können, fungieren dabei oft Familienangehörige, wie der Vater (Mk 5,21–43), die Mutter (Lk 7,11–17) oder Geschwister (Joh 11,1–46).

Das ist im Falle der Tabita anders. Hier sind es Mitglieder der Jesusgemeinde, die aktiv werden. Tabita verfügt eben über keinerlei Angehörigen mehr und wird von Lukas zudem als unverheiratet dargestellt. Denn dass die Leserinnen und Leser des Textes sie als eine Witwe wahrnehmen sollen, hätte Lukas angesichts der Präsenz der Witwen im Text vermutlich deutlicher gesagt; die Zeichnung Tabitas als unverheiratete Frau lässt sie überdies eher jünger erscheinen, was gut zu Totenerweckungen passt. In ihr begegnet eine jüngere Singlefrau. **Gerade im Licht der Gattung „Totenerweckung", die die fehlenden Familienangehörigen als Stellvertretung der Verstorbenen evident werden lässt, zeigt sich, dass diese Leerstelle durch die Jesusgemeinde gefüllt wird**. Jesusgemeinden können tatsächlich wie Familien strukturiert sein und Familie ersetzen (vgl. Lk 8,19–21). Das spiegelt sich auch in der im ganzen Neuen Testament bezeugten und auch in der Apostelgeschichte präsenten Anrede der Gemeindemitglieder als Brüder und Schwestern (vgl. z. B. Apg 1,15f.; 6,3; 9,30; Röm 16,1). Gemeinden bieten menschliche Heimat und im Haus der Gemeinde kann man zu Hause sein.

Gattungstypisch ist zudem das Heranholen des Wundertäters aus der Ferne. Dieses Motiv findet sich auch in Mk 5,21–43 und seinen Parallelen sowie in Joh 11,1–46. Die sich dadurch ergebende zeitliche Spanne bis zum Eintreffen des Wundertäters beim Toten erschwert dann sogar die Totenerweckung und sichert ab, dass der Tote wirklich gestorben ist. Mit diesem Motiv wird im Blick auf die Erweckungen des Lazarus und der Tochter des Jairus intensiv gespielt.

Typisch lukanisch für Totenerweckungen erscheint sodann das zweifach in unserer Erzählung erwähnte Obergemach. Hier wird Tabita aufgebahrt. Aus dem Fenster eines Obergemachs abgestürzt und gestorben war auch Eutychus (Apg 20,7–12). Beide Totenerweckungen der Apostelgeschichte spielen also mit diesem Ort. Beide Totenerweckungen sind überdies mit zwei der Hauptfiguren der Apostelgeschichte, Petrus und Paulus, verbunden und weisen durch die gemeinsame Gattung und den mit ihr verbundenen Erzählinhalt deutliche Querbezüge auf. Im Rahmen der Wundertätertätigkeit bleibt dabei der eine Wundertäter nicht hinter dem anderen zurück. Ins Leben zurückgerufen werden zudem eine Frau und ein Mann. Beide tragen Namen, bleiben also nicht anonym, und beide sind Gemeindemitglieder. Verfolgt man die Spur des Obergemachs dann in der Apg noch ein wenig weiter – bereits die Totenerweckung durch Elija in 1 Kön 17 spielt in einem Obergemach (V. 19), sodass Lukas hier vielleicht sehr bewusst an eine berühmte alttestamentliche Erzählung anknüpft und Petrus in die Tradition des Propheten Elija einordnet –, lässt sich entdecken, dass das Obergemach von Apg 20,7–12 eigentlich ein Gemeindeversammlungsraum ist, in dem gelehrt und das Brot gebrochen, also Herrenmahl gefeiert wird. Das Haus ist also ein Gemeindehaus. Nicht anders verhält es sich mit Apg 1,13. Auch hier ist von einem Obergemach die Rede, das zum dauerhaften Versammlungsort der Apostel und der übrigen Mitglieder der Jerusalemer Gemeinde wird. Es ist Ort des Gebetes (Apg 1,14) und die lokale Keimzelle der nachösterlichen Jesusbewegung. Insofern sind „Obergemächer" in der Apostelgeschichte besonders geprägte Räume der Gemeinde. Lediglich das Obergemach von Apg 9,36–43 scheint ein Privatzimmer zu sein. Allerdings ändert sich das ausgerechnet mit dem Tod der Tabita. Denn explizit wird nicht nur notiert, dass im Obergemach jetzt gebetet wird (V. 40), sondern auch dass um Tabita herum sich mit Petrus zunächst alle Witwen (V. 39) versammeln und nach der Totenerweckung auch die „Heiligen" (V. 41). Letzteres ist eine gerade im paulinischen Schrifttum übliche Bezeichnung für Gemeindemitglieder, wie z. B. Röm 1,7; 1 Kor 1,2 (Paulus adressiert die „Heiligen" in Rom und Korinth) zeigen. Auch Lukas kennt diese Sprechweise und verwendet sie sehr deutlich in Apg 9,13.32; 26,10, sodass man mit V. 41 eine Gemeindeversammlung um die vom Tod erweckte Tabita in ihrem Obergemach erblicken darf.

Gattungstypisch erzählt wird auch die Separation, die Petrus vor Beginn der eigentlichen Wunderhandlung vornimmt. Er schickt alle potenziellen Augenzeuginnen fort, wie z. B. auch der lukanische Jesus in Lk 8,51 den Kreis der bei der Erweckung der Tochter des Jairus Anwesenden auf Mutter, Vater und drei Jesusschüler begrenzt. Die Wunderhandlung, die aus einer Kombination von knieendem Gebet und direkter Ansprache des Leichnams unter Nennung des Namens (Tabita erinnert dabei eigentümlich an das in Lk 8,54 redaktionell gestrichene markinische „Talitha kum" [Mk 5,41] im Rahmen der Erweckung der Tochter der Jairus) und eines Befehls zum Aufstehen besteht, ist ebenfalls für die Gattung typisch. Eine besonders enge Parallele bietet Lk 7,14: „Junger Mann, dir sage ich, steh auf!" **Petrus steht also nicht nur in der Tradition des Elija, er ahmt auch deutlich Jesus nach und stellt sich in seine Nachfolge**. Allerdings gibt es einen gewichtigen Unterschied: Petrus betet und bittet offenkundig Gott (und Jesus?) für Tabita. Solche Gebete werden für den lukanischen Jesus im Rahmen seiner Totenerweckungen indes nicht notiert. Lediglich im Johannesevangelium betet Jesus im Zuge der Erweckung des Lazarus, spricht allerdings nicht ein Bitt- sondern ein Dankgebet (Joh 11,41f.). Im Gegensatz zum Apostel Petrus erscheint Jesus sehr viel deutlicher als autonomer Wundertäter. Petrus lässt indes in seinem Tun, das Lukas allerdings allein für sein Lesepublikum erzählt – alle weiteren Erzählfiguren sind ja nicht anwesend –, unzweideutig erkennen, dass Gott am Werk ist, wenn Tabita aus dem Tod herausgerufen wird. Er agiert als Wundertäter nicht aus eigener Machtvollkommenheit heraus.

Für die Gattung nicht untypisch ist schließlich auch die Berührung durch den Wundertäter (V. 41). Im Unterschied zur Jesustradition allerdings berührt Petrus Tabita erst nach ihrer Erweckung, so dass er faktisch keinen Leichnam berührt und sich nach den jüdischen Reinheitsregeln auch nicht mehr unrein macht. Das wird für den synoptischen Jesus anders erzählt. Er berührt z. B. den Leichnam der Tochter des Jairus oder auch den Sarg des jungen Mannes in Nain (Lk 7,14) und setzt sich damit dem Vorwurf kultischer Unreinheit aus, was den Jesus der Synoptiker allerdings generell nicht stört. Selbst einen Aussätzigen berührt Jesus (Lk 5,13) und heilt und reinigt ihn gerade auch dadurch von seiner Krankheit.

Die Konstatierung des Wundererfolgs wird in V. 40f. durch fünf kurz erzählte Handlungen realisiert, die aus einem Zueinander von Bewegungen der Tabita und des Petrus bestehen: Tabita öffnet ihre Augen, sieht Petrus an und setzt sich auf. Daraufhin wird Petrus aktiv, gibt ihr die Hand und lässt sie aufstehen. Damit wird für die Leserinnen und Leser der Erfolg der Wunderhandlung offensichtlich. Erzählfiguren indes sehen dies alles nicht. Denn erst im Anschluss wird wieder Öffentlichkeit hergestellt und kommen die Witwen und die „Heiligen", die Gemeindemitglieder, hinzu. Ihnen stellt Petrus Tabita als Lebende vor Augen, was spezifische Folgen für Teile der Stadtbevölkerung hat. Insgesamt wird die Konstatierung des Wunders durchaus gattungstypisch erzählt; die Demonstration des Wundererfolgs fällt im Vergleich zu öffentlicheren Inszenierungen erfolgter Totenerweckungen (vgl. Lk 7,11–17; Joh 11,1–46) allerdings eher spärlich aus.

5. Die Folgen für Tabita und die Stadt Joppe

Die Totenerweckung bringt Tabita ins Leben zurück. Der lukanische Text hat allerdings kein Interesse mehr am weiteren Verlauf ihres Lebens. Sie verschwindet aus der erzählten Welt – was durchaus bedeutsam ist. Denn Lukas verhindert auf diese Weise, dass der Eindruck entsteht, Tabita sei nur gerettet worden, um weiter anderen zu dienen und müsse sich des Wunders würdig und dankbar erweisen. Dem ist nicht so. Das Wunder ist und bleibt Geschenk, nichts, was sich Tabita durch ihr Tun verdient hätte oder verdienen müsste. Und: Das Leben der Tabita wird in der erzählten Welt eines Tages (erneut) ein Ende haben. **Denn obwohl wir die Gattung „Totenerweckung" nennen** und zweifach im Text davon die Rede ist, dass Tabita „aufstehen" (V. 40.41) soll, **handelt es sich nicht eigentlich um eine Auferweckung oder gar Auferstehung der Tabita im ursprünglichen biblisch-jüdischen Sinne**. Denn aus dem Tod Auferweckte wie Jesus sterben nicht mehr, sondern leben im Reich Gottes – ein Wunder, das im Neuen Testament allein Gott als unmittelbarer Wundertäter selbst wirkt und keine menschlichen Wundertäter als Agenten Gottes kennt. Tabita aber hat ein Leben vor sich, das in dieser Zeit endlich bleiben wird. Und die an sie gerichtete Forderung, aufzustehen, meint das physische Aufstehen aus der liegenden Position und demonstriert die Rückkehr ins Leben.

Dieses Wunder wird zum Anlass für das weitere Anwachsen der Jesusgemeinde in Joppe, wie V. 42 festhält. Viele Menschen kommen in Joppe zum „Glauben an den Herrn". Liest man diese kurze Notiz aus der Perspektive des Petrus als Wundertäter, dann darf man konstatieren, dass Petrus alles richtig gemacht hat. Er hat mit Blick auf das spektakuläre Wunder Gott als Wundertäter hinter der Totenerweckung verkündet, wie das bereits das allein für die Leserinnen und Leser erkennbare kniende Gebet des Petrus angezeigt hat. Allerdings wird man fragen dürfen, wer in V. 42 mit „Herr" gemeint ist. Da die Hafenstadt Joppe in Judäa in der erzählten Welt in großer Mehrheit jüdisch geprägt ist und insofern bereits Gott als Herr geglaubt und verehrt wird, wird hier wohl eher an Jesus als Herrn zu denken sein. Jüdinnen und Juden erkennen also in Jesus den Messias und Herrn und schließen sich der Jesusbewegung an. Nichtjuden sind demgegenüber zwar in Joppe vorstellbar, sind aber im Rahmen des Erzählkonzepts der Apostelgeschichte erst mit Apg 10 wirklich im Blick.

6. Dem Anfang verpflichtet: Lukanische Ideale im Blick auf Jesusnachfolgerinnen und -nachfolger

Eine spektakuläre Wundergeschichte wie die Totenerweckung der Tabita übt gewiss eine eigentümliche Faszination auf die lukanische Gemeinde aus und nährt vielleicht auch Hoffnungen im Blick auf kranke, im Sterben liegende oder allzu früh verstorbene Gemeindemitglieder. Gleichwohl liegen die Funktion, die Wirkabsicht und die Bedeutung der Erzählung kaum allein, ja vermutlich nicht einmal primär, auf der Ebene des Wunderbaren, sodass die Fragen „War das so?", und „Kann das bei uns auch so passieren?", schon für die lukanische Gemeinde falsch gestellt sind. Anschlussfähig und durch das eigene Tun umsetzbar sind für die lukanische Gemeinde andere Aspekte der Erzählung über Tabita. **Denn Tabita realisiert ein für Lukas typisches Ideal weiblicher Jesusnachfolgerinnen. Die Jesusanhängerin Tabita beteiligt sich vor Ort nach Kräften an der Almosenpraxis der Gemeinde und tut gute Werke zum Nutzen der Witwen.** Der Sache nach tritt sie damit an die Seite der männlichen „Diener der Tische" von Apg 6, ohne dass Lukas sie dieser Gruppe formal und begrifflich zurechnen würde. Tabita lebt Gütergemeinschaft und dient anderen mit ihrem Besitz. Das ist im Lukas-evangelium ein Kernmerkmal von Jesusnachfolge, das Lukas punktuell auch im Blick auf fi-nanziell potente Frauen ausformuliert, wie besonders Lk 8,1–3 deutlich macht:

> 1 Und es geschah in der folgenden Zeit: Jesus wanderte von Stadt zu Stadt und von Dorf zu Dorf und verkündete das Evangelium vom Reich Gottes. Die Zwölf begleiteten ihn 2 und auch einige Frauen, die von bösen Geistern und von Krankheiten geheilt worden waren: Maria, genannt Magdalena, aus der sieben Dämonen ausgefahren waren, 3 Johanna, die Frau des Chuzas, eines Beamten des Herodes, Susanna und viele andere. Sie unterstützten Jesus und die Jünger mit ihrem Vermögen.

Diese Unterstützung, im Griechischen steht einfach „sie dienten", erfolgt aus dem Besitz der Frauen. Das gilt auch für Tabita, deren Kleiderspenden allerdings auf Eigenproduktion in Hand-arbeit zurückgehen und nicht einfach im riesigen Kleiderfundus bereitlagen. Almosenpraxis und gute Werke erwachsen aus Tabitas eigener Arbeit.

Als Mitglied der Jesusgemeinde in Joppe lebt Tabita zudem stabil an einem Ort und entfaltet ihr Tun. Sie gehört nicht zu den mobilen Jesusnachfolgerinnen und -nachfolgern, von denen es neben Petrus, Jakobus und Paulus noch viele andere und auch Frauen in der Apostelge-schichte gibt. Man denke nur an Priska, die die Apostelgeschichte gemeinsam mit ihrem Mann Aquila in Rom, Korinth und Ephesus verortet (Apg 18,2.18f.26). Wir wissen freilich nicht ge-nau, in welchem Umfang es diese mobilen Jesusbotinnen und -boten noch in den Tagen des Lukas gab. Seinem Ideal allerdings entsprechen wandernde Jesusbotinnen ohnehin nicht, wie ein vergleichender Blick auf das Markus- und Lukasevangelium zeigt. Einschlägig ist die lu-kanische Bearbeitung von Mk 10,29. Der markinische Text zählt katalogartig auf, was die Jesusnachfolgerinnen und -nachfolger, die wandernd mit Jesus unterwegs sind, alles verlassen haben:

> Amen, ich sage euch: Jeder, der um meinetwillen und um des Evangeliums willen Haus oder Brüder, Schwestern, Mutter, Vater, Kinder oder Äcker verlassen hat …

Im Blick ist die mittlere Generation, die noch Eltern und schon Kinder hat. Von einer Eingren-zung auf ein Geschlecht ist dabei nichts zu erkennen, sodass man Männer und Frauen ange-sprochen sehen darf. Diesen Text redigiert Lukas in Lk 18,29 in folgender Weise:

> Amen, ich sage euch: Jeder, der um des Reiches Gottes willen Haus oder Frau, Brüder, Eltern oder Kinder verlassen hat …

Noch immer ist die mittlere Generation im Blick, aber Lukas fügt gleich an zweiter Stelle gegen Markus das Verlassen der eigenen Frau ein, so dass er ausschließlich Männer im Blick hat, die wanderradikal mit Jesus unterwegs sind. **Ortsungebundene und mobile Jesusnachfolge ist bei Lukas, so scheint es, eine Sache vor allem der Männer. Das ist ein Teil seines Konzepts von ide-aler Jesusnachfolge. Die Frauen in der Jesusnachfolge bleiben indes vor Ort in Haus und lokaler Gemeinde aktiv.** Dieses letztlich strukturkonservative Ideal hat auch im lukanischen Doppel-werk Risse: Es nennt neben Priska auch an anderen Stellen Frauen, die Jesusnachfolge mobil leben, wie das etwa für die Frauen von Lk 8,1–3 erzählt wird (vgl. zudem Lk 23,49.55). Tabita indes lebt demgegenüber Jesusnachfolge in Form von Gütergemeinschaft und Almosenpraxis par excellence *vor Ort*. Lukas stilisiert sie damit gewiss auch zu einer Art *role model* für Frauen in seiner Gemeinde: „Mach's wie Tabita!", ist das Motto.

Almosen zu geben und gute Taten zu praktizieren sind im Sinne des Ideals der Gütergemeinschaft und der Armenfürsorge dabei natürlich nicht nur Forderungen, die sich allein an weibliche Gemeindemitglieder wenden. Die Frauen und Männer der Gemeinde sind unterschiedslos zur Armenfürsorge aufgefordert, wie die Gütergemeinschaftstexte der Apostelgeschichte oder auch die Erzählung von Apg 6,1–7 zeigen. Diese Fürsorge, auch das zeigt unsere Erzählung, kann durchaus kreative Formen annehmen. Tabita nutzt ihren Besitz und vor allem die Fähigkeit ihrer Hände zur Herstellung von Kleidung. Und wer in der lukanischen Gemeinde zwar nicht über großen Besitz, aber über andere Kompetenzen, Charismen und Fähigkeiten verfügt, kann diese kreativ zum Nutzen anderer einsetzen. Gerade dies macht das kleine Erzähldetail von V. 39 deutlich, das darauf abhebt, dass die Kleider von Tabita hergestellt worden sind. Die Caritas der Gemeinde kennt dabei im Übrigen keine religiösen Grenzen, wie die summierende Einführung „aller Witwen" in V. 39 in Kombination mit der Nennung der Witwen neben den Gemeindemitgliedern in V. 41 zeigt. Die Jesusbewegung strahlt durch Menschen wie Tabita über die Gemeindegrenze hinaus. Sie wirkt zu beiderseitigem Nutzen in die Stadtöffentlichkeit hinein.

Schließlich: **Wer wie Tabita alleinstehend ist, soll in der Gemeinde ein tragendes Familiennetz finden, das Witwen zu ihrem Recht kommen lässt und Singles wie Tabita so integriert, dass sie vom Netz der Gemeinde getragen werden und eine menschliche Heimat finden**, in der ihnen dann auch die letzten Dienste erwiesen werden, die in den Tagen des Petrus wie des Lukas eminent wichtig sind. Das macht das im Licht der Gattung „Totenerweckung" auffällige Fehlen von Familienangehörigen sehr deutlich. An die Stelle der leiblichen Familie tritt im Falle der Tabita die Gemeindefamilie. Jesusanhängerinnen und -anhänger bedürfen insofern keines Begräbnisvereins, in dessen Kasse sie einzahlen. Die Gemeinde erweist ihnen die letzten Dienste, die sich im Falle der Tabita als wundersam verfrüht erweisen.

4.2 Der Text heute – Themen und Bausteine

Kerstin Offermann

Lukas erzählt eine emotionale Geschichte, die für uns aber auch herausfordernd ist. Die in diesem Text geschilderten Erfahrungen teilen wir nur sehr begrenzt. Vermutlich war das in der Gemeinde von Lukas auch nicht anders: Totenauferweckungen gehörten auch damals nicht zum Alltagsgeschäft einer Gemeinde. Erzählt Lukas die Geschichte also, um zu zeigen, wie besonders Petrus (und Paulus) waren? Dann könnte sie vor allem den schalen Nachgeschmack des Verlustes hinterlassen: Sowas gibt es heute nicht mehr! Oder vermittelt der Text auch ein Hoffnungspotenzial für uns als Gemeinde?

Ein Traum von Kirche?

Im Bibeltext wird eine eigenständige Gemeinde geschildert, in der Petrus als charismatische Persönlichkeit auftritt. Damit ist ein Spannungsverhältnis beschrieben, das sich durch die gesamte Apostelgeschichte zieht. Petrus kommt einerseits eine Schlüsselrolle zu: Seine Aufgabe ist es, die Gemeinden zu stärken. Seine Autorität ist wichtig für Identitätsfindung und Häresie-Bekämpfung. Solche Identifikationspersonen gibt es auch heute noch – an dieser Stelle fällt vor allem der Papst als mediale und auch individuelle Identifikationsfigur für den christlichen Glauben ein. Die letzte Kirchen-Mitgliedsschafts-Untersuchung (KMU 5) der EKD hat gezeigt, wie wichtig die Pfarrperson für die Gemeindeglieder ist. In ihrer Person repräsentiert sie für viele die Kirche als Ganze.

Andererseits begegnet in der Geschichte aber auch eine eigenständige und starke Gemeinde, die sich bisher gut unabhängig organisiert hat. Lydda gehört zu Samaria, von dessen unabhängigen Gemeinden schon in Einheit 3 die Rede war. Tabita wird als Jüngerin Jesu *(mathetria)* beschrieben – was im neutestamentlichen Befund sehr ungewöhnlich ist und vielleicht darauf zurückgeht, dass sie Jesus persönlich gekannt hat und schon vor der Auferstehung zum Jünger*innenkreis gehörte.

Wie in Text 3 gibt hier also wieder ein Zusammenspiel, oder auch eine Spannung, zwischen „Ortsgemeinde" und „Zentralgemeinde"; ein Ringen darum, wie viel Unabhängigkeit und Selbständigkeit, wie viel eigenständige Entwicklung gut und möglich sind. Braucht es die eine, alle einende Identifikationsfigur – abgesehen von Jesus natürlich?

Das Auftreten von Petrus führt jedenfalls zu einem Gemeindewachstum, das es vorher so noch nicht gegeben hatte. „Viele kamen zum Glauben" – das ist heute oftmals nicht mehr unsere Erfahrung. Aber wenn man die weltweite Perspektive des Christentums betrachtet, gibt es diese Erfahrung durchaus immer noch. Wenn es zu einem solch nennenswertem Gemeindewachstum kommt, hängt das oft an einzelnen, charismatischen Personen.

Die Gemeinde in Lydda wird zwischen den Zeilen als sehr sympathisch beschrieben: Sie kümmern sich umeinander und vor allem um die, die sonst übersehen würden und ohne Ansehen dastünden. Wie selbstverständlich integrieren sie eine alleinstehende Frau in ihre Reihen. Sie entscheiden und handeln im Team, indem sie gemeinsam Petrus um Hilfe bitten, und kümmern sich liebevoll um die Verstorbene.

 Im Downloadmaterial finden Sie ein Leporello, auf dem die TN für jede Einheit ihren Traum von Kirche notieren können. Bitten Sie die TN, sich in Murmelgruppen darüber zu unterhalten, welchen Eindruck sie von der Gemeinde in Lydda haben. Wären sie gerne Mitglied dieser Gemeinde? Was sind die attraktiven Eigenschaften, die sie entdecken? Die TN können anschließend ihre Entdeckungen in das Leporello eintragen.

Die Art, wie die Gemeinde in Lydda sich darstellt, berührt auch Aspekte unserer kirchlichen Erfahrungswelt: **Beerdigungen gehören zu den wichtigsten Handlungen und Diensten einer Kirchengemeinde.**

Bitten Sie die TN, von Beerdigungen zu erzählen, die für sie wichtig und bewegend waren. Wie sind die regionalen Traditionen vor der Beerdigung? Haben sie auch da gute (oder negative) Erfahrungen gemacht? Was hat Ihnen geholfen, von einem geliebten Menschen gut Abschied zu nehmen? Was hat ihnen dabei gefehlt?

Tabita lebt offensichtlich als alleinstehende, selbständige und berufstätige Frau. Sie wird als solche weder als defizitär geschildert noch als einsam. Im Gegenteil: Sie lebt selbstwirksam und selbstbewusst. Die Gemeinde ist ein Sozialraum, in dem sie sich einbringt und in dem sie aufgefangen wird. Die Fürsorge für Verstorbene ist eigentlich eine familiäre Aufgabe, die hier von der Gemeinde übernommen wird. Die Gemeinde tritt für sie ein, schickt nach Petrus, sie ist eine „familia dei". Tabita ist in der Gemeinde wie in einer Familie zuhause.
Hier findet sich ein wichtiges gegenwärtiges Thema: Wie können unsere Gemeinden zur Heimat für Menschen werden, die einsam sind? Auch heute erleben Menschen, dass sie von Menschen aus der Gemeinde aufgefangen werden. Auch heute noch wirkt das auf Menschen anziehend. Gemeinden können zur Heimat für Menschen werden.

 Single-Haushalte nehmen in Deutschland immer mehr zu. In unseren Gemeindeangeboten finden sie sich jedoch oft nicht wieder. Aber natürlich gehören Singles trotzdem zu unseren Gemeinden. Sie beteiligen sich in Chören, im Gottesdienst, in Gesprächskreisen, im Ehrenamt, in sozial-karitativen Angeboten, in den Presbyterien. In der Link-Liste finden sie einige YouTube Clips, die sich mit diesem Thema beschäftigen. Es geht um Singles in der Gesellschaft und um Singles in der Kirche. Vielleicht könnten diese Clips zu einem Gespräch darüber führen, wie sich eine Gemeinde verändern könnte, wenn sie explizit die Perspektive der Singles mitdenken würde.

Frauen waren selbstverständlich präsent in den ersten christlichen Gemeinden so wie sie es auch heute sind. Was nicht ungewöhnlich ist, wie Virgina Burrus hervorhebt: "It reflects the historical realities of ancient Mediterranean society, in which the privilege of social class and economic power frequently outweigh the hierarchy of gender" ("The Gospel of Luke and the Acts of the Apostles" in *A Postcolonial Commentary on the New Testament Writings*) – die soziale Stellung und das ökonomische Potenzial waren im Römischen Reich wichtiger als das Geschlecht. Vor allem vermögende Frauen spielten eine wichtige Rolle in der Gesellschaft und auch in den christlichen Gemeinden. Jedoch reden Frauen im lukanischen Doppelwerk nicht. Nie. Sie bleiben schweigend vor Ort und sind in der lokalen Gemeinde aktiv (s. Exegese auf S. XX).
Es ist schier unglaublich, dass die gleichberechtigte Beteiligung von Frauen in allen Bereichen des christlichen Lebens immer noch nicht selbstverständlich ist! Die Maria 2.0.-Bewegung ist ein wunderschönes Beispiel dafür, wie Frauen ihre Kirche verändern (vgl. YouTube Clips auf der Link-Liste im Downloadmaterial). Von Caroline Kebekus gibt es dazu ein geniales, engagiert katholisches Lied: Carolin Kebekus feat. Gott - Im Namen der Mutter, zu finden auf der Link-Liste im Downloadmaterial.
Tabita wird in ihrer Fürsorge als gutes Beispiel einer Jüngerin und als wahre Nachfolgerin Jesu beschrieben. Sie verleiht mit den von ihr genähten Kleidern den Witwen Würde und Schutz, so wie Gott selbst das im Paradies getan hat. **Tabea macht erfahrbar, dass Gott Interesse an der Würde der Witwen hat.** Für diese Witwen tut Gott ein Wunder. Tabita ist auch ein Vorbild des Umgangs mit Besitz und Reichtum, wie Lukas es immer wieder eindringlich fordert. Sich

gegenseitig zu stärken, zu unterstützen, und wertzuschätzen ist eine unverzichtbare Wesens-äußerung christlicher Gemeinde. Mit diesem Aspekt beschäftigt sich auch die Bibelarbeit zum 4. Text.

Wirken des Geistes

Die offensichtlichste Wirkung des Geistes Gottes ist in diesem Text die Auferweckung von Tabita. Solche Wundertaten sind Zeichen der Heilszeit und der Gegenwart Gottes, sodass Wort und Taten der Apostel einander entsprechen und beglaubigen und die Wundertäter als Nachfolger Jesu Christi auszeichnen. Im Vordergrund steht dabei allerdings das Gebet zu Gott und nicht der Heiler selbst.

Das Sterben von Tabita ist eine fundamentale Krisenerfahrung der Gemeinde in Lydda. Tabita hat vorbildlich gehandelt und jetzt stirbt diese Frau, die vorbildlich gelebt hat. Die Erfahrung der Gegenwart Gottes und die Realisierung des Reiches Gottes bekommen Risse. Die Gemeindeerfahrung ist keine „Hochglanz-Situation" mehr, sondern schon deutlich alltäglicher, näher an der Erfahrung der Leser*innen von Lukas damals und heute.

Was macht es mit einer Gemeinde, wenn eine wichtige Person aus ihrer Mitte nicht geheilt wird? War dann der Glaube an den Gott, der heilt und alles wieder ins Lot bringt, wenn die Gemeinde ihn darum anfleht, ein Irrtum? Wie passen die Bilder von Krieg und Leiden zur Hoffnung, dass sich Gottes Reich unter uns ausbreitet? Sicherlich wird Petrus ja auch damals nicht für jedes Gemeindemitglied um Heilung gebeten haben, nicht jedem Toten durch sein Gebet zur Auferweckung verholfen haben. Und die Römische Besatzung war immer noch bedrückende Wirklichkeit.

Lukas möchte mit dieser Geschichte vor Augen führen, dass in den Widerständen des Alltags, gegen den Augenschein, Gottes Leben stärker ist und sich Gerechtigkeit und Frieden unaufhaltsam ausbreiten – oft unsichtbar und verborgen, aber darum nicht weniger unaufhaltsam. Tröstet das Menschen, die trotz ihres Glaubens und trotz ihrer Gebete keine Heilung erfahren? Hilft die Auferstehungshoffnung gegen die Kriegsbilder und die Todesangst? Im Text ist immer wieder vom Stehen und Aufstehen die Rede. Das ist zunächst wörtlich gemeint, aber die Häufigkeit deutet darauf, dass es auch im übertragenen Sinne ein Hinweis auf eine Auferstehungserfahrung im Alltag zu deuten.

Lied: Manchmal feiern wir mitten am Tag ein Fest der Auferstehung, (GL 472) (vgl. Link-Liste)

 Was sind für die TN Auferstehungserfahrungen im Alltag? Erfahren sie, dass ihr Glaube tragfähig ist, trotz den Widerständen des Lebens? Erleben sie sich in den Widerständen durch ihren Glauben getragen und getröstet?

In der Situations-Schilderung des Bibeltextes wird berichtet, dass Petrus alleine mit der Verstorbenen in einem Raum ist. Angesichts der me-too-Debatte und den Missbrauchsfällen im kirchlichen Kontext ist diese Schilderung schwierig. Zumal diese Geschichte auch oft zu einem Vorbild für eine gelungene seelsorgerliche Situation stilisiert worden ist. Das ist äußerst problematisch und sollte thematisiert werden. Zum Glück wird zumindest nicht berichtet, dass sich Petrus, wie Elisha im alttestamentlichen Paralleltext, auf die Zielperson der Heilung gelegt hat. Vielleicht ist sich Petrus der heiklen Lage auch bewusst gewesen, da er hinterher nicht bei Tabita bleibt, sondern im Haus des Simon wohnt. Aber wenn man Petrus schon zum Vorbild nehmen will, muss doch kritisch angemerkt werden, dass er sich unnötig einem Verdacht zu übergriffigem Handeln aussetzt, wenn er mit einer wehrlosen Person alleine in einem Raum ist. Die Sensibilität dafür ist zum Glück mittlerweile gewachsen, auch wenn sie leider noch nicht bei allen handelnden Personen – gerade bei einflussreichen, charismatischen Gemeindeleitern – angekommen zu sein scheint.

4.3 Vorschlag für eine Bibelarbeit

Katharina Wiefel-Jenner

Vorbereitung

Inhaltlicher Schwerpunkt

Die Geschichte von der Auferweckung der Tabita zeigt im Leben der Gemeinde Jesu Christi ein weiteres Mal Gottes Wesen und Liebe zu den Schwachen, die zuvor schon durch die Propheten und durch Jesus sichtbar geworden sind. Die Liebe zu den Witwen und Waisen, die Gott bereits im Alten Testament fordert, ist auch der Gemeinde Jesu Christi aufgetragen. So setzt sich fort, was Gott zuvor in Israel und durch Jesus getan hat. Petrus holt Tabita aus dem Tod zurück in das Leben und sichert somit den Fortbestand der Fürsorge für die Witwen der Gemeinde. Tabitas Unterstützung für die Witwen macht Gottes Fürsorge und Gottes Liebe zu den Witwen konkret sichtbar. Sie näht den Witwen Kleider. Sie bewahrt so die schutzlosen Frauen vor dem Elend. Mit den Kleidern für die Witwen sorgt Tabita für die Würde der Witwen. Die Frauen können sich dank der Kleider von Tabita in der Öffentlichkeit bewegen. Das Wunder der Auferweckung gibt so nicht nur Tabita das Leben zurück, sondern rettet auch die Witwen vor dem sozialen Tod. Mit der Auferweckung Tabitas wird Gottes Wesen erkennbar, dadurch dass die Gemeinde Jesu Christi die Armen in ihrer Würde schützt. Die Gemeinde wirkt so attraktiv. Sie wächst. Ausgangspunkt für das Wachstum der Gemeinde ist aber, dass sich Gottes Wesen in der Gemeinde zeigt und die Gemeinde mit ihrem Tun Gottes Wirken sichtbar macht.

Der Ablauf eignet sich sowohl für ein Treffen in Präsenz als auch im digitalen Raum.

Zur Gestaltung des Abends

Liturgische Eröffnung

Wechselgesang
Psalm 146 im Wechsel (z.B. EG 757 o. GL 77)

Auf den Text zugehen (ca. 15 Min.)

Viele Gemeinden sammeln alte Kleidung. Frauen kümmern sich um Kleiderkammern für Bedürftige. Für die Flüchtlinge der letzten großen Flüchtlingsströme wurden Kleiderspenden organisiert oder Kleiderausgabestellen eingerichtet. Einrichtungen der Diakonie oder der Caritas sammeln regelmäßig alte Kleidung, um sie kostengünstig oder umsonst an Arme weiterzugeben. Im vorigen Jahrhundert trafen sich Frauen in den Gemeinden, um Kleidung für Arme (z.B. für ein Waisenhaus) zu reparieren. Sog. „Frauenhilfsgruppen" hatten es sich über Jahrzehnte zur Aufgabe gemacht, sich auf diese Weise zu engagieren und Bedürftigen zu helfen.

Die TN tauschen sich über ihre eigenen Erfahrungen mit Kleiderkammern oder vergleichbaren Hilfsangeboten der Gemeinde für Bedürftige aus:

→ als Beteiligte, Ehrenamtliche, Organisatoren *oder*

→ als Empfängerinnen, die in schwieriger Zeit unterstützt wurden.

Dabei soll zur Sprache kommen:

→ Welche Motive ausschlaggebend für das Engagement in der Kleiderkammer oder vergleichbaren Hilfeleistung waren *oder*

→ von welchem Gefühl die Inanspruchnahme der Hilfe begleitet war.

Ziel des Austauschs soll es sein, festzustellen, welche Haltung bei den Helfenden angemessen ist, damit die Würde derer gewahrt ist, denen die Hilfe gilt.

Dem Text begegnen (ca. 30 Min.)

Textlesung und Austausch

Die TN lesen zunächst den Text – Vers für Vers. Die TN haben anschließend die Gelegenheit für Nachfragen

Alternativ: Der Text wird ein zweites Mal versweise vorgelesen und die Leitung gibt jeweils Hintergrundinformationen zu den Versen (s. dazu die **Texthinweise im TNH**)

Die TN bilden mehrere Murmelgruppen zu zweit oder dritt (bei Online-Formaten in virtuellen Einzelräumen) (7 min).

1. Die erste Gruppe überlegt, was den Witwen an Tabita so wichtig ist. Sie trauern, weil …. (Tabita viel Gutes getan hat, … weil sie eine vorbildliche Christin war …)
2. Die zweite Gruppe überlegt die Gründe des Petrus, warum er Tabita auferwecken muss.
3. Die dritte Gruppe überlegt, was die Auferweckung der Tabita von Gott zeigt.

Nach der Rückkehr aus den Kleingruppen nennt jede TN zwei Worte:

→ Ein Wort, das Gottes Handeln für die Witwen in Joppe beschreibt.

→ Ein Wort für Gottes Handeln in der Gemeinde.

Interessant ist an der Erzählung, dass niemand Petrus gebeten hat, Tabita wieder lebendig zu machen, auch die Witwen nicht. Erst im Nachhinein – beim „zweiten" Lesen wird die stille Hoffnung deutlich, warum Petrus überhaupt geholt wurde.

Alternative

Anhand der Beobachtung der Aussagen zum „Sehen" den Duktus der Geschichte erkennen: (Impulse im TNH)

→ Markieren Sie alle Bemerkungen über das, was von jemand „gesehen" oder erkannt wird. Wer zeigt wem etwas?

→ Hätten wir in V. 39 evtl. etwas anderes erwartet? Was bedeutet diese Demonstration?

→ Warum werden hier die Witwen so hervorgehoben? Sie gehören ja auch zu den „Heiligen".

→ Welche Folgen hat das Handeln des Petrus? Welche Auswirkung betont Lukas insbesondere?

Liedstrophe singen

„Lob den Herrn, der deinen Stand sichtbar gesegnet" (EG 317,4 / GL 392,4)

Mit dem Text weitergehen (ca. 15 Min.)

Gespräch

Die Gemeinde in Joppe wächst. Der Abschnitt berichtet von einem Ablauf:

1. Es gibt ein funktionierendes Unterstützungssystem für die Witwen.
2. Das System gerät durch den Tod Tabitas in Gefahr.
3. Petrus (ein erfahrener Verkündiger und Gemeindeorganisator) wird gerufen.
4. Die schwierige Lage wird deutlich gezeigt (Tränen der Witwen).
5. Petrus betet. Tabita lebt wieder und wird der Gemeinde gezeigt – das Gebet wirkt. Eine neu zum Leben gekommene Tabita tritt in der Gemeinde auf.
6. Petrus bleibt zunächst in der Nähe.

Ist dieser Ablauf in Krisensituationen auf die eigene Gemeinde übertragbar? Wer hätte welche Rolle und wer könnte was tun?

Abschlussrunde

Jede TN lädt mit einem Satz Gemeindeglieder aus Joppe in die eigene Gemeinde ein.
Ich lade – entweder Petrus, Tabita, die Witwen, Simon den Gerber – ein, weil ...

Liturgischer Abschluss

Lied
„Ich lobe meinen Gott von ganzem Herzen" (EG 272 / GL 400)

Segensgebet

> *Gott, du bist barmherzig und liebst die Armen.*
> *Segne die, die auf Hilfe angewiesen sind, durch deine Liebe.*
> *Mach deine Gemeinde zu einem Raum der Barmherzigkeit.*
> *Segne uns und alle, die sich nach Barmherzigkeit und Liebe sehnen.*
> *Dich loben wir heute und alle Tage. Amen.*

4.4 Bildbetrachtung

Johannes Beer

Annette Weber-Vinkeloe: Apostelgeschichte 9, 2022, Mischtechnik auf Papier, 100 x 96 cm

Das Rechteck der Bildfläche ist von blauen Farbtönen gefüllt. Nur durch die dunkleren Ecken unten entsteht der Eindruck, dass dieses Blau eine runde Form haben könnte, die weit über den Bildrand hinausgeht. Die Fläche erinnert mit ihren hellen Einsprengseln und gelbgoldfarbenen Wolken an Aufnahmen aus dem Weltall. In diesem Raum ist so gar nichts Statisches. Alles scheint in Bewegung zu sein. Unregelmäßige helle Linien und wenige dunklere, die aus dem Zentrum kommen und vor allem nach oben und rechts oben weisen, verstärken diesen Eindruck der Bewegung.

In der Mitte des Bildes sehen wir zwei Quadrate. Das erste hebt sich durch einen dunkleren Blauton von dem ihn umgebenden Raum ab. Auch in ihm finden sich hellere Einsprengsel und die Linien gehen über die Grenze des Quadrates hinaus in den helleren Raum. Um dies Quadrat herum finden sich mehrere Goldapplikationen. In seiner Mitte wiederum sehen wir ein noch dunkleres Quadrat. Es ist aus Sackleinen gestaltet und auf das Bild aufgebracht. Die dunklen Blautöne gehen an einigen Stellen fast ins Schwarze. Nur wenige hellere Bereiche sind zu erkennen.

Für mich steht der rechteckige Bildraum dieser Arbeit zugleich für die christliche Gemeinde in Joppe und für das Haus der Tabita, die viele gute Werke in der Gemeinde getan hat. Beides ist von der himmlischen Farbe Blau erfüllt, da beide Räume durch den Glauben an Gott auf ihn ausgerichtet sind. In beiden Räumen pulsiert das christliche Gemeindeleben. Das innere Quadrat symbolisiert für mich dann das Leben der Tabita. Sie ist Teil der Gemeinde und der Glaubensgemeinschaft. Aber sie ist zugleich eine besondere Frau, so ist ihr Blau etwas intensiver. Die Linien, die in diesem Quadrat beginnen und von ihm ausgehen, können für das Wirken Tabitas in der Gemeinde stehen.

Das innerste Quadrat aus dem dunklen Sackleinen steht für mich auch für die Röcke und Kleider, die Tabita gemacht hat, aber vor allem für ihre Krankheit und ihren Tod. Es erinnert mich von der Struktur her an ein Leichentuch und von der Farbigkeit her an das unausweichliche Dunkel des Todes.

In den goldenen Applikationen, die um den Lebensraum der Tabita angeordnet sind, sehe ich Symbole für die Gemeindeleitung, die Petrus geholt haben, und natürlich in erster Linie für Petrus selbst. Er ruft Tabita und auf einmal gehen die Linien des Bildes für mich nicht mehr von Tabita aus, sondern auf sie zu. Sie bekommt neue Lebenskraft von Gott geschenkt.

5 | … aus dem Gefängnis heraus …

5.1 Exegese

Markus Lau

Die Macht der Engel: Herodes, Petrus und das Fürbittgebet der Gemeinde (Apg 12,1–25)

Eine höchst eigenwillige Kombination von Wundergeschichten findet sich in Apg 12,1–24: Ein spektakuläres Befreiungswunder, eine vermeintliche Erscheinung und ein tödliches Wunder angesichts des „Königs schöner Stimme" bilden den Stoff, aus dem der Text gewoben ist. Geradezu romanhaft angelegt bietet die Erzählung eine Vielzahl von Namen und sonstigen erzählerischen Details aus dem Leben der Jerusalemer Gemeinde wie auch vom Königshof des Herodes Agrippa I.

1. Der Kontext

Nach den Ereignissen in Joppe führen die Wege des Petrus auf göttliche Intervention hin nach Caesarea. Dort lernt er angesichts des römischen Centurios und Gottesfürchtigen Kornelius, dass Gott seinen Geist auch Nichtjuden schenken kann und diese auch als Unbeschnittene durch die Taufe Teil der Jesusbewegung und damit des Judentums werden können (Apg 10,44–48), ja sogar die jüdischen Speisegebote von Gott partiell außer Kraft gesetzt werden, um Mahlgemeinschaft zwischen jüdischen und nichtjüdischen Jesusanhängerinnen und -anhängern zu ermöglichen (Apg 10,1–48). Damit ist ein zentraler Schritt in der von Lukas erzählten Geschichte des Urchristentums getan, der bereits auf intensiv auf die Erzählung in Apg 15 vorausverweist (s. S. 143–153): Nichtjuden werden Teil der Jesusbewegung und damit des jüdischen Gottesvolkes, ohne beschnitten zu sein. **Zum ersten Mal kommt es in der erzählten Welt der Apostelgeschichte zu expliziter Mahlgemeinschaft zwischen jüdischen und nichtjüdischen Jesusanhängerinnen und -anhängern.**
Dieser Neuaufbruch in unbekanntes Land findet nicht nur Anhänger. Gerade in Jerusalem, wohin sich Petrus zu einer Art Rapport in Apg 11,1–18 begibt, finden sich dezidierte Kritiker des Petrus, der sich auf das Abenteuer der Integration von Nichtjuden zu eigentlich unjüdischen Bedingungen eingelassen hat. Aus ihrer Sicht ist Petrus damit auf die schiefe Bahn geraten (Apg 11,2f.):

2 Als nun Petrus nach Jerusalem hinaufkam, hielten ihm die gläubig gewordenen Juden vor: 3 Du bist bei Unbeschnittenen eingekehrt und hast mit ihnen gegessen.

Petrus weiß sich zu rechtfertigen und hält in V. 3–17 eine lange Rede, die intensiv auf das in Apg 10 Erzählte und von Petrus Erlebte zurückblickt und Zeugnis gibt, dass Gott selbst es war, der die Grenze zwischen Juden und Nichtjuden durch die geschenkhafte Sendung seines Geistes auch an Nichtjuden eingerissen hat. Alle Anwesenden scheinen mit der Argumentation des Petrus zufrieden (V. 18), sodass die Jerusalemer der neuen Situation ihre Zustimmung geben – augenscheinlich auch die Kritiker des Petrus aus V. 2f. Die Wogen glätten sich also, was sich, wie Apg 15 zeigen wird, als trügerisch erweisen wird.

Diesen programmatischen Auftakt platziert Lukas höchst passend am Ende des zweiten Hauptabschnitts der Apostelgeschichte (Apg 8,4–11,18). Mit Apg 11,19 bricht die Jesusbewegung auf in die weite Welt, wo sie beständig nichtjüdischen Menschen begegnen wird und das Beispiel Petrus-Kornelius Schule machen wird. Die in Apg 8,1 aus Jerusalem Zerstreuten ziehen weiter und kommen nach Phönizien, Zypern und ins syrische Antiochia. Auf diese antike Großstadt und die in ihr sich bildende Jesusgemeinde ist die Erzählung in Apg 11,20–30 fokussiert. Denn in dieser Gemeinde werden erstmals im großen Stil Nichtjuden ohne Beschneidung und Einhaltung des gesamten Sets an Torageboten in die Jesusbewegung aufgenommen. **Langsam braucht diese Bewegung, die sich mehr und mehr in einigen für jüdische Identität zentralen Aspekten (Speisegebote, Beschneidung) vom nichtchristusgläubigen Judentum zu unterscheiden beginnt, einen neuen Namen.** Lukas verbindet ihn aus der Retrospektive seiner Zeit mit dem mutigen, religionssoziologische Grenzen überschreitenden Wirken der antiochenischen Gemeinde, in der Barnabas und Paulus führende Rollen spielen (Apg 11,22–26). Er formuliert am Ende von V. 26:

> *In Antiochia nannte man die Jünger zum ersten Mal Christen.*

Mit Apg 11,27–30 wird schließlich ein neuer Erzählbogen eröffnet, der Barnabas und Paulus von Antiochia nach Jerusalem führt, um eine in Antiochia gesammelte Unterstützungskollekte für die Jesusgemeinden in Judäa zu überbringen. Anlass ist eine durch den Propheten Agabus angekündigte große Hungersnot. Das Ideal der Gütergemeinschaft und der sozialen Fürsorge füreinander kann also auch gemeindeübergreifend gelebt werden. Die in größeren Teilen aus dem Nichtjudentum stammenden Brüder und Schwestern in Antiochia sammeln für die jüdischen Jesusanhängerinnen und -anhänger in Judäa, damit auch diese die kommende Hungersnot gut bestehen können. Damit verlagert sich der Fokus der Erzählung wieder nach Jerusalem, wo Apg 12,1–25 spielen, um mit Apg 13 dann wieder nach Antiochia zu wechseln. Dort nimmt dann die erste große Reise des Paulus und des Barnabas ihren Ausgang (Apg 13,1–3).

2. Der Text und seine Struktur

Unser Textabschnitt erzählt einen dicht gewobenen Handlungsstrang mit hoher Dynamik und Dramatik. Als Hauptfiguren treten immer wieder Petrus, Engel Gottes und König Herodes Agrippa I. (10 v. Chr. – 44 n. Chr.) auf. Letzterer ist ein Enkel des berühmten Herodes des Großen und regierte von 41–44 n. Chr. als vom römischen Kaiser abhängiger und insofern mit begrenzter Autonomie ausgestatteter Klientelkönig über Judäa und Samarien sowie über Ituräa, die Gaulanitis und die Trachonitis (s. die Karte im **Downloadbereich**). Der Text lässt sich in zwei große Hauptabschnitte einteilen (4–19a.19b–23), die von einer Einleitung (V. 1–3) und einem knappen Schluss, der aus Wachstumsnotiz und Überleitung besteht (V. 24f.), gerahmt werden.

Die Einleitung nennt mit König Herodes und Petrus die Hauptfiguren und beginnt mit einem politischen, sich der königlichen Willkür verdankenden Mord am Zebedaiden Jakobus sowie Repressalien gegen die Jesusgemeinde in Jerusalem. Sie gehen auf das Wirken des Herodes Agrippa zurück. Diese königlichen Maßnahmen sollen in der erzählten Welt helfen, die Gunst des Königs bei der Jerusalemer Bevölkerung zu sichern – und erreichen ihr Ziel. Um seine Beliebtheit weiter zu steigern, entscheidet Agrippa, auch Petrus verhaften und ins Gefängnis sperren zu lassen, um ihm öffentlichkeitswirksam den Prozess zu machen. An dessen Ende soll mutmaßlich ein Todesurteil stehen. Durch die von Lukas vorgenommene Datierung in die Zeit des Pessachfestes, das Fest der Ungesäuerten Brote, stellen sich für die Leserinnen und Leser des lukanischen Doppelwerks natürlich Assoziationen zur Passion Jesu ein. Zugleich wird durch die Pessachthematik die wundersame Befreiung des Petrus in eine Linie mit dem göttlichen Befreiungshandeln an Israel in Ägypten gebracht, das an Pessach gefeiert wird (V. 1–3):

> *1 Um jene Zeit ließ der König Herodes einige aus der Gemeinde verhaften und misshandeln. 2 Jakobus, den Bruder des Johannes, ließ er mit dem Schwert hinrichten. 3 Als er sah, dass es den Juden gefiel, ließ er auch Petrus festnehmen. Das geschah in den Tagen der Ungesäuerten Brote.*

Mit Petrus im Gefängnis und in Lebensgefahr ist der Spannungsbogen eröffnet, der den ganzen ersten Hauptabschnitt bestimmt und am Ende einer für Petrus glücklichen Lösung zugeführt wird (V. 4–19a). Diese lange Teilszene lässt sich in mehrere Sequenzen untergliedern. V. 4f. dienen als Exposition und beschreiben die Situation des Petrus, der in sicherer Haft verwahrt wird, während die Gemeinde von außen für ihn betet:

> *4 Er nahm ihn also fest und warf ihn ins Gefängnis. Die Bewachung übertrug er vier Abteilungen von je vier Soldaten. Er beabsichtigte, ihn nach dem Paschafest dem Volk vorführen zu lassen. 5 Petrus wurde also im Gefängnis bewacht. Die Gemeinde aber betete inständig für ihn zu Gott.*

Lukas erzählt, dass Petrus einige Tage im Gefängnis sitzt, und steigert auf diese Weise die Spannung. Denn der öffentliche Prozess gegen Petrus steht nach der in V. 6 begonnenen Nacht unmittelbar bevor. Es steht also Spitz auf Knopf. Da öffnen sich mitten in der Nacht wundersam die Fesseln des Petrus und das eiserne Gefängnistor. Petrus verlässt in Ruhe und ohne Eile in Begleitung eines Engels das Gefängnis. Von diesem Befreiungswunder ist in V. 6–10 die Rede:

> *6 In der Nacht, ehe Herodes ihn vorführen lassen wollte, schlief Petrus, mit zwei Ketten gefesselt, zwischen zwei Soldaten; vor der Tür aber bewachten Posten den Kerker. 7 Und siehe, ein Engel des Herrn trat hinzu und ein Licht strahlte in dem Raum. Er stieß Petrus in die Seite, weckte ihn und sagte: Schnell, steh auf! Da fielen die Ketten von seinen Händen. 8 Der Engel aber sagte zu ihm: Gürte dich und zieh deine Sandalen an! Er tat es. Und der Engel sagte zu ihm: Wirf deinen Mantel um und folge mir! 9 Und Petrus ging hinaus und folgte ihm, ohne zu wissen, dass es Wirklichkeit war, was durch den Engel geschah; es kam ihm vor, als habe er eine Vision. 10 Sie gingen an der ersten und an der zweiten Wache vorbei und kamen an das eiserne Tor, das in die Stadt führt; es öffnete sich ihnen von selbst. Sie traten hinaus und gingen eine Gasse weit; und sogleich verließ ihn der Engel.*

Wie in Trance hat Petrus in der lukanischen Erzählung das Gefängnis verlassen und steht nun allein in Jerusalem. Und erst jetzt begreift er und dringt sofort zu einer theologischen Deutung des Geschehens durch (V. 11):

11 Da kam Petrus zu sich und sagte: Nun weiß ich wahrhaftig, dass der Herr seinen Engel gesandt und mich der Hand des Herodes entrissen hat und alldem, was das Volk der Juden erwartet hat.

Petrus sucht sodann eine Jerusalemer Hausgemeinde der Jesusbewegung auf: das Haus einer Frau namens Maria, in das er allerdings nur mit einiger Mühe Einlass erhält, wähnt man ihn doch im Gefängnis (V. 12–17):

12 Als er sich darüber klar geworden war, ging er zum Haus der Maria, der Mutter des Johannes, mit dem Beinamen Markus, wo nicht wenige versammelt waren und beteten. 13 Als er am Außentor klopfte, kam eine Magd namens Rhode, um zu hören, wer es sei. 14 Sie erkannte die Stimme des Petrus, doch vor Freude machte sie das Tor nicht auf, sondern lief hinein und berichtete: Petrus steht vor dem Tor. 15 Da sagten sie zu ihr: Du bist nicht bei Sinnen. Doch sie bestand darauf, es sei so. Da sagten sie: Es ist sein Engel. 16 Petrus aber klopfte noch immer. Als sie öffneten und ihn sahen, waren sie fassungslos. 17 Er gab ihnen mit der Hand ein Zeichen zu schweigen und erzählte ihnen, wie der Herr ihn aus dem Gefängnis herausgeführt hatte. Er sagte: Berichtet das dem Jakobus und den Brüdern! Dann verließ er sie und ging an einen anderen Ort.

Damit ist die Gefahr für Petrus gebannt, den Lukas an einen unbekannten Ort verschwinden lässt. Die Erzählung blendet dann zum Gefängnis, den Wachen und König Agrippa zurück. Die Aufregung über den spurlos verschwundenen Mann – selbst von der Kleidung fehlt jede Spur wie sich auch keine Zeichen eines gewaltsamen Ausbruchs trotz massiver Bewachung finden lassen – führt zu einem scharfen Verhör der Wachen, die Herodes Agrippa wegen Versagens abführen lässt, womit ihr Schicksal besiegelt zu sein scheint (V. 18–19a):

18 Als es Tag wurde, herrschte bei den Soldaten keine geringe Aufregung darüber, was wohl mit Petrus geschehen sei. 19a Herodes aber ließ ihn suchen, und da man ihn nicht fand, verhörte er die Wachen und befahl, sie abzuführen.

Damit ist der erste Hauptteil des Textes beendet und Petrus gerettet. Der zweite Hauptteil, deutlich kürzer als der erste, erzählt eine Begebenheit vom Königshof in Caesarea Maritima. Es ist eine der wenigen Erzähleinheiten der Apostelgeschichte, in der kein einziger Jesusanhänger auftritt. Erzählt wird das unrühmliche Ende Agrippas im Rahmen einer Audienz, der der Versuchung der Macht erliegt, sich selbst als Gott feiern zu lassen – ein Thema, das Apg 14,8–20 intensiv bestimmen wird.

19b Dann zog Herodes von Judäa nach Cäsarea hinab und blieb dort. 20 Er war über die Bewohner von Tyrus und Sidon sehr aufgebracht. Sie kamen gemeinsam zu ihm, gewannen Blastus, den Kämmerer des Königs, für sich und baten um Frieden, weil sie ihre Nahrung aus dem Land des Königs bezogen. 21 Am festgesetzten Tag nahm Herodes im Königsgewand auf der Tribüne Platz und hielt vor ihnen eine feierliche Ansprache. 22 Das Volk aber schrie: Die Stimme eines Gottes, nicht eines Menschen! 23 Im selben Augenblick schlug ihn ein Engel des Herrn, weil er nicht Gott die Ehre gegeben hatte. Und von Würmern zerfressen, starb er.

Die abschließenden zwei Verse, die recht unbekümmert an den Tod Agrippas anschließen, erzählen von der Ausbreitung des Wortes Gottes und von der Rückkehr des Duos Barnabas und Paulus nach Antiochia. Im Nachgang wird klar, dass sie es waren, die die Solidaritätskollekte der Antiochener für die Gemeinden Judäas nach Jerusalem überbracht hatten. Das Geld haben sie in Jerusalem übergeben, sie reisen aber nicht mit leeren Händen zurück. Johannes Markus, der Sohn der Maria, in deren Haus die V. 12–17 spielen, ist mit ihnen unterwegs. Er geht bei ihnen in die Lehre, um sie sodann auf der kommenden Reise zu begleiten (V. 24f.):

24 Das Wort Gottes aber wuchs und breitete sich aus. 25 Nachdem Barnabas und Saulus in Jerusalem den Dienst erfüllt hatten, kehrten sie zurück; Johannes, mit dem Beinamen Markus, nahmen sie mit.

3. Petrus im Gefängnis: Ein Befreiungswunder

Lukas erzählt von drei wundersamen Befreiungen gefangener Jesusboten: In Apg 16,24 befinden sich Paulus und Silas in Philippi in strenger Haft im Hochsicherheitstrakt des lokalen Gefängnisses und werden von dort durch ein Eingreifen Gottes wundersam befreit (Apg 16,11–40). Sie nutzen diese Freiheit indes nicht zur Flucht, sondern zur Mission im Gefängnis und verkünden den Mitgefangenen wie dem Gefängniswächter Jesus als Retter. In Apg 12 sitzt nun Petrus im Gefängnis. Er ist „Wiederholungstäter", angesichts seiner hartnäckigen Weigerungen, sich an die ihm in Jerusalem von den jüdischen Autoritäten auferlegten Predigtverbote zu halten (Apg 4,17–22; 5,40–42), ja geradezu ein Intensivtäter, der bereits einmal mit allen anderen Aposteln „im Jerusalemer Knast" saß und von dort durch einen Engel gemeinsam mit allen anderen befreit wurde (Apg 5,17–42). Nun sitzt er erneut ein. In diesem Fall auf Betreiben Agrippas. Aus der Perspektive von Apg 5,17–42 ist freilich damit zu rechnen, dass Ketten, Mauern, Tore und Wachen Petrus nicht im Gefängnis werden halten können. Und so kommt es auch.

Lukas schildert zunächst mit einiger Genauigkeit, wie sorgfältig Petrus im Gefängnis bewacht wird. Nicht weniger als 16 Soldaten, aufgeteilt in vier Abteilungen, kümmern sich um diesen Gefangenen (V. 4). Petrus befindet sich also in einer Art Militärgefängnis, denn als Wachen fungieren Soldaten und eben nicht das eigentliche Gefängnispersonal, von dem in den übrigen Befreiungswundern die Rede ist. In der Nacht ist Petrus durch zwei Ketten an den Händen gefesselt (V. 7) und liegt direkt zwischen zwei Soldaten. Vor der Tür der Zelle stehen erneut Soldaten Wache (V. 6). Orientiert man sich an den vier Einheiten zu je vier Mann, dürfte Lukas hier an zwei Wächter vor der Tür denken. V. 10 nennt sodann noch zwei weitere Gruppen von Wächtern und beschreibt den Weg vom Inneren des Gefängnisses nach Außen, der an einem eisernen Tor endet, offenkundig dem besonders gesicherten Haupttor des Gefängnisses. Dieses führt in die Freiheit.

Lukas erzählt damit eindrücklich, dass sich Petrus in ausgesprochen sicherer Haft befindet. An Flucht ist eigentlich nicht zu denken. Doch es kommt anders. In der Nacht erscheint unter Begleitung eines Lichtphänomens, das die Dunkelheit der Nacht erhellt, ein Engel, also ein mit übermenschlichen Fähigkeiten ausgestattetes Wesen, das als Agent Gottes handelt, weckt Petrus und gibt ihm im Rahmen von drei wörtlichen Reden Aufträge (V. 7f.): Er möge eilig aufstehen, sich gürten, Sandalen anziehen, den Mantel anlegen und dem Engel folgen. All das tut Petrus ohne zu zögern. Die Ketten seiner Hände fallen von selbst ab und die diversen

Türen, die ihn im Gefängnis halten sollen, öffnen sich automatisch (so der griechische Begriff in V. 10). An allen Wachen kommen die zwei unbemerkt vorbei. Draußen führt der Engel Petrus in eine Gasse und verschwindet. Damit ist das Befreiungswunder erfolgt, das Lukas unter Rückgriff auf Motive erzählt, die auch Apg 5,17–42 prägen.

Ungewöhnlich erscheint freilich die Aufforderung des Engels, Petrus möge sich vollständig anziehen und alle Kleidungsstücke mitnehmen. Man kann dieses Erzähldetail natürlich historisierend im Blick auf die erzählte Zeit lesen und bei der Datierung der Gefangenschaft des Petrus in die Zeit um das Pessachfest, das im jüdischen Frühlingsmonat Nisan gefeiert wird (meist im Zeitraum von März/April), daran denken, dass Petrus in den noch kühlen Frühlingsnächten Jerusalems nicht frieren soll. Entscheidender aber dürfte sein, dass ein vollständig bekleideter Petrus das Wunderhafte an der ganzen Erzählung noch verstärkt und zugleich auch die Pessachthematik subtil einspielt. Denn Petrus soll zwar eilig aufstehen, sich dann aber doch die Zeit nehmen, um Schuhe, Gürtel und Gewand anzulegen. **Die Flucht aus dem Gefängnis geschieht also nicht in Eile, sondern in einer Ausstattung, die ziemlich exakt an die Anweisungen für das Essen des Pessach-Lammes in Ex 12,11 erinnert**: gegürtet und mit Schuhen an den Füßen soll es gegessen werden – dies allerdings in hastiger Eile, die Petrus bei seinem „Exodus" aus dem Gefängnis gerade nicht an den Tag zu legen scheint. Sein Entweichen aus dem Gefängnis wirkt souverän. Und genau diesen Eindruck hinterlässt das im Wortsinne spurlose Verschwinden des Petrus dann auch für die Soldaten, die das leere Gefängnis entdecken und darüber in helle Aufregung geraten (V. 18). Aus ihrer Sicht hat hier nicht einfach ein Gefangener spontan eine günstige Gelegenheit zur schnellen Flucht ergriffen, bei der wohl mindestens das als Decke für die Nacht dienende mantelartige Obergewand vor Ort verblieben wäre. Wie Petrus und mit ihm all seine Besitztümer die Zelle verlassen konnten, bleibt für sie unerklärlich. Petrus vollständig bekleidet und befreit zu sehen, führt dann auch zur Fassungslosigkeit der ganzen Gemeinde im Haus der Maria (V. 16).

Das Wunderbare an der Geschichte spiegelt sich dann auch an der Petrusfigur. Denn Urheber dieses Wunders ist natürlich Gott, der durch den Engel in das Dunkel des Gefängnisses einbricht. Lukas lässt diese Erkenntnis die Petrusfigur selbst formulieren, für die er einen Erkenntnisprozess erzählt. Denn während V. 9 für Petrus notiert, dass er die Dinge, die ihm passieren, nicht als Wirklichkeit begreift und meint, eine nächtliche Traumvision zu erleben, erfasst er die Realität des ihm Geschenkten mit V. 11 und bricht zu einem Gotteslob durch. Denn Gott ist der Urheber des Befreiungshandelns, das Petrus aus den Händen des Agrippa und den Wünschen der Jerusalemer Juden entreißt. Dass dabei mit dem „Herrn" in V. 11 nicht Jesus, der in der Apostelgeschichte auch als „Herr" angesprochen werden kann (Apg 1,6), sondern Gott gemeint sein dürfte, legt vor allem V. 5 nahe. Denn die Gemeinde leistete für Petrus im Gefängnis intensiv Fürbitte bei Gott, der ihn aus dieser misslichen Situation befreien soll. Umso überraschender wirkt dann, dass sich die Gemeinde, in die Petrus mit V. 12 zurückkehrt, einen Erfolg ihres Gebets offenbar gar nicht richtig vorstellen kann. Der Befreiung des Petrus und seinem Erscheinen trauen sie jedenfalls zunächst nicht wirklich über den Weg.

4. „Bei Maria": Zu Besuch in einer Jerusalemer Hausgemeinde

Die V. 12–17 spielen in einem Haus in Jerusalem. Es wird als Besitz einer Frau mit dem jüdischen Allerweltsnamen Maria vorgestellt, die über ihren Sohn, Johannes Markus, näher identifziert wird. Sein Doppelname, dessen zweiter Bestandteil „Markus" ein römischer Name ist, legt nahe, dass die jüdische Familie der Maria in der erzählten Welt doch eine gewisse Offenheit für hellenistisch-römische Kultur hat. Sind wir im Haus einer Familie, die zur Gruppe der Hellenisten (Apg 6,1–7) gehört? Jedenfalls gehören Mutter und Sohn zur Jerusalemer Jesusgemeinde, von der ein größerer Teil im Haus der Maria versammelt ist und betet (Apg 12,12). Wir haben es also mit einer Hausgemeinde zu tun, die sich im Haus einer offensichtlich begüterten Frau versammelt, die zur Jesusgruppe gehört. **Maria entspricht damit nicht wenig dem lukanischen Ideal der der Jesusbewegung mit ihrem Besitz dienenden Frauen** (Lk 8,1–3) und erinnert, trotz einiger Unterschiede, an Tabita. Das Haus der Maria (einen Mann scheint es nicht mehr zu geben) verfügt über ein Außentor, was den Eindruck eines großen, von einem Hof gesäumten Hauses vermittelt, das durch Mauern und ein sicheres Eingangstor geschützt ist. Hier tut mindestens eine Magd Dienst: Rhode. Auch das unterstreicht den Reichtum Marias. Diese Magd wird zur Vermittlerin zwischen Petrus draußen vor dem Tor und der Gemeinde im Inneren. Denn dieses Tor öffnet sich für Petrus nun nicht mehr wundersam von selbst. Petrus muss anklopfen und sich durch Rufen identifizieren.

Rhode erkennt umgehend die Stimme des Petrus, die sie offenbar schon früher gehört hat, entweder weil sie selbst Teil der Jesusbewegung ist und Petrus von daher kennt oder weil Petrus seinerseits bereits bei Maria zu Gast war. Letzteres legt sich ohnehin auch angesichts von V. 12 nahe, macht sich Petrus doch sehr bewusst auf den Weg in ihr Haus. Aber auch, dass Rhode ihrerseits Teil der Jesusbewegung ist, ist – wie sich zeigen wird – durchaus wahrscheinlich. Zugang zur Jesusgemeinde im Haus hat sie auf jeden Fall. Und den nutzt sie. Denn Rhode öffnet nachts nicht einfach das Außentor. Sie erkennt zwar den klopfenden Petrus an seiner Stimme, lässt ihn aber, so die lukanische Erzählstimme, vor Freude vor dem Tor stehen. Die Willkommenskultur einer Jesusgemeinde würde eigentlich anderes gebieten – auch nachts (vgl. das Gleichnis vom bittenden Freund, der des Nachts anklopft und dem geöffnet wird: Lk 11,5–10). Damit die Erzählung ihre weitere Wendung nehmen kann, muss Petrus freilich vor dem Tor verbleiben. **Denn Rhode verkündet der noch immer für Petrus betenden Gemeinde, dass Petrus vor dem Tor steht. Aber die Gemeinde glaubt ihr nicht und hält sie für verrückt. Ihr ergeht es damit ähnlich wie den Frauen am Ostermorgen, die zu den Aposteln kommen und die Osterbotschaft berichten, was die Apostel als verrücktes Frauengeschwätz abtun wollen** (Lk 24,11; die Freudenreaktion der Rhode erinnert überdies an die Osterfreude in Lk 24,41). Die Reaktion der Gemeinde in Apg 12,15 wirft damit ein bezeichnendes Licht auf die Betenden, die ihrem eigenen Bittgebet und Gottes Handlungsmacht offensichtlich wenig zutrauen. Dass ihr Gebet sein Ziel erreichen könnte, ja in der erzählten Welt erreicht hat, liegt jenseits ihres Plausibilitätshorizontes. Ganz anders wirkt in diesem Punkt Rhode. Denn sie reagiert nicht mit Ablehnung und Verwirrung, sondern mit Freude auf Petrus vor dem Tor und ist überzeugt, dass er es selbst ist. Ja, mehr noch: Sie besteht trotz des Versuchs, sie als verwirrt abzustempeln, mit allem Nachdruck darauf, dass es wirklich Petrus ist. Lukanisch gesprochen ist Rhode von Freimut erfüllt (s. Apg 4,32–37). Das lässt gerade Rhode als Gläubige und als Gemeindemitglied erscheinen, das dem Bittgebet Wirkung zutraut.

Noch immer ist die Gemeinde aber nicht überzeugt, dass es sich wirklich um Petrus handelt. Und so greift die Gemeinde auf ein alternatives Deutungsmuster zurück: Es müsse sich um den Engel des Petrus handeln (V. 15). Gemeint sein könnte damit eventuell der Schutzengel des Petrus (vgl. Ps 91,11f. Tob 5,22). Von Schutzengeln nimmt man zuweilen an, dass sie das gleiche Aussehen wie ihre Schutzperson haben. Hier freilich müsste dann auch eine ähnliche

Stimme unterstellt werden, denn gesehen wurde Petrus vor dem Tor bisher von niemandem im Haus – im Übrigen ja auch nicht von Rhode, die nicht sieht und doch glaubt (vgl. Joh 20,29), dass Petrus aus Todesgefahr errettet wirklich vor dem Tor steht.

Freilich will die Gemeinde nun auf Nummer sicher gehen und macht sich als Ganze für eine Inaugenscheinnahme auf den Weg zum Tor, an das noch immer geklopft wird. Fassungslosigkeit erfasst die ganze Gemeinde, nachdem sie Petrus in Freiheit und in voller Bekleidung erblickt. **Dass Wunder möglich sind und Gebet zielführend sein kann – mit beidem hat diese Hausgemeinde offenbar nicht wirklich gerechnet.** In diese Situation der Fassungslosigkeit hinein berichtet Petrus, was ihm widerfahren ist, wie Gott ihn befreit hat und gibt den Mitgliedern der Hausgemeinde den Auftrag, dies Jakobus und den übrigen Brüdern, womit die weiteren Apostel gemeint sein dürften, zu berichten. Mit diesem Jakobus ist der Herrenbruder gemeint, denn der Tod des Zebedaiden Jakobus war ja der Auftakt unseres Textabschnittes (auffällig ist dabei im Übrigen, dass im ganzen Text von Trauer über den Tod des Jakobus nichts erzählt wird; und auch sein Platz im Zwölferkreis wird nicht wieder besetzt). Der Herrenbruder wird nun zur führenden Gestalt der Jerusalemer Gemeinde (vgl. Apg 15).

Mit diesem Auftrag verschwindet Petrus für einige Zeit von der Bühne der Erzählung. Erst ab Apg 15,7 wird wieder von ihm und seiner Beteiligung am Jerusalemer Gemeindetreffen die Rede sein. In den Fokus der Erzählung rückt zunächst das Duo Barnabas und Paulus und sodann vor allem Paulus allein. Mit diesem Abtritt des Petrus endet auch die Zeit „bei Maria". Ob die Gemeinde die Botschaft ausgerichtet hat, bleibt also unerzählt, denn Lukas blendet zu jenem Mann zurück, mit dem das ganze Unheil seinen Lauf genommen hat: Herodes Agrippa I.

5. Die Stimme des Kaisers, Menschen als Götter und der Tod des Agrippa

Das Verschwinden des Petrus bleibt nicht unbemerkt, womit zugleich das Wunder erneut demonstriert wird. Herodes Agrippa lässt ihn suchen, findet ihn freilich nicht, weil Petrus an einen für alle – auch für die Leserinnen und Leser der Apostelgeschichte – unbekannten Ort verschwunden ist (V. 17). Mit einem göttlichen Befreiungswunder rechnet Agrippa natürlich nicht und so lässt er die Soldaten verhören. Aus der Sicht Agrippas haben sie versagt, sind vielleicht eingeschlafen, waren nachlässig oder haben sich gar an der Befreiung des Gefangenen beteiligt. Jedenfalls lässt er sie nach dem Verhör abführen, was für die 16 keine gute Zukunft verspricht, ist doch an ihre Hinrichtung zu denken, was zur lukanischen Charakterzeichnung des Willkürherrschers Agrippa durchaus passt. In dieser ohnehin schlechten Stimmung begibt sich Agrippa, der zum Pessachfest in Jerusalem weilte, aus der Region Judäa zurück in seine Residenz nach Caesarea Maritima.

Angekommen steigert sich die Wut des Königs angesichts eines nicht näher spezifizierten Konflikts mit den Bewohnern der außerhalb seines Reiches liegenden Städte Tyrus und Sidon – beide Teile des römischen Reiches, beide als Handelsstädte vor allem ökonomisch potent und beide sich eigentlich in herzlicher Abneigung zugetan, weil sie in einem beständigen Konkurrenzverhältnis als Nachbarn stehen. Beide Städte verfügen zudem nicht über ausreichend Ackerland, um ihre Bevölkerung mit Nahrungsmitteln zu versorgen. Dafür sind sie auf Importe vor allem aus Galiläa angewiesen (vgl. 1 Kön 5,25; Ez 27,17). Das aber ist zum Teil „Land des Königs", wie V. 20 notiert. Ob der Konflikt, der Agrippa in Rage bringt, mit dem Verkauf von Getreide nach Tyrus und Sidon zusammenhängt, wissen wir nicht. Möglich freilich wäre dies, denn die beiden Handelsstädte scheinen zuweilen angesichts ihrer wirtschaftlichen Macht die Einkaufspreise diktiert zu haben, was immer wieder zu Konflikten zwischen der galiläischen Landbevölkerung und den Menschen aus Tyrus und Sidon geführt hat: Der von Jesus in Tyrus formulierte Vorwurf, es sei nicht recht, den jüdischen Kindern das Brot wegzunehmen und den tyrischen Hündchen vorzuwerfen, hat hier vermutlich einen Sitz im Leben (vgl. Mk 7,24–30). Jedenfalls scheint der König in diesem Fall in einer besseren Position zu sein, weil er die Lebensmittellieferungen unterbinden kann. Und so wird eine Abordnung aus beiden Städten gemeinschaftlich bei ihm vorstellig, um um Frieden zu bitten. Die Gegnerschaft des Agrippa schweißt also die Konkurrenten Tyrus und Sidon zusammen. Den Verwaltungschef des Königs, Blastus, können sie als eine Art Anwalt ihrer Partei durch Überredungskunst für ihre Zwecke einspannen (die Einheitsübersetzung verdeckt das durch die Übersetzung mit „für sich gewinnen" etwas).

> **Dieses kleine Erzähldetail**, das an Bestechung denken lässt, ist zum einen ein Indiz, dass der Konflikt zwischen Agrippa und der jeweiligen Stadtbevölkerung eine ökonomische Basis hat. Und zum anderen zeigt sich, dass Agrippa augenscheinlich nicht wirklich Herr im eigenen Königspalast ist, lässt sich doch sein wichtigster Finanzbeamter durch Gegner des Königs für deren Zwecke einspannen.

Offenbar durch die Vermittlung des Blastus lässt sich Herodes Agrippa auf die Beilegung des Konflikts und die von seinen Gegnern vorgetragene Bitte um Frieden ein.

Diesen Friedensschluss und damit die partielle Unterwerfung der Bevölkerung von Tyrus und Sidon unter die Dominanz des Agrippa will dieser nun rituell inszenieren und damit öffentlich sichtbar feiern, wie das an antiken Königshöfen ganz typisch ist. Mit solchen Ritualen zeigen und erweisen sich Könige als machtvoll. Und so will Agrippa eine Art öffentliche Audienz halten. Dazu wird ein Tag festgelegt (V. 21) und öffentlich kommuniziert, um Öffentlichkeit herzustellen (V. 22). Solche auf Breitenwirkung angelegten Herrschaftsrituale funktionieren eben nur, wenn sie auch wahrgenommen werden. König Agrippa legt für dieses Audienzritual, in dem die Tyrer und Sidonier öffentlich um Frieden bieten werden, ein königliches Gewand an und begibt sich an einen öffentlichen Platz. Dort sitzt er auf einer „Tribüne", wie die Einheitsübersetzung es formuliert. Die Lutherübersetzung lässt ihn auf einem „Thron" Platz nehmen. Andere Übersetzungen (wie die des Münchener Neuen Testaments) sprechen von einem „Richterstuhl". Alle drei Varianten fangen durchaus Richtiges ein: Die Tribüne macht die Öffentlichkeit deutlich, der Thron ruft den Aspekt der königlichen Herrschaft auf, der Richterstuhl zeigt, dass Agrippa in der Audienz eine Entscheidung fällen wird, wenn er die Bedingungen für Frieden diktiert und das Friedensangebot annimmt. Und so ergreift Agrippa das Wort und hält im Sitzen seine Eröffnungsansprache.

Was Agrippa konkret sagt, ist für Lukas ohne Relevanz. Allein das „Wie" und die sofortige Reaktion der Anwesenden sind entscheidend. Denn die Stimme des Agrippa erweckt den Eindruck, Stimme eines (nicht: des!) Gottes und nicht die eines Menschen zu sein. Diese Schmeichelei brüllt das Auditorium dem König in der von Lukas erzählten Welt sofort entgegen. Zu diesem Auditorium gehören nicht nur die Menschen aus Caesarea Maritima, gehört nicht nur das königliche Gefolge, also Menschen wie Blastus, sondern natürlich auch die Abordnung aus Tyrus und Sidon. Und gerade letztere, die nicht an den einen, sondern an die vielen Götter glauben, scheinen am Werk zu sein, wenn Agrippa zu hören bekommt, seine Stimme sei die *eines* Gottes. Sie schmeicheln dem König, um seine Gunst zu erlangen. **Das Publikum trägt damit an Agrippa Züge des Kaiserkults – der Verehrung des lebenden Herrschers als Gott – heran**. Das passt besonders gut in die erzählte Welt von Caesarea Maritima, steht doch hier ein großer Kaiserkulttempel, den der Großvater des Agrippa, Herodes der Große, zu Ehren des Augustus errichten hat lassen.

Lukas lässt Agrippa kaum Zeit, um aus jüdischer Sicht angemessen zu reagieren, und d. h. die Verehrung als Gott entschieden zurückzuweisen und Gott allein die Ehre zu geben (V. 23). Denn schlagartig trifft Agrippa der Zorn Gottes. Erneut greift ein Engel des Herrn ein, der Agrippa mit einer tödlichen Krankheit schlägt, die an das Ableben von Hananias und Sapphira (Apg 5,1–11) und auch an das Ende des Judas (Apg 1,18) erinnert. Von Würmern zerfressen und damit nachdrücklich als Mensch erwiesen stirbt Agrippa augenscheinlich noch an Ort und Stelle.

Der jüdische Historiker Flavius Josephus, ein Zeitgenosse des Lukas, erzählt in seinem Geschichtswerk, „Jüdische Altertümer" (Buch 19, Kapitel 343–350) ebenfalls vom Tod des Agrippa in Caesarea Maritima. In den Details unterscheiden sich beide Erzählungen (eine Verbindung zur Jesusbewegung, die den Tod des Agrippa auch als Folge seiner Aktionen gegen die Jerusalemer Gemeinde erscheinen lässt, findet sich bei Josephus etwa nicht), sie stimmen aber z. B. darin überein, dass Agrippa, in Festgewand gehüllt, der von anderen an ihn herangetragenen Versuchung erlegen ist, sich als Gott feiern zu lassen.

Für die Leute aus Tyrus und Sidon ist das ein ausgesprochen vorteilhaftes Ende des Konflikts. Denn das Problem, das durch ihr Friedensangebot bewältigt werden sollte, ist nun auf andere und für sie günstige Weise aus der Welt geschafft. Ihre Schmeicheleien sind über einen Umweg erfolgreich. Sie gefallen dem eitlen König schlechterdings zu sehr. Seine Eitelkeit wird ihm zum Verhängnis.

6. Dem Anfang verpflichtet: Vom Wert des Vertrauens und der Tugend des Misstrauens

Nicht nur uns heute dürfte die in Apg 12 erzählte Situation einigermaßen befremdlich erscheinen. Auch für die lukanische Gemeinde, die nach den Tagen des Petrus und des Agrippa und ihren heilvollen bzw. tödlichen Erfahrungen mit einem Engel Gottes lebt, wirkt diese Erzählung auf den ersten Blick eher wie eine schöne, aber auch erschreckende Episode aus dem Leben der Jerusalemer Gemeinde, die wenig mit der eigenen Lebenswelt zu tun hat. Schaut man allerdings näher hin, so gewinnen zwei Erzählaspekte auch für die lukanische Gemeinde an Gewicht.

Da ist zunächst das in der Erzählung merkwürdig unausgeprägte Vertrauen der Jerusalemer Gemeinde zum eigenen Bittgebet und damit zu den Möglichkeiten, die Gott zu eigen sind. Angesichts der Bedeutung, die Lukas dem Thema Gebet insgesamt in seinem Doppelwerk einräumt – von manchen Exegetinnen und Exegeten wird Lukas als „Evangelist des Gebets" bezeichnet –, und der Mahnung des lukanischen Jesus, beständig zu beten (Lk 18,1), dem eigenen Gebet auch zu vertrauen (Lk 18,8), und der jesuanischen Zusage der Erhörungsgewissheit im Blick auf Bittgebete (Lk 11,9f.), fordert Lukas seine Gemeinde auf, dem eigenen Bittgebet mehr zu vertrauen als es die Gemeinde „bei Maria" getan hat. **Die Hausdienerin Rhode**

wird damit zu einem positiven Beispiel für die lukanische Gemeinde. Sie hält auch das eigentlich Unmögliche für möglich. Aus lukanischer Sicht kann Gott in diese Welt eingreifen.

Neben den Wert des Vertrauens stellt Lukas aber auch die Tugend des kritischen Misstrauens. Sie bezieht sich auf die vielfältigen Rituale der Machtinszenierung durch Herrscher, wie sie auch in den Tagen des Lukas typisch sind und in denen sich manche Herrscher, wie Götter inszenieren. **In der Figur des Agrippa, der in unserer Szene wegen seiner Stimme als Gott verehrt wird, erkennen nicht wenige Bibelwissenschaftlerinnen und Bibelwissenschaftler Anspielungen auf den römischen Kaiser Nero.** Dieser war von der Schönheit seiner geradezu himmlischen Stimme so obsessiv überzeugt, dass er nicht nur an allen musisch-künstlerischen Wettbewerben seiner Zeit teilnahm und diese natürlich gewann (wer verweigert schon einem römischen Kaiser den Sieg?), sondern sich angesichts seiner schönen Stimme auch in die Nähe des Gottes Apollo rücken ließ, der als Gott der Musik, des Gesangs und der Dichtkunst gilt. Die Audienz-Szene des Agrippa alias Nero, die auf letztlich jeden Kaiser hin durchsichtig wird, der sich als Gott verehren lässt, spielt ironisch mit einer solchen Vergottung eines Menschen durch andere Menschen, ja erzählt spöttisch von des Kaisers schöner Stimme. Denn der scheinbar mächtige, ja gottgleiche Agrippa erweist sich gerade im Rahmen des Machtrituals der Audienz-Szene als letztlich machtlos und stirbt durch das Eingreifen Gottes. Von der scheinbaren Göttlichkeit bleibt nicht mehr als Wurmfraß übrig.

Vor solchen Machtspektakeln, wie sie im antiken Herrscher-Zeremoniell und speziell auch im Kaiserkult begegnen, warnt Lukas. Er rät, solche Inszenierungen kritisch zu durchschauen und von ihnen generell Abstand zu nehmen. Gott allein ist die Ehre zu geben – als Kaiser und König genauso wie als Teilnehmerin und Teilnehmer an derartigen Ritualen. Zugleich schiebt Lukas einmal mehr allen Versuchungen einen Riegel vor, sich als Mensch selbst als Gott oder große Kraft Gottes verehren zu lassen. Der lange Schatten des Simon Magus wirkt auch in Apg 12 nach. Und: Thematisch deutet sich unsere nächste Geschichte, Apg 14,8–20, bereits hier an.

5.2 Der Text heute – Themen und Bausteine

Kerstin Offermann

Interne Textabgrenzung

Der Text besteht aus zwei Teilen: einem Rahmen, der nüchtern über die Machtpolitik von Herodes Agrippa und dessen Ende erzählt, und darin eingebettet die Geschichte der wunderbaren Befreiung von Petrus aus dem Gefängnis. Die Bibelarbeit betrachtet den Text von der Rahmenerzählung her und fragt nach der Auseinandersetzung mit und der Widerstandskraft gegen Despoten.

Ein Traum von Kirche?

Der Text hat in seiner Konstruktion eine Gemeinde vor Augen, die angefochten ist und Widerstand erlebt. Offensichtlich ist es für sie nicht selbstverständlich, vor Verfolgung geschützt zu werden. Die Realität, die Lukas voraussetzt, ist, dass Menschen wegen ihres Glaubens sterben. Es ist durchaus umstritten, wie sehr Lukas damit historische Tatsachen wiedergibt. „Dass die Jesusgläubigen unter ständiger Bedrohung – vor allem von jüdischer Seite und der jüdischen Oberschicht standen, ist eher als Ausdruck der literarischen und theologischen Interessen des Lukas zu verstehen, als ein historisch glaubwürdiger Bericht." „In der jüdischen Tradition wird Agrippa als gerechter, ehrenwerter und religiös praktizierender Mann erinnert" erklärt „Das Neue Testament – jüdisch erklärt" dazu.

Aber es scheint Lukas im Blick auf seine Leserschaft ein Anliegen zu sein, sie zu vergewissern, dass bei allen Widerständen und aller Bedrohung die Ausbreitung des Wortes Gottes und des Reiches Gottes weitergeht. **Damit stellt er sich und die Gemeinde zunächst in die alttestamentarischen Erzähltraditionen der Errettung aus Unterdrückung und Gefangenschaft durch Gottes Eingreifen**. Ein wunderbares Zeugnis der Hoffnung, die sich aus diesen Erzählungen speist, ist der Psalm 126, der dieses Jahr auch als Psalm zur Bibelwoche dient.

Für Lukas steht die christliche Gemeinde in dieser Erzähltradition und hat Teil an dem mächtigen und befreienden Handeln Gottes. Die Gemeinde steht also in der Glaubenstradition Israels. „Dass Gott seinen Engel zur nächtlichen Befreiung schickt, ist Stil großer Heilsgeschichten, wie des Exodus, und die erzählende Gemeinde hat offenbar keine Scheu, sich hier einzureihen" schreibt Klaus Berger in seinem Kommentar zum Neuen Testament. Das ist folgerichtig, weil auch Leiden und Auferstehen Jesu Christi in dieser Tradition beschrieben und verstanden wurden. Es ist auch eine logische Folge der Entscheidungen beim Apostelkonzil (Text 7), die nichtjüdische Christen mit in die Gemeinschaft der judenchristlichen Gemeinde aufnimmt und somit auch der lukanischen Gemeinde – und uns – die Möglichkeit eröffnet, uns in diese Erzähltradition zu stellen. Leider hat die Selbstverständlichkeit, mit der Lukas dies erzählerisch umsetzt, dazu geführt, dass seine Leser*innen durch die Jahrhunderte bis heute weniger dankbar über diese wunderbare Möglichkeit, zur Geschichte Gottes mit Israel dazuzugehören, staunen, als dazu, sich diese Traditionen kulturell anzueignen und sie gegen Israel selbst zu verwenden. (vgl. Fernwirkung zum Antisemitismus im lukanischen Doppelwerk)

Die Gemeinde, die Lukas beschreibt, ist also eine „Exodusgemeinde", die Unterdrückung und Widerstände erlebt und darin auf das befreiende Handeln Gottes hofft und wartet – die dann aber auch überrascht ist, wenn es tatsächlich eintritt!

 Gerade diese Spannung zwischen Gebet und Erwartungshaltung und auch der augenzwinkernde Humor, mit dem Lukas die Begegnungen zwischen Petrus und der Gemeinde erzählt, stellt eine Verbindung zwischen uns heute und der Gemeinde damals her. Das kennen wir: Auch unser Beten speist sich aus einer Hoffnung, die sich an den Befreiungserzählungen entzündet, von der wir aber auch nicht so richtig wissen, was wir realistisch erwarten können.

Gelebte Spiritualität

Die Gemeinde stärkt sich in dieser bedrohlichen Situation gegenseitig, indem sie zusammen-bleibt und betet, wie sie es schon seit Jesu Kreuzigung und Auferstehung eingeübt hat und wie sie es bis heute tut. Auch wir suchen und finden Zuflucht im Gebet und in der Gemeinschaft miteinander.

 Wie wichtig ist den TN das gemeinschaftliche Gebet? Welche Formen des gemeinschaftlichen Gebets kennen und welche mögen sie? Das Vaterunser wird sicherlich auch ein Gebet der frühen christlichen Gemeinden gewesen sein, so wie es heute noch das Gebet ist, das am meisten gemeinschaftlich gebetet wird. Die Psalmen sind Gemeinschaftsgebete, auch der Psalm der Bibelwoche. Lieder können als gemeinsames Gebet verstanden werden, sowohl im Lobpreis und in der Anbetung als auch im Bitten und Flehen (s. Liedvorschläge auf der Lieder-Liste im Downloadmaterial).

 Tragen Sie mit den TN Themen zusammen, für die diese beten möchten. Betrachten Sie mit den TN anschließend zusammen das Vaterunser und den Psalm der Bibelwoche. Welche der aktuellen Gebetsanliegen der TN lassen sich welchen Bitten des Vaterunsers oder des Psalms zuordnen? Welche Erwartung verknüpfen die TN mit ihren Gebeten? Stellen Sie sich mit den TN in die lange Gebetstradition, die diese beiden Gebete in sich tragen, indem sie gemeinsam beide sprechen. Die eigenen Anliegen klingen dabei mit.

Wirken des Geistes

„Für Lukas offenbart sich die Kraft der Auferstehung nicht nur nach dem Tod, sondern auch mitten im Leben" heißt es im Buch „Die Taten Jesu gehen weiter. Die Apostelgeschichte". In der Erzählung gibt es nicht nur Anspielungen auf die Exodus-Tradition, sondern auch auf die Auferstehungserzählung: „Steh auf!" sagt der Engel zu Petrus, was bereits im Text 4 eine Analogie zur Auferstehung war. Den Zeuginnen der Auferstehung Jesu wurde ebenso wenig geglaubt wie der Magd Rhode, die berichtet, dass Petrus vor der Tür stehe.

 Welche Parallelen fallen den TN zwischen dem vorliegenden Text und den Erzählungen von Passion und Auferstehung Jesu auf?

Jesus nachzufolgen, heißt auch, ihm in Passion und Auferstehung zu folgen. Indem Lukas die Widerstände gegen die christliche Gemeinde in die Passionsnachfolge Jesu Christi einreiht, stellt es sie auch in das Licht der Auferstehung. Durch diesen Perspektivwechsel vermittelt die Botschaft von der Auferstehung durch den Heiligen Geist der Gemeinde Hoffnung und Freude, Zuversicht und Vertrauen. Der Heilige Geist wirkt hier durch das Wortgeschehen, das darin besteht, dass die Lebensgeschichten der Christ*innen aller Zeiten Teil der Befreiungsgeschichte Gottes sind. **Diese Gewissheit bewirkt die Überwindung von Ohnmacht, Fatalismus, Resignation und Angst. Die Einübung dieser Gewissheit geschieht durch die Erzähltradition und Gebetspraxis der Gemeinde**. So vermittelt der Heilige Geist in der bedrängenden Wirklichkeit die Erfahrung von Freiheit.

Freiheit ist ein Kennzeichen des Reiches Gottes und des Wirkens der Heiligen Geistes. So lässt Lukas es Zacharias im Benedictus bekennen: „…dass wir, erlöst aus der Hand der Feinde, Gott dienten ohne Furcht unser Leben lang in Heiligkeit und Gerechtigkeit" (Lk 1, 74f). Die Erfahrung von Freiheit ist eine Auferstehungserfahrung. Für Friedrich Schiller gehört Freiheit konstitutiv zum Menschsein dazu:

> *Der Mensch ist frei geschaffen, ist frei,*
> *Und würd er in Ketten geboren,*
> *Lasst euch nicht irren des Pöbels Geschrei,*
> *Nicht den Missbrauch rasender Toren.*
> *Vor dem Sklaven, wenn er die Kette bricht,*
> *Vor dem freien Menschen erzittert nicht.*

Schiller legt nahe, dass man dem Menschen die Freiheit nicht durch Ketten nehmen kann. Das sagt sich natürlich leicht, wenn man nicht in Ketten leben muss. Gleichzeitig fühlen sich aber viele Menschen auch nicht frei, obwohl sie nicht in sichtlicher Gefangenschaft leben. Es gibt vieles, was Menschen unfrei machen kann.

Die Gegenwart Gottes durch den Heiligen Geist mitten in unserer Realität bedeutet auch, dass eine andere Wirklichkeit in unsere Wirklichkeit einbricht. Der Text spielt unterhaltsam mit dem Changieren der Realitätsebenen. Was ist real? Was ist wirklich? Petrus entgleitet der Bezug zur Wirklichkeit in der Begegnung mit dem Engel, sodass es ihm wie ein Traum erscheint und er sich auch so verhält, als würde er träumen – nämlich völlig passiv. Der Engel muss ihn zu jeder Handlung und Bewegung ermahnen. Petrus nimmt die Realität erst wieder wahr, als der Engel verschwindet.

Wenn wir glauben, dass Gott in unserer Wirklichkeit gegenwärtig ist, dann bedeutet das auch, dass wir mit einem Ineinanderdriften, aber auch mit einem Aufeinanderprallen von verschiedenen Realitäten rechnen. Gott gibt sich Mühe, dass das Alltägliche als Realität Gottes wahrgenommen wird. Wie nehmen wir Gottes Realität wahr? Die Gabe des Heiligen Geistes verleiht auch eine Tiefenschärfe der Realitätswahrnehmung durch den Glauben. Gottes Reich in dieser Welt ist verborgen und doch im Entstehen. In der Bedrohungssituation ist die Auferstehung schon als Tatsache die Perspektive, auf die hin Hoffnung möglich ist.

Fernwirkung – Antisemitismus bei Lukas

Lukas schreibt über eine Situation, in der sich der Konflikt zwischen Juden, die an Jesus glauben und solchen, die es nicht taten, noch als innerjüdischer Konflikt darstellt. Aber er tut das in sehr tendenziöser Weise. Er zeichnet ein Bild von einer homogenen, feindlichen, bösartigen Gruppe von Gegnern, die er pauschal mit „die Juden" bezeichnet. Diese sind neidisch auf die Christen, freuen sich über deren Tod und verfolgen rachsüchtig die Vertreter der christlichen Gemeinde über weite Strecken, um dann andere gegen sie – mit falschen Behauptungen – aufzuhetzen (siehe Text 6).

Man kann Lukas durchaus in Rechnung stellen, dass er das Ziel hatte, mit seinem Doppelwerk dem christlichen Glauben für die römischen Besatzer als annehmbar darzustellen und ihn von dem Verschwörungsvorwurf reinzuwaschen. In diesem Zusammenhang wäre es verständlich und typisch, dass zwei Gruppierungen, die beide unter einer Besatzungsmacht leiden und um Anerkennung konkurrieren, sich gegenseitig bei den Besatzern anschwärzen. Auch die Behauptung: „Ihr habt Jesus Christus gekreuzigt!" ist typisch lukanische Propaganda, um Jesus vom Verdacht zu befreien, ein politischer Verbrecher gewesen zu sein.

Leider haben diese Texte eine unheilvolle Wirkungsgeschichte. Schon im 2. Jahrhundert unserer Zeitrechnung lösen die Gebeine von Stephanus aufgrund der Erzählungen über seine Steinigung Judenpogrome aus (vgl. Klaus Haacker, *Stephanus*, S.104f). Die Antreiber von Antisemitismus und Pogromen haben sich durch die Jahrhunderte – bis hin zu Martin Luther! – immer wieder auf Lukas berufen und sich durch ihn bestätigt gefühlt. Es ist schwer erträglich, dass Texte, in denen Lukas solche Feindbilder aufbaut, nach wie vor liturgische Lesungstexte im katholischen Gottesdienst sind. Der von der Apostelgeschichte generierte Antisemitismus ist auch in unseren Gemeinden noch präsent. Dies macht es dringend notwendig, ja unabdingbar, bei der Lektüre der Texte auf diesen Umstand zu achten und deutlich darauf hinzuweisen!

Eine empfehlenswerte Lektüre in diesem Zusammenhang ist: Klaus Wengst: „Wie das Christentum entstand. Eine Geschichte mit Brüchen im 1. und 2. Jahrhundert", Gütersloher Verlagshaus 2021.

Strukturveränderung/Problemlösung

Petrus verlässt mit diesem Text die Bühne der Apostelgeschichte. Stattdessen übernehmen Jakobus und die Brüder. Die Entwicklung in der Leitung der Gemeinde, von einer einzelnen charismatischen Gestalt hin zu einem Leitungsgremium, wird also weiterverfolgt, sowie sie bereits in Text 2 begonnen hatte. Nun setzt sich diese Entwicklung auch in der jüdischen Gemeinde in Jerusalem fort.

Wichtig bleiben in dieser Anfangszeit Patroninnen wie Maria und Tabita, die mit ihren finanziellen Mittel die christliche Gemeinde unterstützen und damit sicherlich auch prägend in der Gemeinde gewirkt haben. Der Ort, an dem sich die Gemeinde versammelt, prägt auch die Atmosphäre in der Gemeinde. Dass es hier ein äußeres Tor gab, lässt auf ein großes Haus schließen, was wiederum genauso wie das Vorhandensein einer Magd bei Maria auf eine wohlhabende jüdische Frau schließen lässt. Diese Frauen leben in exemplarischer und bis heute vorbildlicher Weise das Ideal der Apostelgeschichte, den eigenen Besitz in den Dienst der Gemeinde zu stellen.

> **Gott, ich bitte dich, gib mir ein Auge, das fähig ist, Jesus Christus zu sehen; ein Ohr, das sein Wort versteht, ein Herz, das von seinem Herzen berührt ist, und lehre mein Hand, sich vertrauensvoll in die seine zu legen.**
>
> Quelle unbekannt

5.3 Vorschlag für eine Bibelarbeit

Katharina Wiefel-Jenner

Vorbereitung

Inhaltlicher Schwerpunkt

Am Beispiel der Gefangennahme und Befreiung von Petrus aus dem Gefängnis lässt sich die Gefährdung und zugleich der Schutz der Gemeinde in einer dem Glauben feindlichen Umwelt nachvollziehen. Prominente Gemeindeglieder werden gefoltert, getötet, gefangengenommen und für einen Schauprozess bestimmt. Die Gemeinde erlebt aber, dass Gott die Macht der Gewaltherrscher durch Engel begrenzt und schließlich beendet. Die Reaktion der Gemeinde inmitten der Gefahr ist einerseits von Vertrauen zu Gott bestimmt (Sie betet für Petrus, V. 5), andererseits ist die Gemeinde über Gottes Schutz auch überrascht (Sie lässt Petrus nicht ein, V. 15). Der Auftritt der Engel, Petrus' Gang aus dem Gefängnis wie in Trance, die Ungläubigkeit der Gemeinde (V. 6-14) wird wie ein Traumgeschehen geschildert. Im Kontrast dazu stehen die Berichte über Herodes Agrippa (V. 1-4, 18-23). Sie zeigen die harte Realität, die aber durch Gott mit dem Traumhaften verknüpft wird. Der Engel der Befreiung befreit die Gemeinde genauso aus der Macht des Gewaltherrschers. Der Glaube soll in Zeiten des Konflikts mit den Mächtigen mit Gottes Eingreifen und dem Ende der Gewaltherrscher rechnen – auch wenn es sich erst nur wie ein Traum anfühlt.

Der Ablauf eignet sich sowohl für ein Treffen in Präsenz als auch im digitalen Raum.

Zur Gestaltung des Abends

Liturgische Eröffnung

Wechselgesang
Psalm 126 im Wechsel (z.B. EG 750 o. GL 69)

Auf den Text zugehen: Öffnen (ca. 20 Min.)

Verse 1–4
Die TN lesen den Abschnitt versweise vor. Die Leitung gibt Hinweise zum historischen Hintergrund:
→ Mit „Jakobus" ist in V. 2 der Bruder des Johannes gemeint. In V. 17 ist es der Herrenbruder.
→ Herodes Agrippa (nicht zu verwechseln mit dem Herodes aus der Weihnachtsgeschichte) – Klientelfürst, Kinderfreund der römischen Kaiser Caligula und Claudius, seit 41. n. Chr. König über ganz Judäa. Lebte ausschweifend, legte Wert darauf, gesetzestreu zu erscheinen und unterstützte den Jerusalemer Tempel. Herodes Agrippa ist der Prototyp des gottlosen Mächtigen.
→ Das Passafest erinnert an die Passion Jesu. Die Passion der Gemeinde ereignet sich im Zusammenhang mit der Passion Jesu.

Die TN tragen zusammen, was sie aus den Nachrichten der letzten Jahre oder aus der jüngeren Geschichte zum Umgang autokratischer Herrscher mit ihren Kritikern in Erinnerung haben.

→ z.B. Haft des Menschenrechtsaktivisten Peter Steudtner und der Journalistin Mesale Tolu mit ihrem Kind in der Türkei
→ Dietrich Bonhoeffer und Alfred Delp im Gefängnis Tegel
→ Nelson Mandela
→ Alexander Navalny

Die TN tauschen sich darüber aus, was diesen Opfern von Autokraten geholfen hat und welche Unterstützung und Hilfe sich die TN wünschen würden, wären sie in der Situation dieser prominenten Kritiker.

Die Leitung liest noch einmal V. 5 vor.

Dem Text begegnen (ca. 30 Min.)

Verse 6–17 als Rollengespräch
Die TN lesen den Text. Anschließend lesen sie ihn mit verteilten Rollen:
→ Erzähler – V. 6-17 (unterbrochen von wörtlicher Rede des Engels, der Gemeinde und des Petrus)
→ Engel – V. 7.8.
→ Petrus – V. 11.17
→ Versammelte Gemeinde – V. 15.
Was fällt auf?
→ Wer ist in welcher Phase der Begebenheit aktiv?
→ Wer sagt wann was?

Wenn das Gespräch in Präsenz stattfindet:	Wenn das Gespräch online stattfindet:
Im Raum werden mit farbigen Blättern auf dem Boden Stellen markiert: das Gefängnis die erste Wache die zweite Wache das eiserne Tor die Gasse das Haus der Maria	Die Leitung hat über z.B. **flinga.fi** einen Plan von Gefängnis mit Toren und Wachen und einen Weg zum Haus gezeichnet.
Die TN spielen die Befreiung des Petrus und seinen Weg zum Haus der Maria nach.	Die TN erhalten ihre Rollen und spielen die Szene nach, indem sie ihre Figur über den virtuellen Plan schieben.

Zu verteilende Rollen:
→ Petrus
→ Mehrere Wächter
→ der Engel
→ Rhode
→ die Gemeinde

In einem anschließenden Gespräch erzählen die TN darüber, was sie empfunden haben und antworten auf Fragen:

→ Der Engel wird als letztes befragt.
→ Petrus: Was hast du gehört? Was hast du empfunden? Hattest du Angst?
→ Wächter: Was habt ihr gemerkt?
→ Rhode: Wie findest du rückblickend deine Reaktion?
→ Engel: Was war leicht? Was war schwer?

Alternative

Textbeobachtung mit den Impulsen aus dem TNH:

→ Der Text enthält viele Elemente negativer Macht. Unterstreichen Sie diese Worte. Achten Sie auf Begriffe, die binden, Bewegung unmöglich machen.
→ Dann gibt es Stellen, an denen Bewegung aus der begrenzenden Macht entsteht. Markieren Sie diese Stellen mit einer anderen Farbe. Achten Sie z. B. auf Signalworte wie „hinaus", „gehen" …
→ Welche Seite gewinnt? Was bedeutet das für Christen in Bedrängnis?

Mit dem Text weitergehen (ca. 15 Min.)

Verse 18-23

Petrus ist frei und er hat seine Befreiung wie im Traum erlebt. Genügt das?

Die TN lesen die restlichen Verse.

Zum historischen Hintergrund: Auch in außerbiblischen Quellen weiß man vom gewaltsamen Tod des Agrippa. In der Apg ist sein Tod die Strafe für seinen Hochmut. Weil er zugelassen hat, dass man ihn als Gott verehrt, kommt er zu Tode.

Die TN erinnern sich an das Ende von Gewaltherrschaft in der Vergangenheit (auch in der jüngeren Vergangenheit), an die Hoffnungen auf das Ende von Autokraten und was angesichts von Gewaltherrschaft tröstet.

Zum Schluss versetzen sich die TN in Petrus hinein und ergänzen den Satz: Nun weiß ich wahrhaftig, dass der Herr seinen Engel …

Liturgischer Abschluss

Magnificat

Gebet

Ewiger Gott, wir danken dir für deine Engel.
Mit ihnen stößt du die Gewaltherrscher von ihren Thronen.
Du erhebst die Niedrigen und gibst den Hungernden Brot.
Sende auch heute deine Engel aus,
damit die Schwachen Schutz
und die Gewaltherrscher ihr Ende finden.
Du bist deinen Verheißungen treu.
Dir vertrauen wir und hoffen auf dich
durch Jesus Christus.
Amen

Johannes Beer

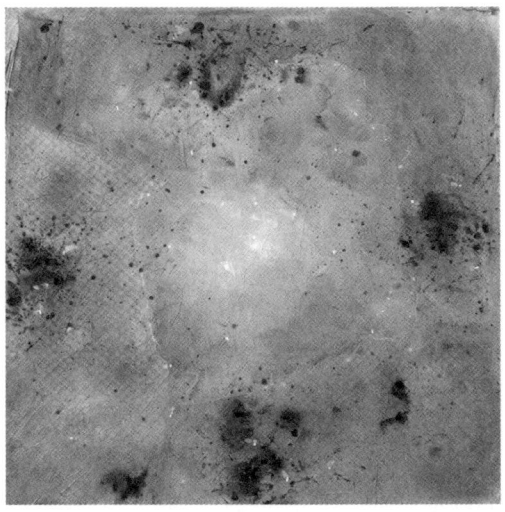

Annette Weber-Vinkeloe: Apostelgeschichte 12, 2022, Mischtechnik auf Papier, 96 x 99 cm

Dieses Bild wird von der hellen Mitte her bestimmt. Weiße Lichtpunkte bilden das Zentrum, das von einem sehr hellen, weißblauen Rund umgeben ist. Um das Rund herum bildet sich ein etwas dunklerer hellblauer Raum, der schon nicht mehr die Regelmäßigkeit des Rundes aufweist. Um diesen wiederum herum erkennen wir einen weiteren hellblauen Raum, der aber nun von einer rasterartigen Struktur aus kleinen Quadraten überlagert ist. Diese Struktur ist an wenigen Stellen, vor allem nach unten rechts hin, aufgebrochen. Um diesen Raum herum finden sich unter der durchgehenden rasterartigen Struktur hellbeige, fast sandfarbene Farbtöne. Jeweils vor der Mitte jeder Bildkante sehen wir schwarze und farbige Flecken und Formen. Überhaupt finden wir eine ganze Reihe von farbigen Punkten auf diesem Bild.

Für mich entsteht bei dieser Arbeit der Eindruck, dass alles von innen nach außen drängt. Ich werde an Aufnahmen von Nebelgalaxien und Sternenexplosionen erinnert: Das Licht im Zentrum breitet sich immer mehr aus, erfasst alles andere und drängt es schließlich immer mehr zurück.

In den beigen, fast sandfarbenen Bereichen des Bildes, die durch die rasterartigen Strukturen geprägt sind, sehe ich symbolisch das Gefängnis dargestellt, in das Herodes Petrus, den er sehr gut bewachen lässt, gesteckt hat. Es sind die Strukturen der Mauern und der Gitter. Zugleich assoziiere ich ein Netz, das für Gefangenschaft steht. Auch Teile des Hellblauen sind eben noch nicht Teil der Freiheit, sondern von diesem Netz überlagert, in ihm gefangen. Die vier Bereiche mit den schwarzen und farbigen Flecken stehen dann für die vier Abteilungen von je vier Soldaten, die den Gefangenen Petrus bewachen sollen.

Aber in der Mitte des Bildes stehen die hellen weißen Bereiche für den Engel des Herrn, der in das dunkle Gefängnis hereinkommt, und für sein Licht, das plötzlich in dem Raum aufleuchtet. Der Engel weckt Petrus. Die Ketten fallen ab. Der Weg, den Petrus durch den Engel geführt wird, geht unbehelligt an den schlafenden Wachen vorbei und das große eiserne Gefängnistor tut sich von selbst auf. Die Mauern und Gitter des Gefängnisses werden im übertragenen Sinne gesprengt. Durch die Kraft des Lichtes dringt alles nach außen.

6 | ... ohne falschen Anspruch ...

6.1 Exegese

Markus Lau

Von Menschen und Göttern – Barnabas und Paulus in Lystra und ein schwieriger Lernprozess für die Stadtbewohner (Apg 14,8–20)

Unser nächster Text bietet eine auf den ersten Blick relativ unspektakuläre Wundergeschichte im kleinasiatischen Lystra. Dramatisch wird es vor allem im Anschluss an das Wunder, steht doch die monotheistische Grundhaltung der Jesusmissionare Barnabas und Paulus zur Disposition. Allen Versuchungen zur Selbstinszenierung widerstehen die beiden freilich. Für die Bewohner der Stadt indes, deren Gunst ausgesprochen wankelmütig ist, wird von Lukas ein schwieriger, aber am Ende wohl doch zielführender Lernweg erzählt, den zu entdecken allerdings ein wenig Detailarbeit erfordert.

1. Der Kontext

Unsere Perikope erzählt einen Teil der ersten Reise, die Barnabas und Paulus im Auftrag der antiochenischen Gemeinde unternehmen (Apg 13,1–3). Diese Gemeinde erhält vom Geist Gottes bei einem Gottesdienst den Auftrag, Jesusboten auszusenden – und zwar besagtes Duo. Die Gemeinde sendet dann nach Fasten, Gebet und Handauflegung die beiden aus. Wohlgemerkt: Die ganze Gemeinde und nicht etwa nur die Propheten und Lehrer der Gemeinde, von denen in Apg 13,1 die Rede ist und zu denen Barnabas und Paulus gehören, fastet, sendet aus und legt die Hände auf.

Der aus Apg 12 vertraute Johannes Markus, den Barnabas und Paulus mit nach Antiochia genommen hatten (Apg 12,25), ist zunächst auch Teil der Reisegruppe, verlässt dann das Team aber schon recht früh wieder (Apg 13,13), um nach Jerusalem zurückzukehren. Diese Trennung muss konfliktreich verlaufen sein. Paulus will ihm jedenfalls im Rahmen der zweiten Reise, die in Apg 15,41 beginnt, keine neue Chance geben und ihn nicht mehr mitnehmen. Dies führt zum Bruch mit Barnabas, der Johannes Markus eine zweite Chance geben will und dann gemeinsam mit ihm nach Zypern reist. Paulus seinerseits unternimmt losgelöst von Barnabas seine zweite Reise und wird dabei zur neuen und alles bestimmenden Hauptfigur der Apostelgeschichte (Apg 15,36–41). Ihm folgt die lukanische Erzählung auf Schritt und Tritt. Von Barnabas ist im Fortlauf der Apostelgeschichte nicht wieder die Rede. Auf dem Weg nach Zypern verschwindet er aus der erzählten Welt.

Die erste Reise aber unternimmt das Duo in großer Eintracht und, wie sich gerade in unserem Text zeigen wird, sogar unter Führung des Barnabas und mit Paulus als Juniorpartner. Die Reise geht u. a. nach Zypern, Perge in Pamphylien, ins pisidische Antiochia und nach Ikonion (s. die Karten im **Downloadmaterial**). Dabei wechseln sich Erfolge und Misserfolge ab, Anhängerinnen und Anhänger der Jesusbewegung werden in jüdischen und nichtjüdischen Kreisen gewonnen. Es werden aber auch erbitterte Gegnerfronten sichtbar. Als in Ikonion der Konflikt zu eskalieren droht und die Gefahr der Steinigung für Barnabas und Paulus real wird, fliehen sie nach Lystra und Derbe (Apg 14,6f.). In beiden Städten und deren Umgebung halten sie sich länger auf und verkünden das Evangelium Gottes. Damit ist der geographische Endpunkt dieser ersten Reise erreicht. Denn ab Apg 14,21 und damit ausgehend von Derbe begeben sich die beiden auf die Rückreise via Lystra, Ikonion, Antiochia und Perge – die auf dem Hinweg gegründeten Gemeinden werden also erneut besucht –, kommen von dort nach Attalia, um mit dem Schiff in das syrische Antiochia zu fahren, wo die Reise ihren Ausgang genommen hatte (Apg 14,21–28).

Genau an diesem geographischen Wendepunkt Lystra/Derbe platziert Lukas nun eine Wundergeschichte. Sie spielt in Lystra. Damit taucht die Erzählung im Sinne einer punktuellen Momentaufnahme in die in Apg 14,6f. gerafft erzählte Zeit ein und schildert eine für die Leserinnen und Leser der Apostelgeschichte zunächst unspektakulär wirkende Wundergeschichte mit einem dramatischen Nachspiel.

2. Der Text und seine Struktur

Die Perikope lässt sich mit Blick auf ihre Makrostruktur in drei Teile untergliedern. Die V. 8–10 erzählen sehr gerafft eine Wundergeschichte.

> *8 In Lystra saß ein Mann, der keine Kraft in den Füßen hatte, von Geburt an lahm, der noch nie hatte gehen können. 9 Er hörte, wie Paulus redete. Dieser blickte ihm fest ins Auge; und da er sah, dass der Mann den Glauben hatte, geheilt zu werden, 10 sprach er mit lauter Stimme: Steh auf! Stell dich aufrecht auf deine Füße! Da sprang der Mann auf und ging umher.*

Diese Wundergeschichte ist nur der Auftakt für das im Text verhandelte und gelöste Problem. Sie dient als Exposition und Einführung und steht nicht selbst im Zentrum des Geschehens. Viel wichtiger ist nämlich die Reaktion der Stadtbevölkerung auf das Wunder (V. 11–13) und die Versuche des Barnabas und des Paulus, die falsche Deutung des Wundergeschehens zu korrigieren (V. 14–18):

> *11 Als die Menge sah, was Paulus getan hatte, fing sie an zu schreien und rief auf Lykaonisch: Die Götter sind in Menschengestalt zu uns herabgestiegen. 12 Und sie nannten den Barnabas Zeus, den Paulus aber Hermes, weil er der Wortführer war. 13 Der Priester des vor der Stadt gelegenen Tempels des Zeus brachte Stiere und Kränze an die Tore und wollte zusammen mit der Volksmenge ein Opfer darbringen.*
> *14 Als die Apostel Barnabas und Paulus dies hörten, zerrissen sie ihre Kleider, eilten hinaus unter das Volk und riefen: 15 Männer, was tut ihr? Auch wir sind nur schwache Menschen wie ihr! Wir bringen euch das Evangelium, damit ihr euch von diesen Nichtsen zu dem lebendigen Gott bekehrt, der den Himmel, die Erde und das Meer geschaffen hat und alles, was dazugehört. 16 Er ließ in den vergangenen Zeiten alle Heidenvölker ihre Wege gehen. 17 Und doch hat er sich nicht unbezeugt gelassen: Er tat Gutes, gab euch vom Himmel her Regen und fruchtbare Zeiten; mit Nahrung und mit Freude erfüllte er euer Herz. 18 Mit diesen Worten konnten sie die Volksmenge mit Mühe davon abbringen, ihnen zu opfern.*

Von außen führt Lukas sodann hartnäckige Gegenspieler für Barnabas und Paulus heran, die sich ihnen an die Fersen geheftet hatten. Es sind ihre jüdischen Gegner aus dem pisidischen Antiochia und aus Ikonion, die nach Lystra kommen. Die in Ikonion vereitelten Steinigungspläne (14,5) setzen sie nun in die Tat um, indem sie die Volksmenge in Lystra, die gerade noch die beiden Jesusmissionare als Götter verehren wollte, zur Steinigung verleiten (Apg 14,19f.):

> *19 Von Antiochia und Ikonion aber kamen Juden und überredeten die Volksmenge. Und sie steinigten den Paulus und schleiften ihn zur Stadt hinaus, in der Meinung, er sei tot. 20 Als aber die Jünger ihn umringten, stand er auf und ging in die Stadt. Am anderen Tag zog er mit Barnabas nach Derbe weiter.*

Die Gunst der Volksmenge von Lystra ist also ausgesprochen wechselhaft. Anhaben kann das Ganze Paulus, auf den die Erzählung hin fokussiert ist, wundersamerweise nichts. Und so gehen beide ihrer Wege und kommen für eine Stippvisite nach Derbe, um sogleich wieder nach Lystra zurückzureisen und sich auf den Weg nach Antiochia in Syrien zu machen (Apg 14,21).

3. Verwechslungsgefahr: Eine Therapie und ihre Folgen

Die Erzählstimme führt die Leserinnen und Leser der Apostelgeschichte an einen nicht näher spezifizierten Ort in Lystra und in eine Situation, in der Paulus eine Rede hält. Diese wird von einem erwachsenen Mann gehört, der seit seiner Geburt eine Schwäche in seinen Füßen hat, die ihn nicht zu tragen vermögen. Er ist lahm und kann nicht gehen. So sitzt er und hört Paulus zu. Paulus nimmt ihn wahr, schaut, ja starrt, ihm in die Augen und sieht etwas in diesem Mann: Vertrauen zu den Worten des Paulus, das so stark ist, dass der Mann das Potenzial hat, aufgrund seines Glaubens/Vertrauens von Gott geheilt zu werden.

Dass die Augen als sprichwörtlicher Spiegel der Seele einen Einblick in das Innere eines Menschen ermöglichen, ist der neutestamentlichen Denkwelt (vgl. z. B. Mt 20,15) und auch Lukas nicht fremd. Man denke nur an die Sprüche vom Splitter und Balken, die natürlich nur metaphorisch im Auge der Menschen stecken und die Sünden im Inneren der Menschen meinen (Lk 6,41f.). Oder an das Wort Jesu vom bösen und vom lauteren Auge, das einen Rückschluss auf die gesamte seelische Konstitution des Menschen ermöglicht (Lk 11,34). Lukas charakterisiert Paulus in dieser Szene als einen Menschen, der über die Fähigkeit verfügt, aus dem Blick in die Augen auf eine Disposition im Inneren rückzuschließen. So fordert Paulus den Mann auf, aufzustehen und sich auf die eigenen, bisher kraftlosen Füße zu stellen. In gattungskritischer Perspektive ist das ein wunderwirkendes Wort inklusive Demonstrationsbefehl, das ohne jede weitere Wunderhandlung auskommt, ausgesprochen unspektakulär wirkt und seine ganze Wucht gerade durch seine Schlichtheit und den unmittelbaren Erfolg entfaltet, die im Kontrast zur langanhaltenden Lähmung des Mannes stehen. Paulus hat sich in der lukanischen Erzählwelt nicht getäuscht. Der Mann hat Vertrauen zu den Worten des Paulus. Er springt auf und verlässt sich mit aller Entschiedenheit darauf, dass seine Füße ihn zum ersten Mal in seinem Leben tragen können. Und sein Vertrauen wird nicht enttäuscht: Er steht auf und geht umher.

Die erzählte Reaktion auf dieses Wunder in der Öffentlichkeit fällt überwältigend aus (V. 11–13.18). Das ist in gattungskritischer Perspektive zunächst nicht ungewöhnlich, gehören doch Akklamations- und Admirationsmotive, also Äußerungen von Zustimmung, Bewunderung und Verehrung, nicht selten zum Ende von Wundergeschichten. Sie beziehen sich freilich auf die hinter dem Wundertäter stehende göttliche Macht (vgl. z. B. Lk 5,26). In diesem Fall ist das anders und macht die Reaktion der Stadtöffentlichkeit in der erzählten Welt hochproblematisch. Denn Wundertäter und die sich im Wunder zeigende göttliche Macht werden direkt miteinander identifiziert. Die anwesende Volksmenge gerät geradezu in Raserei und verfällt in die in der Region Lykaonien, zu der Ikonion, Lystra und Derbe gehören, gesprochene regionale Sprache. Sie skandieren, dass Barnabas und Paulus nicht eigentlich Menschen, sondern Götter seien, die in Menschengestalt aus dem himmlischen Olymp nach Lystra hinabgestiegen seien.

> **Lukas spielt an dieser Stelle auf eine in Ovids Metamorphosen** (VIII 618–724) erzählte Tradition vom Besuch des Zeus und des Hermes in einer phrygischen Stadt an, die das Götterpaar aber nicht aufnimmt; die Götter finden sodann beim alten Ehepaar Philemon und Baukis offene Türen und belohnen die zwei für ihre Gastfreundschaft, während die ungastliche Stadt bestraft wird – ein Schicksal, das die Leute in Lystra durch ihre Verehrung der vermeintlichen Götter vermeiden wollen.

Barnabas wird mit dem Göttervater selbst, mit Zeus, identifiziert, Paulus mit dem deutlich untergeordneten Götterboten Hermes, dem Herrn der Diebe, Gott der Reisenden, Kaufleute und Redner, was Lukas sogleich durch den Zusatz „weil er der Wortführer war", zu entschärfen sucht.

Die Volksmenge interpretiert das Wundergeschehen als ein Werk von Göttern in Menschengestalt – was durchaus theologisch gedacht, und damit eigentlich ganz im Sinne der Apostelgeschichte ist, die hinter menschlichen Wundertätern immer das Wirken des einen Gottes erkennt. Die Menschen von Lystra freilich wählen das falsche, nämlich das ihnen bisher vertraute polytheistische Bezugs- und Interpretationssystem, das in einer pagan geprägten Stadt wie Lystra kulturell prägend ist: Olympische Götter sind am Werk. Für die jüdisch-christlichen Monotheisten Barnabas und Paulus bringt diese Deutung eine gewaltige theologische Herausforderung, ja eine Versuchung mit sich, der etwa der „Gernegroß" Simon Magus oder eben auch Herodes Agrippa erlegen waren.

Diese aus der Perspektive der Jesusbewegung bereits groteske, aus der Sicht späterer Zeiten fast schon witzige Situation steigert Lukas dann noch durch die Einführung einer weiteren Figur in V. 13. Denn die Chance, Zeus leibhaftig in der Stadt zu haben, ruft den Fachmann für den Gott Zeus vor Ort auf den Plan: den Priester des lokalen Zeustempels, der von Lukas merkwürdigerweise *vor* der Stadt verortet wird, während solche Kultorte für die höchsten Götter eigentlich klassisch *in* der Stadt errichtet werden. Der Priester dieses Tempels, gemeint dürfte der höchste Priester des Tempels sein, der vermutlich über ein Priesterkollegium verfügte, lässt Stiere (im Plural!) und Kränze zu den Toren der Stadt bringen. Letztere, um mit ihnen die Götter zu ehren, erstere sollen ihnen im Rahmen eines blutigen Tieropfers dargebracht werden, an dem sich die ganze Volksmenge beteiligen will. Von den Toren der Stadt sollen die Götter Zeus und Hermes, die in der Stadt sind, offenbar im Festzug, einer Kultprozession, zum Tempel außerhalb der Stadt geleitet werden. Die versammelte Stadtöffentlichkeit versucht also die höchsten Gäste, die sich im Rahmen des griechisch-römischen Götterpantheons vorstellen lassen, in angemessener Weise zu ehren.

4. „Wir sind Menschen!" Die Gegenargumentation der Jesusmissionare

Dem Ansinnen, sie kultisch als Götter zu verehren, stellen sich Barnabas und Paulus – die Lukas hier für einmal dann doch Apostel nennt (vgl. zudem noch 14,4) und damit seine eigene Konzeption nicht durchhält – gemeinsam energisch entgegen. In der erzählten Welt wird für sie, sofern sie Lykaonisch nicht verstehen, spätestens mit der Aktion des Priesters evident, was gerade zu passieren droht. In der aufgeheizten Simmung zerreißen sie ihre Obergewänder – eine Geste, die Zorn, Entsetzen und auch Trauer ausdrücken kann (vgl. Gen 37,29; 2 Kön 5,7f. [dort auch im Rahmen einer Situation, in der ein Mensch sich dem Anspruch ausgesetzt sieht, ein Gott zu sein]; Mk 14,63) –, springen mitten in die Menge hinein, tun also das, was zuvor der lahme Mann getan hat und beginnen laut zu schreien, um sich im Tumult (V. 11) Gehör zu verschaffen (V. 14).

Die eröffnende Frage von V. 15 ist im Sinne eines Vorwurfs gemeint, der sich auf das Tun der Volksmenge bezieht. „Was macht ihr da für einen Unsinn?!", könnte man freier übersetzen. Dieser Vorwurf wird erklärend in Form einer wörtlichen Rede begründet, die die V. 15–17 umfasst. Barnabas und Paulus, aus der Sicht der Menge Zeus und Hermes, sprechen gemeinsam. Auch Barnabas und Paulus seien nur Menschen wie die übrigen Anwesenden auch. Sie seien nicht anders, sondern *homoiopatheis*, ein Wort, das nicht per se Schwäche meint, sondern die Gleichheit in Gefühlen, Leidenschaften und Fähigkeiten und die Unterwerfung unter die gleichen Grundbedingungen und Gesetze des Lebens. Es geht also um die Gleichartigkeit der beiden Apostel, die wie die Menschen aus Lystra auch sterbliche Menschen sind und gerade nicht „die große Kraft Gottes" (Apg 8,10) sind und sein wollen, wie das noch für Simon Magus galt.

Im Rahmen der argumentativen Fortführung wird es theologisch und die beiden nutzen die Situation für eine kompendiumsartig gehaltene Missionspredigt. Ihre Worte und Taten dienen der Verkündigung des einen Gottes. Die beiden formulieren eine Einladung, sich von Göttern wie Zeus und Hermes, den Nicht-Göttern und „Nichtsen" abzuwenden und sich dem einen und einzigen Gott zuzuwenden, der lebendig ist und lebendig macht und als Schöpfer der Welt wirkt. Geschickt lässt Lukas die beiden Apostel also eine semantische Opposition aufbauen und gleichsam in die Köpfe ihres Publikums einpflanzen: hier die leeren, nichtsnutzigen Scheingötter, dort der eine Gott, der wirkmächtig ist, wie sich gerade im erfolgten Wunder wieder gezeigt hat. In kräftiger, schöpfungstheologisch geprägter Sprache und unter Rückgriff auf ein Zitat aus der Bibel Israels – das Schöpfungswirken des lebendigen Gottes in V. 15 wird mittels eines Zitats aus Ex 20,11; Ps 146,6 ausgedrückt – legen die Apostel ein monotheistisches Bekenntnis ab, das als Einladung formuliert ist, sich auf diesen Gott einzulassen.

In einem nächsten Schritt nehmen die Apostel sodann einen potenziellen Einwand ihres Publikums vorweg. Denn wenn dieser Gott der einzig existierende Gott ist, dann könnten sich die Menschen in Lystra ja durchaus fragen, warum man von diesem einen Gott bisher überhaupt nichts gehört hat, warum er sich sozusagen nicht vor Ort in irgendeiner Form hat blicken lassen. Mit V. 16f. versuchen die Apostel darauf eine Antwort zu geben. **In der Tat hat dieser eine Gott in der Vergangenheit die nichtjüdischen Völker in aller Freiheit ihre eigenen Wege gehen lassen**. Aber die im Bibeltext geschilderten heilvollen Erfahrungen, die auch nichtjüdische Menschen in ihrem Leben machen, verdanken sich – so die Deutungsoption des Duos Barnabas und Paulus – dem Wirken dieses einen Gottes. Sie sind nicht Folge des

Zufalls und nicht das Werk je unterschiedlicher Götter, bei denen der eine für das Wetter, der nächste für gutes Wachstum und ein anderer für die Freuden des Lebens zuständig sind. Der eine Gott vereint all das in seiner Macht. Dass dabei gerade der vom Himmel herabfallende Regen an erster Stelle genannt wird, hat seine eigene Ironie, gilt doch der in der Erzählung präsente Zeus auch als Wettergott, der nicht nur Blitz und Donner, sondern auch Regen vom Olymp schickt. In Tat und Wahrheit ist auch dann mitnichten der Nicht-Gott Zeus am Werk, sondern der eine Gott.

Diese Argumentation zugunsten des einen Gottes fällt dezent und anschlussfähig aus. Barnabas und Paulus argumentieren schöpfungstheologisch, haben allein Gott und sein Wirken im Blick und knüpfen bei Alltagserfahrungen der Menschen in Lystra an, für die die beiden Apostel einen alternativen, eben monotheistischen Deutungsrahmen eröffnen. Von Jesus als Messias oder Sohn Gottes, von Erlösung, ethischen Optionen und ähnlichem, also von einem spezifisch christlichen Proprium, ist überhaupt nicht die Rede. Dass hier Jesusanhänger sprechen, merkt man der Rede nicht an. Sie bewegt sich durch und durch in jüdischen Denktraditionen und argumentiert mit jüdischen heiligen Schriften. Lukas lässt Paulus und Barnabas, die beide von Grund auf jüdisch sozialisiert sind, in dieser Erzählung, in der die monotheistische Grundoption auf dem Spiel steht und verhandelt wird, gleichsam „zurück auf Los" gehen und nur die Basics des jüdisch-christlichen Eingottglaubens verkünden. Schon diese Verkündigung hat es schwer in Lystra. Nur mit Mühe nämlich lässt sich die Menge von ihren Plänen, die Götter in Menschengestalt zu verehren, abbringen (V. 18).

Bravourös, so darf man zusammenfassend sagen, verweigern sich Barnabas und Paulus der Versuchung, sich als Große zu inszenieren. Sie machen es besser als Hananias und Sapphira in Sachen Gütergemeinschaft, besser als Simon Magus im Blick auf Wundertaten und besser als Herodes alias Nero in Sachen Herrschaft und schöner Stimme. Sie sind keine Götter und keine „Gernegroße". **Lukas zeichnet die beiden deutlich als vorbildliche Jesusmissionare, die überdies auch in dieser kritischen Situation noch eine Gelegenheit zur Verkündigung einer anschlussfähigen Theologie finden**, indem sie ihr paganes Auditorium dezent mit der theologischen Option des einen Gottes konfrontieren, dessen Spuren als Schöpfergott, der Menschen hilfreich zur Seite steht, sich aber bereits im gelingenden Leben auch der Nichtjuden gezeigt haben. Das Wirken Gottes lässt sich eben auch dort erfahren, wo man den einen Gott nicht kennt.

5. Lektion gelernt! Die wankelmütige Volksmenge und eine auffällige Leerstelle

Für das Verständnis der Gesamtperikope sind die abschließenden beiden Verse nochmals von Gewicht. Durch die aus Antiochia und Ikonion hereinbrechenden jüdischen Gegner – es sind *einige,* nicht *alle* Juden, die Barnabas und Paulus verfolgen und ihnen nach dem Leben trachten – wird just jene Volksmenge, die eben noch Barnabas und Paulus als Götter in Menschengestalt verehren wollte, für ganz andere Zwecke eingespannt. Sie werfen nun mit Steinen nach Paulus, um ihn zu töten. **Die Menge ist wankelmütig und zeigt sich einmal mehr leicht beeinflussbar – ein Erzählzug, den Lukas gewiss nicht ohne Ironie in die Geschichte einflicht, um allen christlichen Wundertätern auch noch den letzten Funken Lust auszutreiben, sich als mächtige Wundertäter zu inszenieren und öffentlich feiern zu lassen.** Die Gunst des Publikums ist unstet und kann eben schnell ins Gegenteil umschlagen. Für Paulus und Barnabas droht das Lystra-Abenteuer kein gutes Ende zu nehmen. Ein friedliches Zusammenleben zwischen Juden, paganer Bevölkerung und Jesusbewegung scheint in Lystra jedenfalls zu diesem Zeitpunkt nicht im Bereich des Möglichen zu liegen. Anhaltender Missionserfolg will sich nicht einstellen.

Gewichtiger scheint noch ein zweiter Aspekt der erzählten Welt. Lukas formuliert mit Blick auf Paulus sehr deutlich, dass die Steinigung wirklich erfolgt ist und die Volksmenge ihn für tot hält. Sie schleift ihn wie einen Leichnam, dem man auch im Tod noch den letzten Rest von Würde nehmen will, aus der Stadt hinaus; von Begräbnis keine Spur. So liegt Paulus vor der Stadt im Dreck. Wie Lukas sich diesen wie tot wirkenden Zustand des Paulus vorstellt, bleibt im Dunkeln und ist für ihn offenkundig auch nicht von Interesse. **Lukas erzählt eben als Theologe die idealisierte Geschichte der Apostel und der frühen Jesusbewegung und rechnet damit, dass sein Publikum nicht so sehr nach den geschichtlichen Ereignissen hinter den Buchstaben und zwischen den Zeilen fragt, sondern den Sinn und die theologische Bedeutung in den Buchstaben sucht.** Erneut nämlich interpretiert die Volksmenge in V. 19 einen in diesem Fall vollauf passiven Auftritt des Paulus falsch, womit sich das Missverständnis von V. 11–13 unter umgekehrten Vorzeichen wiederholt: Ist Paulus als Wundertäter aktiv, sehen sie in ihm einen Gott und wollen ihn vor der Stadt am Tempel verehren; ist er passiv, erkennen sie in ihm allzufrüh einen Leichnam und schleifen ihn vor die Stadt. Jesusbewegung, Monotheismus und Lystra scheinen einfach nicht zusammenzupassen.

Aber aller guten Dinge sind drei und so lässt Lukas Paulus in unserem Text mit V. 20 ein weiteres Mal in die Stadt Lystra hineingehen und ermöglicht eine dritte Wahrnehmung des Paulus in der Stadt. Denn Paulus erweist sich außerhalb der Stadt liegend als ausgesprochen lebendig. Er wird von den Jüngern umringt, die Lukas bisher verschwiegen hat, die es aber aufgrund der Evangeliumsverkündigung des Barnabas und des Paulus (Apg 14,6f.) doch auch bereits in Lystra gibt. Er steht auf, wie es auch für Tabita im Rahmen der Totenerweckung erzählt wird und wie Paulus es selbst dem lahmen Mann im Rahmen der Therapie befohlen hat, was zum Auslöser der ganzen erzählten Ereigniskette in Lystra geworden ist. Ob damit im Falle des Paulus eine Totenerweckung unmittelbar durch Gott angedeutet sein soll? Das wäre jedenfalls eine, allerdings im Text nur höchst vage angedeutete erzählerische Lösung, die erklären würde, wie Paulus die Steinigung überlebt haben könnte – zumal die Menschen aus Lystra ihn wirklich für tot hielten. Jedenfalls geht Paulus zurück in die Stadt. Dort verbleibt er in aller Öffentlichkeit noch den Rest des Tages und die Nacht und bricht erst am nächsten Tag nach Derbe auf (V. 20), um dann bald wieder nach Lystra zurückzukehren. Lukas erzählt nicht, was in dieser Zeit in Lystra passiert. Diese auffällige Leerstelle trägt m. E. inhaltliches Gewicht: Denn jetzt, wo man den doch für tot befundenen Wundertäter wieder als lebendig erfährt, drängt sich erst recht der Verdacht auf, dass hier ein Gott in Menschengestalt erschienen ist. Apg 28,1–6 wird genau mit diesem Motiv spielen und von Menschen auf der Insel Melite/Malta erzählen, die Paulus als Gott begreifen, weil er auf wundersame Weise den Biss einer Giftschlange unbeschadet übersteht.

Dieser Eindruck, in Paulus einen Gott zu erblicken, verstärkt sich umso mehr, als Lukas Paulus von außen in die Stadt kommen lässt, wohin man ihn geschleift hatte. Damit aber kommt Paulus von genau jenem Ort zurück, an dem Lukas den Zeustempel von Lystra verortet hatte. Im griechischen Text gibt es zwischen V. 13 und V. 19 exakt mit Blick auf die Erwähnung des Gebiets außerhalb der Stadt eine auffällige Stichwortverbindung, die beide Teilszenen miteinander in Beziehung setzt. Kommt jetzt nicht also doch aus der Perspektive der Stadtbevölkerung ein Gott in die Stadt, dem zu opfern zutiefst angemessen wäre? Aber:

Es passiert nichts! Auffälligerweise kann Paulus gänzlich unbehelligt agieren, sodass Lukas den Eindruck erweckt, dass die Menschen in Lystra nun entweder plötzlich das Interesse an Paulus und Barnabas verloren haben oder die Worte von Barnabas und Paulus doch Früchte getragen haben. In Lystra jedenfalls haben Barnabas und Paulus weder auf der Rückreise Schwierigkeiten (Apg 14,21) noch gibt es eine Reminiszenz an die Herausforderung polytheistischer Fehldeutungen und etwaiger Konflikte

im Rahmen des erneuten Lystra-Aufenthalts des Paulus, der das Thema von Apg 16,1–3 ist. Im Gegenteil zeigt Apg 16,1–3, dass die Jesusgemeinde in Lystra eine erfolgreiche Entwicklung genommen hat. Sogar ein friedliches Zusammenleben zwischen polytheistischen Griechen und jüdisch-christlichen Monotheisten ist möglich, wie sich an der in Apg 16,1–3 erwähnten Familie des Timotheus ablesen lässt, dessen Mutter eine christusgläubige Jüdin und dessen Vater ein nichtjüdischer und offenbar auch nichtchristusgläubiger Grieche ist. Ende gut, alles gut, darf man für einmal sagen.

6. Dem Anfang verpflichtet: Christen sind und bleiben Monotheisten

Mit Blick auf die lukanische Gemeinde ordnet sich Apg 14,8–20 zunächst in jene pragmatische Linie ein, die auch Apg 8,4–25 geprägt hat. Sehr viel expliziter noch als bei Philippus erzählt Lukas, wie Barnabas und Paulus der massiven Versuchung widerstehen, sich als vollmächtige Wundertäter feiern zu lassen. Gott ist am Werk, wenn Wunder geschehen. Und Wunder geschehen nicht am Menschen vorbei. Das Geschenk des Heils kann Menschen nicht einfach übergestülpt werden, sondern muss ihre Freiheit und ihre innere Disposition achten. Das gilt es auch in der lukanischen Gemeinde im Blick zu haben.

Mit Witz und Ironie erzählt Lukas zudem von einer besonders gewichtigen Begegnung der Jesusboten mit dem paganen Polytheismus, der auch in den Tagen des Lukas die Umwelt seiner Gemeinde prägt. **Versteht man die Rede des Barnabas und des Paulus als Modell einer Missionspredigt für die lukanische Gemeinde, dann vertritt Lukas eine kommunikative Option, die nicht mit der christologischen Tür ins Haus fällt**, sondern zunächst die theologische Basis der Jesusbewegung ins Zentrum rückt: den Glauben an den einen Gott, der sich auch Nichtjuden zugänglich macht und der Spuren seiner lebensförderlichen Wirkung auch im Leben von Polytheisten hinterlässt. Auf diese niederschwellig hinzuweisen, kann zum Eingangstor der Verständigung werden. Ganz nebenbei gelingt es in diesem Rahmen auch, einem potenziellen kritischen Einwand, Christen würden durch die Verehrung Jesu als Sohn Gottes eine Art zweiten Gott anbeten, sozusagen einen Jesus-Hermes als Wortführer neben dem Zeus-Gott, vorausschauend zu begegnen. Christen sind und bleiben Monotheisten.

6.2 Der Text heute – Themen und Bausteine

Kerstin Offermann

Bisher ist in der Ökumenischen Bibelwoche Paulus noch nicht vorgekommen, obwohl er in der Apostelgeschichte eine zentrale Rolle spielt. Eine kurze Einführung zu seiner Person finden Sie in der Bibelarbeit zum Text. Es wäre auch denkbar, kurz mit den TN zusammenzutragen, was sie über Paulus bereits wissen. Barnabas kennen die TN bereits aus Text 1. Mithilfe des Kartenmaterials im Downloadmaterial kann der Reiseweg von Paulus bis nach Lystra nachvollzogen werde. Sie befinden sich nun also nicht mehr in Israel, jedoch weiterhin im Einflussbereich der römischen Kultur, der ihnen durchaus geläufig ist.

Die Geschichte, die Lukas erzählt, hat durchaus humorvolle Seiten und liest sich leicht. Aber, wie im Folgenden gezeigt wird, trägt sie für uns abgründige Themen in sich. Daher können sich an der Geschichte Fragen entzünden, die in einen ergebnisoffenen Diskussionsprozess führen.

Methodisch könnte so ein Prozess angeregt/gestaltet werden: Bitten Sie die TN, eine Frage, die sie an den Text haben oder die durch die Geschichte bei ihnen geweckt wurde, auf ein Blatt Papier an den oberen Rand zu schreiben. Dann geben alle TN das Blatt mit ihrer Frage nach links weiter. Sie schreiben nun eine Reaktion auf die Frage, die sie erhalten haben, unter die Frage und geben das Blatt wiederum nach links weiter, um die nächste Frage zu beantworten, zu kommentieren, zu ergänzen.

Ein Traum von Kirche?

Die Gemeinde taucht in dem Text erst ganz am Ende auf, als sie den gesteinigten Paulus umringen und Zeuge seines Aufstehens werden. Das ist also die Rolle, die Lukas seinen Leser*innen zuschreibt: staunend um die Apostel herumzustehen, zuzusehen und zu bezeugen, was für Auswirkungen die Auferstehung Jesu in unserer Welt hat. In gewisser Weise ist das immer noch unsere Rolle.

Diese Rolle kann in der Umsetzung der Einheit auch methodisch nachempfunden werden: Drucken Sie den Text versweise aus – jeden Vers auf ein eigenes Blatt. (Vorlage im Downloadmaterial) Legen Sie die Ausdrucke auf den Boden. Bitten Sie die TN, sich im Kreis darum zu stellen. Lesen Sie den Text nun vor, die TN lesen leise mit. Bitten Sie die TN nun, sich einen Vers auszusuchen und den entsprechenden Papierbogen an sich zu nehmen. Bitten Sie die TN, reihum (also nicht in der Reihenfolge der Verse!) frei wiederzugeben (also nicht vorzulesen!), was auf ihrem Blatt steht: „Bei meinem Vers geht es darum …; Mein Text erzählt davon, wie …; Auf meinem Blatt steht, dass …" Bitten Sie die TN anschließend, versweise den Text vorzulesen, diesmal in der richtigen Reihenfolge. Der Text hat 13 Verse. Sollten es weniger TN sein, lesen Sie die nicht gewählten Verse. Sollten es mehr TN sein, müssten sich einige TN einen Vers teilen.

Wie erging es den TN, als sie zu Zeugen der Ereignisse und der Geschichte von Lukas geworden sind? Hat sich die Geschichte anders angehört, als sie frei bezeugt worden ist? Haben sie beim anschließenden Lesen etwas im Text entdeckt, dass sie vorher noch nicht wahrgenommen haben? Bei welchem Gedanken sind sie hängengeblieben oder ausgestiegen?

Den Jüngern in der Geschichte ging es so, wie es den Mannschaftskollegen des dänischen Nationalspielers Christian Eriksson beim EM-Spiel am 12.06.2021 gegen Finnland erging, als dieser zusammenbrach und sich die Spieler im Kreis um ihn stellten. Wer diese Szene im Fernsehen mitverfolgt hat, war von dem Ereignis ebenfalls emotional bewegt. Tod und Leben liegen so nahe zusammen und sind plötzlich in den Alltag eingebrochen! Können sich die TN an die Szene erinnern? Haben sie diese im Fernsehen mitverfolgt? Welche Gefühle erinnern sie oder vermuten sie bei den Mannschaftskameraden? Betrachten Sie mit den TN dazu das Foto, das sich im Downloadmaterial findet.

Die Kirche ist auch eine Zeug*innen-Gemeinschaft, die staunend, vielleicht auch manchmal etwas ratlos und zweifelnd wahrnimmt, was Gott getan hat und davon berichtet. Sie bezeugt aber auch, was Gott tut und was Gott tun wird! Erleben sich die TN selbst als Teil einer solchen Zeugengemeinschaft?

Betrachten Sie den Cartoon „Alles meine Zeugen" dazu, den Sie auf Seite XX und im Downloadmaterial finden. Bitten Sie die TN, sich dazu zu äußern. Kommt ihnen das bekannt vor? Erkennen sie sich oder andere darin wieder?

Mit dem Aspekt des Weitergebens der Botschaft beschäftigt sich auch die Bibelarbeit zum Text.

Gelebte Spiritualität

Mit dem Bezeugen von Gottes vergangenem und zukünftigem Handeln hängt auch das Bekenntnis zusammen, wer dieser Gott ist. Gott wird von Paulus als der einzige Gott bekannt, als der Schöpfer Himmels und der Erde. Das Bekenntnis zum Schöpfergott spiegelt sich auch im Gemeindegebet in Apg 4,24 wider. **Es ist auch in unserer Zeit anschlussfähig, Gott in der Natur zu begegnen.** Für viele Menschen ist das eine Erfahrung, die sie teilen können. In ihr begegnet der Mensch Gottes ständigem Segen und Gottes ständiger Fürsorge: Regen macht Wachstum möglich, daraus entsteht Nahrung und daraus entsteht Freude. Freude ist das Ziel der Schöpfungsgaben (vgl. Klaus Haacker: Die Apostelgeschichte, Theologischer Kommentar zum Neuen Testament, S. 244). Es gibt also eine Parallele zwischen Gottes Handeln an dem Gelähmten und Gottes Segen für alle Menschen. Gottes Ziel ist in beidem die Lebensfreude und Lebensfülle.

Sie können diesem Gedanken vertieft Ausdruck verleihen, indem Sie die TN bitten, in das Gemeindegebet aus Apg 4,24 einzustimmen und es um ihre eigenen Erfahrungen zu bereichern. Drucken Sie das Gemeindegebet im DIN-A6-Format aus (Vorlage im Downloadmaterial), sodass noch Platz auf dem Papier ist, um eigene Naturerfahrungen aufzuschreiben. Bitten Sie die TN sich an eine Situation zu erinnern, in der sie in der Natur besonders Lebensfülle erfahren haben oder die Nähe Gottes gespürt haben. Bitten Sie sie TN, sich diese Situation bildlich vorzustellen. Was „sehen" sie? Bitten Sie die TN, einen Aspekt ihres inneren Bildes aufzuschreiben und, wenn sie mögen, mit den andern zu teilen. Fassen Sie anschließend die genannten Erfahrungen in einem Dankgebet zusammen.

Auch die Erfahrung von Krankheit und Heilung macht Menschen offen dafür, dass sie in ihrer Wirklichkeit eine Erfahrung von etwas Transzendentem, Jenseitigem, Göttlichem machen. „Transzendenz ist es, wonach sich alle Menschen sehnen. An ihr richten sie sich aus, an dem Gedanken, dass sie auf die eine oder andere Weise aus sich heraus kommen können. Es ist eine andere Perspektive, ein Punkt, an dem sie sich mit dem Ewigen und Sakralen vereinen können. Die Sehnsucht danach ist allen Menschen eigen, aber wir haben uns davon abgewandt. In der modernen Welt, in der die Skepsis gegenüber der Religion dominiert, wollen wir uns nicht mehr eingestehen, dass es so etwas wie das Transzendente gibt. Doch wenn wir es aufgeben, geben wir die Hälfte von dem auf, was uns zum Menschen macht" schreibt der Philosoph Roger Scruton in der Essay-Sammlung *Leben in schwierigen Zeiten.*

Die Versuchung und Herausforderung unserer Zeit ist nicht mehr so sehr die Verwechslung Gottes mit anderen Göttern, sondern die, den Menschen selbst an die Stelle Gottes zu setzen. Roger Scruton schreibt dazu weiter: „Wir brauchen Gott nicht. Natürlich, der Gottesbegriff, den wir Monotheisten haben, entspricht genau dieser transzendenten Perspektive. Es gibt etwas, das uns von einem anderen Punkt aus beobachtet und uns beurteilt. Wenn wir in seinen Augen gut sind, dann sind wir das auch. Das ist eine sehr tröstliche Sichtweise. Sie hilft Menschen in ihrem Leben, in ihren Beziehungen. Sie gibt ihnen Hoffnung. Aber was passiert, wenn wir diesen Gott für immer verlassen haben? Und wenn niemand diesen leeren Platz einnimmt? Es fragt sich dann, ob man trotz dieser Leere Transzendenz zu erfahren vermag. (...) Wir leben in vollem Bewusstsein dieser Leere, ohne zu einer direkten Handlung in der Lage zu sein. Wir greifen fortwährend nach dem Transzendenten, ohne dass wir zwangsläufig glauben, dass es existiert, ohne zu glauben, dass es eine Person gibt, die es verkörpert."

Abgrenzung

Dass Menschen an die Stelle Gottes treten, ist die eigentliche Frontstellung im Bibeltext. Es geht sicherlich auch um die Gegenüberstellung von polytheistischen und monotheistischen Gottesbildern (s. u.), aber das tiefe Entsetzen von Paulus entzündet sich daran, dass Menschen zu Göttern gemacht werden.

Das Zerreißen der Kleider ist eine plastische Distanzierung von der Lästerung. Die Lästerung klebt an einem wie Rauch, der in den Kleidern hängt. Sie ist ansteckend, wenn man sich nicht distanziert! formuliert es auch Klaus Berger in seinem Kommentar zum Neuen Testament.

Dabei ist die Reaktion der Menschen in Lystra durchaus nachvollziehbar. Sie erfahren göttliches Eingreifen. Die Erfahrung Gottes können Menschen aber nur in unseren menschlichen Denkkategorien und in der uns vertrauten Weltsicht verstehen. Die Gefahr, dabei die Realitäten zu vermischen ist bis heute gegeben. „Menschen, die dem Glauben so entfremdet sind, dass sie mit Gottes Wirken nicht mehr rechnen, reagieren heute auch so, wie es den gesellschaftlichen Erwartungen entspricht. Treten charismatische Personen auf, werden sie vergöttert. Schnell ergeht es ihnen allerdings auch wie den Aposteln. Genauso schnell werden sie wieder verunglimpft und ausgestoßen" (Katharina Wiefel-Jenner, Te deum, Mai 2022, 171f.) Es ist überlebenswichtig, dass wir Gott Gott sein lassen, denn nur dann kann der Menschen Mensch sein. Ohne Gott, oder bei einer unklaren Vermischung der Welten verliert der Mensch seine eigene Freiheit und Würde.

Paulus wird im Text zwar als Nachfolger Jesu Christi, als durch Jesu Geist inspiriert verstanden, dessen Leben das Leben Jesus widerspiegelt, er verkündigt, heilt, wird verfolgt (stirbt und steht wieder auf), aber er ist keine Inkarnation von Jesus Christus.

Das wirft allerdings die schwierige theologische Frage auf, wo denn der Unterschied zwischen der Inkarnation Gottes in Christus und der Vorstellung der Menschwerdung der römischen Götter besteht. Paulus argumentiert vom Monotheismus her. Mit der 2000-jährigen Geschichte christlicher Mission im Hintergrund weckt das bei uns auch ungute Assoziationen von kolonialer Ignoranz und Dominanz, von der Marginalisierung und Vernichtung von Kulturen – und auch von einem ähnlich arroganten Umgang mit der Schöpfung, die wir uns verfügbar machen und ausbeuten. Wir erleben heute, dass diese Haltung uns an den Rand eines Abgrundes führt. **Daraus erwächst auch eine demütigere Haltung anderen Kulturen und Religionen gegenüber, die danach fragt, ob wir nicht vielleicht von ihnen etwas Überlebenswichtiges lernen können und müssen.**

Das Phänomen des „neuen Heidentums", das in seiner Bandbreite sehr vielfältig ist, ist doch darin anschlussfähig, dass es von Werten geprägt ist, die in unserer Gesellschaft große Akzeptanz erfahren: Toleranz (auch den verschiedenen Göttern und Zugangsweisen zum Göttlichen gegenüber), Achtung vor der Natur, individualisierter Glaube, Erfahrungsbezug. In diesen Strömungen finden Menschen eine Heimat, die sich in ihrer eigenen Individualität von Kirche und Gesellschaft abgelehnt erfahren. Es gibt keine klaren Vorschriften und Regeln, wie man sich Gott vorzustellen hat, oder wie Menschen zu sein haben. Toleranz und Respekt sind die wichtigsten Regeln. Außerdem eint sie eine Frontstellung gegen die Kirche und den Monotheismus. (vgl. die Dokumentation „Schamanen, Hexen, neue Heiler" – Link siehe Link-Liste im Downloadmaterial)

 Die Diskussionen zum Thema Mission oder das Wiedererwachen des Heidentums spiegeln die gesellschaftliche Atmosphäre, in der wir als Christ*innen leben. Wie wollen sich die TN dazu positionieren? Die Werte von Toleranz und Respekt teilen wir, ebenso wie das Erschrecken über das Unrecht und die Gewalt, die in Jahrhunderten unter der Überschrift Mission im Kolonialismus geschehen sind. Eröffnen Sie den TN einen Freiraum, indem sie ihr eigenes Unbehagen äußern können und in eine Suchbewegung nach einer möglichen christlichen Positionierung eintreten können.

Wirken des Geistes

Die augenfällige Wirkung des Geistes Gottes ist die Heilung des Gelähmten. Das Publikum hat allerdings keine Probleme, die Heilung in ihrem Denkhorizont zu verstehen und einzubauen. Innerhalb der Apostelgeschichte führen Heilungen nur selten zu Bekehrungen, sondern erzeugen meist nur Interesse oder Missverständnisse (vgl. NT Jüdisch erklärt, S. 257) Vielleicht ist die tiefere Wirkung des Geistes daher, dass der gelähmte Mann zum Glauben an Jesus Christus kommt, auch wenn er seinen Glauben gar nicht äußert und sich dessen womöglich auch noch gar nicht bewusst ist.

Die Wirkungen des Heiligen Geistes brauchen also die Gemeinschaft von Menschen, die vom Geist berührt sind, um positiv und konstruktiv aufgenommen werden zu können. Wie der Gelähmte ohne seine Bitte geheilt wird, erfahren auch die Menschen in Lystra Gottes Segen, ohne ihn zu kennen oder an ihn zu glauben. Und doch zielt beides auf eine lebensstiftende

Beziehung zwischen Gott und den Menschen, die Gott in seiner Liebe wahrnimmt. Diese Erkenntnis Gottes ist zwar nur durch den Heiligen Geist möglich, braucht aber die Gemeinschaft der Glaubenden, um Form und Inhalt anzunehmen.

Fernwirkung

Vers 19 ist unter dem Aspekt der Judenfeindlichkeit, die sich auch auf die Apostelgeschichte stützt, sehr problematisch. Sie ist ein gutes Beispiel für das „Othering", dass einer Gruppe von Menschen unter einem pauschalen Gesichtspunkt eine bestimmte (schlechte) Eigenschaft zuschreibt und sie als unverständlich andersartig („other") darstellt. Hier ist es bodenloser Hass: Indem Juden sogar 160 km weit reisen, um Paulus anzuprangern, bekunden sie ihren tiefen Hass (NT jüdisch erklärt 268). Ist das realistisch oder nicht viel mehr eine Erzählstrategie, durch die Lukas seine apologetischen Absichten umzusetzen versucht? (Vgl. dazu die Überlegungen zu Text 5).

Das Umkippen verbaler in körperliche Gewalt hinterlässt auf beiden Seiten Traumata, die besser vermieden worden wären. Die Spirale der Gewalt zieht sich von der Apostelgeschichte aus wie ein blutroter Faden durch die Geschichte des Christentums. Weltweit sind immer noch Christ*innen wegen ihres Glaubens von Verfolgung, Benachteiligung und Gewalt bedroht. Aber leider wurden und werden Christ*innen auch in erheblichem Maße zu Täter*innen und folgen damit nicht dem gekreuzigten Jesus Christus, sondern verraten ihn.

Kerstin Dominika-Urban / Wolfgang Baur

Vorbereitung

Inhaltlicher Schwerpunkt

Es ist die erste Missionsreise von Paulus. Zusammen mit Barnabas wird er von der Gemeinde in Antiochia ausgesandt, das Evangelium zu verkünden. Auf den bisherigen Stationen der ersten Missionsreise hat die Botschaft von Paulus und Barnabas Menschen immer in verschiedene Lager gespalten. Der Blick für das Wesentliche ist immer wieder verstellt. Paulus und Barnabas versuchen, die Augen für das Handeln Gottes zu öffnen.

Raumgestaltung

Stuhlkreis, am Rand evtl. Tische

Materialien und Medien

→ Bibeltext (TNH)
→ Aus Papier ausgeschnittene Sterne
→ Moderationskarten/Papier
→ Stifte
→ Teelichter
→ Kleine Steine

Zur Gestaltung des Abends

Liturgische Eröffnung

Begrüßung

Lied
z.B. EG 132

Auf den Text zugehen: (ca. 15 Min.)

Leiter*in: Paulus und Barnabas kommen gerade nach einer heftigen Auseinandersetzung mit jüdischen Konservativen in der Stadt Lystra an. Dort erwartet sie eine komplett andere Herausforderung.

Impuls: Menschen, die bewundert werden

Leiter*in: Tagtäglich werden in den Medien Menschen präsentiert, die außergewöhnlich sind und bewundert werden: Stars. Auch in Ihrem persönlichen Umfeld gibt es vielleicht solche erfolgreichen Leute, die Aufsehen erregen und von anderen bejubelt werden. Dabei gibt es allerdings zwei Sorten: Solche, die Sie selbst auch begeisternd finden und solche, deren Ziele, Methoden oder Worte Sie ablehnen.

Lassen Sie uns dem Phänomen einen Moment nachgehen und einige Beispiele sammeln. Bitte notieren Sie auf den sternförmigen Papieren je eine Person, die sie als einen solchen Star wahrnehmen – solche, die Sie selbst toll finden, auf gelbe Sterne, solche, die für Sie eher schwierig sind oder die Sie ablehnen, auf rote Sterne.

Die Stars werden auf ein Plakat geklebt.

Gespräch
Welche Werte, Ziele, Methoden verkörpern die einzelnen Stars? Welche sagen mir zu? Welche lehne ich ab? Was sehe und erkenne ich selbst durch solche Stars? Bin ich selbst schon einmal in die Rolle eines „Stars" gekommen? Gewollt oder ungewollt? Wie ging es mir dabei? Wollte ich das überhaupt?

Alternative: Die wichtigste Botschaft
Stellen Sie sich vor, Sie möchten den Grund Ihres Glaubens an jemanden weitergeben, die/ der ganz anders denkt – welche Beispiele und Argumente halten Sie für hilfreich zu einem Gesprächseinstieg? Was wäre Ihr „Trumpf" z. B. in einer Diskussion mit Humanisten, die Gott und Glauben für entbehrlich halten?

Dem Text begegnen: (ca. 40 Min.)
Der Text wird laut gelesen.

Dann nennen die Teilnehmer*innen die verschiedenen Personen und Personengruppen, die im Text vorkommen, und beschreiben, was sie charakterisiert. Eine/r schreibt die Personen/Namen jeweils auf ein großes Papier (der Gelähmte, Paulus, Barnabas, die Leute, der Priester am Zeustempel ...). Die Zettel werden in die Mitte gelegt. Dabei können sie so angeordnet werden, dass eine Hierarchie entsteht: Die Angesehenen (Stars, Wortführer...) oben, die Verachteten, Unwichtigen oder Abgelehnten unten – die gegnerischen Gruppen auf verschiedenen Seiten. Was verändert sich im Laufe der Geschichte? Wie beeinflussen die einen die anderen?

Kleingruppen
Die TN gehen dem Text in kleineren Gruppen weiter auf den Grund anhand folgender Impulse:
→ Markieren Sie alle Aussagen über „Sehen", „Erkennen", „Verstehen". Wer sieht und erkennt was?
→ Zwischen welchen ablehnenden Gruppen stehen die Missionare? Gibt es zwischen den beiden irgendwelche Gemeinsamkeiten? Was wissen oder sehen und erkennen die jeweiligen Gruppen?
→ Wie könnten die einen und wie die müssten die anderen auf die Aufforderung in V. 15 reagieren?

Plenum
Leiter*in: Der Text lässt sich grob in drei Abschnitte teilen, die Verse 8–10 mit der eher knapp gehaltenen Heilungsgeschichte und dem tiefgehenden Augen-Blick zwischen dem Gelähmten und Paulus. Die Wundererzählung in diesem Kontext dient Lukas gewissermaßen als Türöffner. Dann die Verse 11–18 mit der Reaktion der Leute auf das Geschehen und der mehr oder

weniger erfolgreiche Versuch von Paulus und Barnabas die aus ihrer Sicht falsche Deutung der Leute wieder einzufangen. Und dann die Verse 19 und 20, die Steinigung des Paulus, die Jünger, die sich um ihn herumstellen, er aufsteht und dann mit Barnabas weitergeht.

Mögliche Anknüpfungspunkte/Impulse für das weitere Gespräch:
→ Welches „Sehen" und „Erkennen" versuchen Paulus und Barnabas zu eröffnen?
→ Vergleichen Sie den letzten Satz des Textes mit den Schlusssätzen der anderen Texte. Gibt es zwischen diesen Sätzen Übereinstimmungen oder eine gemeinsame Linie?
→ Vergleichen Sie den Ausgang der Erzählung mit Lk 4,24-30. Inwiefern interpretiert das (ebenfalls von Lukas verfasste) Evangelium die Erzählung über die Missionare und umgekehrt?

Weiterführende Gedanken im Gespräch
→ Gemeinsamkeiten von Anfang und Ende des Textes – aufstehen.
→ Bedeutung des Aufstehens und Herumgehens des Gelähmten; und des Aufstehens nach der Steinigung des Paulus.
→ Die Predigt des Paulus (V. 15–17) – nichtige Götter (Zeus, Hermes) vs. Lebendiger Gott, Schöpfergott. Unser Reden von Gott heute zwischen „Glaube ist Privatsache" und „Verkündigung ist politisch" oder „Ich stelle mir meinen Glauben selbst zusammen".
→ Persönliche Konsequenzen von Glauben und Bekenntnis – was können wir von Paulus und Barnabas (und anderen) für uns selbst lernen? Was trägt und prägt mich und was will ich weitersagen?
→ Die Rolle Gleichgesinnter als Bestätigung, Schutzraum und Stärkung – Gemeinschaft der Heiligen.

Mit dem Text weitergehen: Gott geht mit
Leiter*in: Lesen Sie noch einmal den Text vor dem Hintergrund dessen, was wir im Verlauf des Abends miteinander gesprochen, gedacht und ausgetauscht haben. Streichen Sie die Worte, Sätze oder Satzteile an, die Sie jetzt besonders ansprechen, die Sie mitnehmen wollen und, wie es so schön heißt, im Herzen bewegen oder die damals und heute „Augen öffnen" und einen glaubenden Blick auf die Welt erlauben. Nach ein paar Minuten können alle, die möchten, die angestrichenen Textteile laut vorlesen und danach ein Teelicht in der Mitte anzünden und/oder sich einen kleinen Erinnerungsstein aus der Mitte mitnehmen.

Liturgischer Abschluss

Lied
Wenn wir das Leben teilen (Kommt, atmet auf 100)

Gebet

Vaterunser

Lied
EG 472,1,2,6 oder EG 473

6.4 Bildbetrachtung

Johannes Beer

Annette Weber-Vinkeloe: Apostelgeschichte 14, 2022, Mischtechnik auf Papier, 98 x 98 cm

Dieses Bild ist auf den ersten Blick klar in zwei Teile aufgeteilt: Der obere Teil ist in einem dunklen und sehr intensiven Blau gehalten. Der untere Teil ist in kräftigen und zugleich hellen Ocker- und Beigetönen gemalt. In diesem Teil dominiert eine Struktur, die zum einen ein klar begrenztes Rechteck bildet und zum anderen sich in sehr regelmäßige Quadrate unterteilt.

Auch im oberen blauen Teil finden sich Teile dieser Struktur, aber der Raum, den sie einnehmen ist deutlich kleiner. Und sie sind unregelmäßiger, teilweise aufgebrochen, und lösen sich nach oben hin immer mehr auf. Zwischen diesen Strukturen im unteren und im oberen Teil erkennen wir eine klare Kante. Alle Linien sind unterbrochen. Selbst dort, wo sie sich optisch fortsetzen, finden wir eine kleine Lücke, einen deutlichen Absatz.

Die blaue Farbigkeit des oberen Bildteils fließt allerdings etwas über diese Kante hinweg in die Struktur des unteren Bildteils. Manche Quadrate sind ganz mit Blau gefüllt, andere teilweise und manche nur etwas. Im unteren Bereich gibt es nur sehr vereinzelte blaue Flecken. Am oberen Ende der Gitterstruktur findet sich im blauen Bereich eine goldene Applikation. Eine weitere sehen wir fast senkrecht darunter kurz vor der Kante zum unteren Bereich. Eine dritte entdecken wir etwas tiefer in der Region, in der noch deutliche Blauanteile im ockerfarbenen Bereich sind. Eine vierte sehen wir wiederum etwas tiefer in einem Quadrat, das nur noch recht wenige blaue Anteile hat.

Natürlich assoziiere ich mit dem unteren ockerbeigen Bereich und der rechteckigen Struktur die Stadt Lystra. Die Quadrate erinnern zum einen an Stadtpläne systematisch angelegter Städte, aber vor allem an Gebäude, Räume und Innenhöfe. So wie die rechteckige Struktur des blauen Teils mit dem Absatz der Kante und dem Zurückspringen an die Quadrate im unteren Bereich anschließt, erinnert das Ganze an ein Gebäude mit Staffelgeschoss oder auch an alte Tempeltürme.

Die goldenen Applikationen symbolisieren auf diesem Bild für mich Paulus und Barnabas. Sie kommen in die Stadt, verkünden das Evangelium und heilen. Aber die Menschen in Lystra missverstehen, nehmen den Glauben nicht an, sondern halten die beiden für Götter, die zu ihnen herabgestiegen sind. Schließlich kippt die Verehrung in Verfolgung. Das Blau des Himmels wird wieder zurückgedrängt. Die Bereiche der Stadt und des Himmels bleiben bis auf wenige Überschneidungen getrennt.

7.1 Exegese

Markus Lau

„Beschnitten oder Unbeschnitten, das ist hier die Frage" – Der Konflikt um die Integration von Nichtjuden in die Jesusbewegung und der große Kompromiss von Jerusalem: Apg 15,1–35

Ohne Zweifel ist die Erzählung vom sogenannten Apostelkonzil in Jerusalem ein theologischer Spitzentext der Apostelgeschichte. Denn in Apg 15 wird erzählt, wie der für die Geschichte der Jesusbewegung grundlegende Konflikt um die Aufnahme von Nichtjuden in die Jesusbewegung, der die Apostelgeschichte seit Apg 10 (und in Ansätzen bereits mit Blick auf die Samaritaner in Apg 8) prägt, durch Kompromissbereitschaft von allen Beteiligten so mustergültig gelöst wird, dass man mit guten Gründen von einer idealisierten Darstellung des Lukas sprechen darf, die für seine Gemeinde Wirkung entfalten soll.

1. Der Kontext

Die Jesusbewegung hat seit Apg 11,19 immer wieder den geografischen Raum Israel/Palästina verlassen. In Gestalt von Figuren wie Barnabas und Paulus reist sie durch die antike Welt. Dabei versucht sie in der erzählten Welt zwar stets auch jüdische Synagogen anzusteuern, es schließen sich aber mehr und mehr auch Nichtjuden der Jesusbewegung an (vgl. dazu z. B. Apg 13,13–47). Hier stellt sich ein grundlegendes Problem. Denn es ist die Frage, zu welchen Bedingungen nichtjüdische Menschen Teil der Jesusgruppe werden können, die aus dem Judentum stammt und in dieser frühen Phase ihrem Selbstverständnis nach wie auch in der Außenperspektive weiterhin Teil des Judentums ist. Natürlich: Wer Teil der Jesusbewegung wird, bei der Mitgliedschaft auf freiem Entschluss, nicht auf Geburt oder Zwang beruht, wird die grundlegenden religiösen und sozialen Optionen dieser Gruppe teilen, an den einen Gott glauben, in Jesus den Messias und Sohn Gottes erblicken, das Ethos der Jesusbewegung teilen und an den religiösen Feiern der Gruppe teilnehmen. Aber müssen eintrittswillige nichtjüdische Menschen, die sich taufen lassen wollen, für die Vollmitgliedschaft in der Jesusgruppe nicht eigentlich auch Jüdin und Jude werden, sich also z. B. als Mann beschneiden lassen und sich der Einhaltung des gesamten jüdischen Gesetzes verpflichtet fühlen? Müssen Nichtjuden Proselyten werden, um Christen sein zu können? Dabei hätte die Einhaltung mancher dieser Regeln, die aus der Innenperspektive des Judentums Identität begründen und absichern, nach außen aber auch abgrenzende Effekte haben, handfeste Nachteile für Nichtjuden. Beschneidung etwa gilt Griechen und Römern in der Antike als unschicklich. Und die Einhaltung der Speisegebote ist in ihrer praktischen Umsetzung nicht nur manchmal herausfordernd, sondern hätte z. B. auch zur Folge, dass man bei der nächsten Einladung zum festlichen Abendessen bei Nichtjuden mindestens nachfragen müsste, was da eigentlich für Fleisch auf dem Teller liegt, wenn man nicht ohnehin die ganze Einladung hätte ausschlagen müssen.

In dieser Perspektive könnte der Eintritt in die Jesusbewegung auch ganz alltagspraktische Brüche mit dem bisherigen Leben mit sich bringen. Kein Wunder, dass Nichtjuden in der Antike vor einer Konversion zum Judentum in aller Regel zurückschrecken und bei Interesse am Judentum lieber Gottesfürchtige bleiben (zu Gottesfürchtigen und Proselyten s. in der Einleitung unter 3.). Gerade im Blick auf diese Gruppe freilich bietet sich für die Jesusleute eine interessante Option, denn die Jesusgruppe könnte Vollmitgliedschaft in einer nach ihrem Selbstverständnis jüdischen Gruppierung bieten, aber die Eintrittsbedingungen niederschwelliger gestalten. Solche und weitere Fragen stehen im Hintergrund der Erzählung von Apg 15.

2. Der Text und seine Struktur

Apg 15,1–35 erzählt einen langen thematischen Bogen. Er nimmt in Antiochia seinen Ausgang und endet dort auch wieder, spielt aber in der Hauptsache in Jerusalem. Die V. 1–5 fungieren dabei als ausführliche Einleitung, die in zunächst etwas kryptisch wirkender Form den Konflikt benennt, um den gestritten wird, und dann alle für den folgenden Erzählverlauf zentralen Figurengruppen vorstellt.

> *1 Es kamen einige Leute von Judäa herab und lehrten die Brüder: Wenn ihr euch nicht nach dem Brauch des Mose beschneiden lasst, könnt ihr nicht gerettet werden. 2 Da nun nicht geringer Zwist und Streit zwischen ihnen und Paulus und Barnabas entstand, beschloss man, Paulus und Barnabas und einige andere von ihnen sollten wegen dieser Streitfrage zu den Aposteln und den Ältesten nach Jerusalem hinaufgehen. 3 Die Gemeinde gab ihnen das Weggeleit. Dann zogen sie durch Phönizien und Samarien; dabei berichteten sie den Brüdern von der Bekehrung der Heiden und bereiteten damit allen Brüdern große Freude. 4 Bei ihrer Ankunft in Jerusalem wurden sie von der Gemeinde und von den Aposteln und den Ältesten empfangen. Sie erzählten alles, was Gott mit ihnen zusammen getan hatte. 5 Da erhoben sich einige aus der Partei der Pharisäer, die gläubig geworden waren, und sagten: Man muss sie beschneiden und von ihnen fordern, am Gesetz des Mose festzuhalten.*

Mit dieser knallharten Forderung der an Jesus als Messias glaubenden Pharisäer, die sachlich an die in V. 1 erzählte Forderung anknüpft, ist die Einleitung gerahmt. Es liegt Spannung in der Luft. Klugerweise tragen die Antiochener diesen Konflikt, der von außen in ihre Gemeinde hineingetragen worden ist und in ihren Reihen für erhebliche Spannungen gesorgt hat (V. 2), zurück an den vermuteten Ursprung: nach Jerusalem. Dort versammeln sich nach V. 4 die Gesamtgemeinde, die Apostel und Ältesten, um den Dingen auf den Grund zu gehen und den Konflikt zu prüfen und zu lösen, so V. 6. Davon ist in V. 6–29 die Rede, wobei sich dieser lange Jerusalemabschnitt angesichts der unterschiedlichen Akteure und des Konfliktlösungsverlaufs in kleinere Einheiten strukturieren lässt.

Nach den eröffnenden und überleitenden V. 6 und 7a, die zeigen, dass auch in Jerusalem der Konflikt eskaliert, hat zunächst Petrus das Wort (V. 6–11):

> *6 Die Apostel und die Ältesten traten zusammen, um die Frage zu prüfen. 7 Als ein heftiger Streit entstand, erhob sich Petrus und sagte zu ihnen: Brüder, wie ihr wisst, hat Gott schon längst hier bei euch die Entscheidung getroffen, dass die Heiden durch meinen Mund das Wort des Evangeliums hören und zum Glauben gelangen sollen. 8 Und Gott, der die Herzen kennt, hat dies bestätigt, indem er ihnen ebenso wie uns den Heiligen Geist gab. 9 Er machte keinerlei Unterschied zwischen uns und ihnen; denn er hat ihre Herzen durch den Glauben gereinigt. 10 Warum stellt ihr also jetzt Gott auf die Probe und legt den Jüngern ein Joch auf den Nacken, das weder unsere*

Väter noch wir tragen konnten? 11 Wir glauben im Gegenteil, durch die Gnade Jesu, des Herrn, gerettet zu werden, auf die gleiche Weise wie jene.

Bevor die nächste große Rede beginnt, kommt es zu einem kurzen Intermezzo, in dessen Rahmen Barnabas und Paulus das Wirken Gottes unter den Nichtjuden bezeugen (V. 12):

12 Da schwieg die ganze Versammlung. Und sie hörten Barnabas und Paulus zu, wie sie erzählten, welch große Zeichen und Wunder Gott durch sie unter den Heiden getan hatte.

Im Anschluss hat der Herrenbruder Jakobus, offenbar so etwas wie der Gemeindeleiter in Jerusalem, das Wort. Er formuliert einen Lösungsvorschlag für das umstrittene Problem (V. 13–21):

13 Als sie geendet hatten, nahm Jakobus das Wort und sagte: Brüder, hört mich an! 14 Simon hat berichtet, dass Gott selbst zuerst darauf geschaut hat, aus den Heiden ein Volk für seinen Namen zu gewinnen. 15 Damit stimmen die Worte der Propheten überein, die geschrieben haben: 16 Danach werde ich mich umwenden und die zerfallene Hütte Davids wieder aufrichten; ich werde sie aus ihren Trümmern wieder aufrichten und werde sie wiederherstellen, 17 damit die übrigen Menschen den Herrn suchen, auch alle Völker, über denen mein Name ausgerufen ist – spricht der Herr, der das ausführt, 18 was ihm seit Ewigkeit bekannt ist. 19 Darum halte ich es für richtig, den Heiden, die sich zu Gott bekehren, keine Lasten aufzubürden; 20 man weise sie nur an, Verunreinigung durch Götzenopferfleisch und Unzucht zu meiden und weder Ersticktes noch Blut zu essen. 21 Denn Mose hat seit alten Zeiten in jeder Stadt seine Verkünder, da er in den Synagogen an jedem Sabbat verlesen wird.

Mit dieser Option, die – wie wir sehen werden – sehr weitsichtig formuliert ist, setzt sich Jakobus in der von Lukas inszenierten Welt durch. Freilich muss dieses Ergebnis nach Antiochia gelangen. Dafür bietet sich in der Antike das Medium des durch Boten überbrachten Briefes an. So schreiben die Jerusalemer den Antiochenern einen kurzen, aber inhaltsschweren Brief, der am antiken Briefformular orientiert ist, das aus drei Teilen besteht. Auf die Eröffnung mit dem Präskript, in dem Absender, Adressaten und Eröffnungsgruß genannt werden, folgt das Korpus, das den Anlass und Inhalt des Briefes präsentiert; daran fügt sich der Briefschluss an, der in diesem Fall nur aus einem Schlussgruß besteht (V. 22–29):

22 Da beschlossen die Apostel und die Ältesten zusammen mit der ganzen Gemeinde, Männer aus ihrer Mitte auszuwählen und sie zusammen mit Paulus und Barnabas nach Antiochia zu senden, nämlich Judas, genannt Barsabbas, und Silas, führende Männer unter den Brüdern. 23 Sie gaben ihnen folgendes Schreiben mit:

> *Die Apostel und die Ältesten, eure Brüder, grüßen die Brüder aus dem Heidentum in Antiochia, in Syrien und Kilikien.*
> *24 Wir haben gehört, dass einige von uns, denen wir keinen Auftrag erteilt haben, euch mit ihren Reden beunruhigt und eure Gemüter erregt haben. 25 Deshalb haben wir einmütig beschlossen, Männer auszuwählen und zusammen mit unseren geliebten Brüdern Barnabas und Paulus zu euch zu schicken, 26 die beide für den Namen Jesu Christi, unseres Herrn, ihr Leben eingesetzt*

> *haben. 27 Wir haben Judas und Silas abgesandt, die euch das Gleiche auch mündlich mitteilen sollen. 28 Denn der Heilige Geist und wir haben beschlossen, euch keine weitere Last aufzuerlegen als diese notwendigen Dinge: 29 Götzenopferfleisch, Blut, Ersticktes und Unzucht zu meiden. Wenn ihr euch davor hütet, handelt ihr richtig.*
> *Lebt wohl!*

Vom Transport dieses Briefes und seiner Aufnahme in Antiochia erzählen abschließend die V. 30–33.35.

V. 34, der davon erzählt, dass der Jerusalemer Silas sich entscheidet, in Antiochia zu bleiben (ab 15,40 fungiert er dann auch als neuer Reisebegleiter des Paulus, nachdem es zum Bruch zwischen Paulus und Barnabas gekommen ist), fehlt in vielen wichtigen Handschriften und wird heute als späterer Zusatz zum lukanischen Text gewertet, der nicht zum Urbestand der Apostelgeschichte gehört.

Wie die Gesamtgemeinde in Antiochia zu Beginn der Erzählung ihre Abordnung nach Jerusalem entsandt hat, so nimmt sie ihre Boten und die Jerusalemer Begleitung in Empfang:

> *30 Man verabschiedete die Abgesandten und sie zogen hinab nach Antiochia, riefen die Gemeinde zusammen und übergaben ihr den Brief. 31 Sie lasen ihn und freuten sich über den Zuspruch. 32 Judas und Silas, selbst Propheten, sprachen den Brüdern mit vielen Worten Mut zu und stärkten sie. 33 Nach einiger Zeit wurden sie von den Brüdern in Frieden wieder zu denen entlassen, die sie abgesandt hatten. 35 Paulus aber und Barnabas blieben in Antiochia und lehrten und verkündeten mit vielen anderen das Wort des Herrn.*

Damit kommt der spannungsvolle Erzählbogen an sein Ende und es kehrt mit V. 35 für einen Moment erzählerische Ruhe ein, bevor ab V. 36 wieder das Tempo erhöht wird und Paulus sich anschickt, seine nächste Reise zu beginnen.

3. Die Vorgeschichte in Antiochia und die wegweisende Entscheidung einer Einzelgemeinde

Die Eröffnung unseres Kapitels führt mit V. 1 in eine auf den ersten Blick kaum zu durchschauende Situation hinein: Da kommen Leute aus der Region Judäa, zu der auch Jerusalem gehört, nach Antiochia in die dortige Jesusgemeinde und fangen an zu lehren: Die Brüder müssten sich beschneiden lassen. In diesem Fall sind also mit „Brüdern" tatsächlich allein Männer gemeint – und zwar nichtjüdische Männer, die offenbar als Unbeschnittene Teil der Gemeinde sind. Ohne Beschneidung, so die Aussage der Leute aus Judäa, steht ihnen nicht der Weg des Heils und der Rettung offen (s. dazu näher unter 4.). Das korrespondiert, wie bereits gesehen, mit V. 5 und der Forderung der christusgläubigen Pharisäer nach Beschneidung und dem Einhalten des mosaischen Gesetzes – letzteres gilt natürlich für Männer und Frauen in gleicher Weise.

Aus dieser Forderung erwachsen Streit und Aufruhr in Antiochia. Zugleich zeigt dies, dass die Sachaussage zutrifft, dass es in Antiochia unbeschnittene Mitglieder der Jesusgemeinde gibt, die sich nicht der Tora vollumfänglich verpflichtet fühlen. Würde dies nicht zutreffen, wäre die ganze Aufregung unnötig, weil der von außen erhobene Vorwurf ins Leere liefe. Das tut er nicht und damit sind wir zurückverwiesen in die Geschichte der Jesusgemeinde von Antiochia. In diese Stadt sind auch einige der aus Jerusalem Zerstreuten gezogen (Apg 11,19) und haben dabei nach Apg 11,20 auch nichtjüdischen Griechen das Evangelium verkündigt. Dass diese Nichtjuden mit großer Offenheit auf die Jesusbotschaft reagieren, sich zum Herrn bekehren und Teil der Jesusbewegung werden, hatte Apg 11,21 noch notiert. Allerdings erzählt Apg 11,19–26 nicht den Modus, wie diese Nichtjuden Teil der Jesusgruppe werden. **Im Licht von Apg 15,1.5 wird nun nachträglich sichtbar, dass die antiochenische Gemeinde Nichtjuden als Vollmitglieder in ihre Reihen aufgenommen hat, ohne die Beschneidung und Einhaltung des ganzen mosaischen Gesetzes einzufordern.** Nach dem eigenen Selbstverständnis wurden diese damit auch in das jüdische Gottesvolk aufgenommen. Höchst passend wird denn auch in Apg 11,26 erzählt, dass genau mit Blick auf diese Gemeinde zum ersten Mal die Bezeichnung „Christen" verwendet wird, weil diese religionssoziologisch bunt gemischte Gruppe nicht mehr wirklich mit dem Label „Judentum" richtig erfasst ist (s. Einleitung). Dieses antiochenische Vorgehen findet nun in der Region Judäa nicht nur Fans, obwohl Apg 11,22f. mit Blick auf die Jerusalemer Restgemeinde zunächst einen anderen Eindruck geweckt hat. Nach Apg 15,1 jedenfalls kommen Leute aus Judäa und wohl speziell – wie sich im Licht von Apg 15,24 zeigen wird – aus Jerusalem nach Antiochia und belehren die nichtjüdischen Jesusanhänger, dass es ohne Beschneidung einfach nicht geht und man nicht Teil des Gottesvolkes und der Jesusbewegung sein kann, ohne das Gesetz einzuhalten.

Darüber kommt es zum Konflikt zwischen diesen von außen Eingedrungenen und dem Duo Paulus und Barnabas (Apg 15,2). Letzterer hatte als Abgesandter der Jerusalemer Gemeinde nach Apg 11,23 die Praxis in Antiochia explizit gutgeheißen und war zu einem führenden Kopf der Gemeinde geworden (Apg 11,25f.; 13,1). Nun leisten Paulus und Barnabas Widerstand gegen die aus Jerusalem plötzlich hereinbrechende Kritikphalanx. Wie es typisch für die Struktur der Gemeinde in Antiochia ist, entscheidet die Gemeinde gesamthaft (Apg 15,2f.), dass eine Abordnung aus ihren Reihen, zu der auch Barnabas und Paulus gehören, nach Jerusalem geht, um die Streitfrage dort zu diskutieren und zu lösen. Der Weg der antiochenischen Gruppe führt dann durch Phönizien und Samarien und damit für die Leserinnen und Leser der Apostelgeschichte durch vertrautes Terrain (Apg 15,3). Überall verkünden sie von der Hinwendung der (unbeschnittenen) Nichtjuden zu Gott und machen so schon auf dem Weg Stimmung für ihre Option. In Jerusalem angekommen, wo sie von der Gesamtgemeinde empfangen werden, berichten sie sogleich und sehr strategisch vom Wirken Gottes unter den Nichtjuden (Apg 15,4). Damit verschiebt sich im Übrigen die Perspektive: Haben sie unterwegs erzählt, wie Nichtjuden sich dem einen Gott und der Jesusbotschaft zuwenden, so erzählen sie in Jerusalem, dass Gott selbst am Werk ist, wenn sich Nichtjuden für seine Botschaft öffnen – ein Erzählzug, der dann auch die Argumentation des Petrus und des Jakobus im Rahmen der erzählten Konfliktlösung prägen wird, die Lukas ab V. 6 in Anlehnung an eine Art Prozess inszeniert.

4. Die Konfliktparteien und ihre Optionen in Jerusalem: Wahrheitssuche im Rahmen eines „Gerichtsprozesses"

In den V. 6–21, zu denen man der Vollständigkeit halber auch noch V. 5 hinzurechnen kann, entwirft Lukas eine Art Gerichtsszene, mit Anklägern, Zeugen, einem Verteidiger und einem Richter, die Plädoyers halten bzw. ein Urteil sprechen. Versammelt sind dazu die Apostel und die Ältesten der Gemeinde, also eine Art Presbyterleitungsgremium, sowie aus Antiochia Barnabas und Paulus. Ob ihre weiteren Reisebegleiter auch anwesend sind, sagt der Text nicht explizit. In diesem Rahmen treffen die Konfliktparteien und ihre Optionen aufeinander. Unter Anklage steht die Antiochia-Option der beschneidungsfreien Integration von Nichtjuden in die Jesusbewegung. Diese Position wird explizit verhandelt, implizit damit auch die gegenteilige Option, also die Einforderung der Beschneidung.

In der lukanischen Erzählung haben zunächst die Ankläger das Wort. Es sind jüdische Jesusanhänger, die zur Partei der Pharisäer gehören. Ihre Option in V. 5 ist klar formuliert: „Man muss sie beschneiden und von ihnen fordern, am Gesetz des Mose festzuhalten." Im Klartext: Die nichtjüdischen männlichen Jesusanhänger müssen ihre Vorhäute abtrennen lassen und alle nichtjüdischen Jesusanhängerinnen und -anhänger müssen das Gesamt des mosaischen Gesetzes einhalten. Nimmt man zu dieser Forderung V. 1 noch hinzu, dann wird klar, dass hinter dieser Forderung eine echte Sorge steht: „Wenn ihr euch nicht nach dem Brauch des Mose beschneiden lasst, könnt ihr nicht gerettet werden." **Die jüdischen Jesusanhänger, die hier als Ankläger der Antiochia-Option auftreten, treibt eine Form der Heilsangst um. Denn aus ihrer Sicht verkaufen die Antiochener ihre nichtjüdischen Brüder und Schwestern für dumm.** Sie suggerieren ihnen, dass es Rettung, und damit ist unschwer eine heilvolle Zukunft auch nach dem eigenen Tod gemeint, auch ohne Beschneidung geben könnte. Und dem ist nicht so, so die Position der Ankläger. Rettung ohne die Einhaltung des mosaischen Gebotes gibt es nicht. Diese Sorge treibt die gläubigen Pharisäer zu ihrer Aktion.

Ganz anders optiert Petrus, der in der lukanischen Darstellung des Jerusalemer Treffens (Paulus erzählt diese Situation in Gal 2 gänzlich anders) zum Verteidiger der Antiochener wird und in V. 7–11 ein flammendes Plädoyer zu ihren Gunsten hält und damit letztlich den in Apg 11,2–18 geführten Konflikt anhand einer neuen Sachfrage fortsetzt. Er erinnert zunächst an das Wirken Gottes, wie er es selbst miterlebt hat (vgl. Apg 10f.): Gott hat den Nichtjuden seinen Geist geschenkt. Auch sie hören das Evangelium und glauben, so dass sie durch den Glauben reinen Herzens werden (Apg 15,9). Gott unterscheidet, das war die Erfahrung des Petrus, die er gegen seinen Widerstand mit Blick auf die Taufe des Gottesfürchtigen Kornelius gemacht hat, nicht mehr zwischen Juden und Nichtjuden. Deshalb gleicht aus der Sicht des Petrus die Einforderung von Beschneidung und Gesetzesgehorsam einer Versuchung Gottes (V. 10). Denn Gott hat sich als einer gezeigt, der sich für einen anderen Weg im Umgang mit Nichtjuden entschieden hat. Was schließlich die Sorge der gläubigen Pharisäer um das Heil der nichtjüdischen Gemeindeglieder betrifft, so erinnert Petrus in V. 11 daran, dass Rettung durch die Gnade Jesu geschieht, die jüdische wie nichtjüdische Jesusanhängerinnen und -anhänger retten wird, womit wohl auf den Kreuzestod und das Sterben Jesu für die Seinen angespielt wird. Dass Rettung in und durch Jesus geschieht, war bereits in Apg 2 eine der Quintessenzen seiner Pfingstpredigt (Apg 2,21.40.47). **Das Gesetz ist aus der Sicht des Petrus, so wird man ergänzen dürfen, gut, aber es hat nicht eigentlich die Funktion zu retten, sondern gutes Leben zu ermöglichen.** Sonst wäre nämlich das beständige Scheitern am Gesetz, das in V. 10 im Blick ist und auch die jüdischen Jesusanhänger betrifft, ein echtes Problem – auch für die Ankläger. Deshalb, so könnte man resümieren, läuft die Forderung der Ankläger ins Leere und steht hinter der Entwicklung in Antiochia Gott selbst.

Diese Worte des Petrus machen in der erzählten Welt erheblichen Eindruck. Die ganze versammelte Menge verstummt (V. 12). Diesen Moment nutzen zwei weitere Zeugen, deren Auftritt Lukas nur ganz gerafft erzählt. Es sind Barnabas und Paulus, die davon Kunde geben, wie Gott durch sie Zeichen und Wunder bei den nichtjüdischen Menschen wirkt, was uns bereits in Apg 14,8–20 beschäftigt hat. Damit ist dann der Boden bereitet, um in der erzählten Welt abschließend dem starken Mann in dieser Jerusalemer Versammlung, dem Herrenbruder Jakobus, das Wort zu erteilen. Er formuliert im Blick auf die Streitfrage ein Urteil in Form eines Kompromisses.

5. Ergebnisse: Ein waschechter Kompromiss

Das Ergebnis ist ein waschechter Kompromiss, den Jakobus als Leiter der Jerusalemer Gemeinde im Rahmen seiner langen, mit zahlreichen alttestamentlichen Zitateinspielungen versehenen Rede (V. 13–21) formuliert. Aus der Sicht des Jakobus hat Gott entschieden, aus den nichtjüdischen Völkern sich ein weiteres Gottesvolk zu bilden, das nicht an die Stelle des jüdischen Gottesvolkes tritt, sondern ihm zur Seite gestellt wird oder auch Teil des einen Gottesvolkes wird (das genaue Verständnis von V. 14 ist in der Bibelwissenschaft umstritten). Für Jakobus erfüllen sich damit in der Darstellung des Lukas prophetische Verheißungen (V. 15–18), wie sie bei Jeremia (12,15), Amos (9,11f.) und Jesaja (45,21) notiert sind. Weil Gott selbst entschieden hat, Nichtjuden in sein Volk zu rufen und Gott ihnen seinen Geist schenkt, ohne dass sie beschnitten wären (V. 8–10), so dass eschatologische Rettung durch Jesus auch ohne Beschneidung möglich ist (V. 11), optiert Jakobus dafür, von ihnen nicht die Beschneidung oder eine Einhaltung des ganzen mosaischen Gesetzes zu fordern (V. 19).

Das sieht zunächst nach einem Sieg des Petrus, Paulus, Barnabas und der Antiochener auf ganzer Linie aus. Aber es kommt noch etwas hinzu: Denn die nichtjüdischen Jesusanhängerinnen und -anhänger sehen sich doch auch mit einer konkreten Forderung in Form von vier Regeln konfrontiert, die V. 20 knapp notiert (vgl. zudem noch 15,29; 21,25): „man weise sie nur an, Verunreinigung durch Götzenopferfleisch und Unzucht zu meiden und weder Ersticktes noch Blut zu essen."

Diese Regeln, „Jakobusklauseln" genannt, haben ihre Wurzeln im Heiligkeitsgesetz von Lev 17f. Dort sind sie Teil von Geboten, die Fremde einhalten müssen, wenn sie im Land Israel als Nichtjuden leben wollen, um das Land nicht zu verunreinigen. Diese Regeln werden nun auf das Zusammenleben von jüdischen und nichtjüdischen Jesusanhängern in den Jesusgemeinden angewandt. Inhaltlich geht es in drei von vier Fällen um Speisegebote:

1. Den Verzicht auf Götzenopferfleisch, also auf Fleisch von Tieren, die z. T. als Tieropfer für pagane Gottheiten gedient haben: Bei solchen Tieropfern wurde selten das ganze Tier den Göttern geopfert. Oft blieben größere Fleischportionen übrig, die entweder über den antiken Fleischmarkt, *macellum* genannt (vgl. 1 Kor 10,25), in den Handel gelangen konnten, oder die in Tempelrestaurants angeboten wurden (solche Speiseräume gibt es z. B. beim Tempel des Heilgottes Asklepios in Korinth). Nach den Jakobusklauseln dürfen nichtjüdische Jesusanhängerinnen und -anhänger dieses Fleisch nicht mehr konsumieren (jüdische Jesusanhängerinnen und -anhänger werden aufgrund ihrer jüdischen Sozialisation ohnehin von diesem Fleisch Abstand gehalten haben).
2. Der Verzicht auf Fleisch von Tieren, die nicht geschächtet worden sind, die also nicht durch Ausbluten gestorben sind.
3. Der Verzicht auf jede Form von Blutgenuss (etwa in Form von Blutwurst, die bereits in griechisch-römischer Antike bekannt war).

Als vierte Forderung kommt die Vermeidung von Unzucht hinzu. Das griechische Wort *porneia*, das hier verwendet wird, kann Prostitution, Unzucht, den illegitimen Geschlechtsverkehr oder auch Untreue meinen; es kann aber auch metaphorisch gemeint sein und den Götzendienst, also die kultische Verehrung fremder Götter meinen. So wird der Terminus z. B. in der griechischen Übersetzung des Alten Testaments verwendet (vgl. z. B. Jer 3,9).

Auffällig ist fraglos, dass sich drei der vier Regeln auf den Bereich der Nahrungsaufnahme beziehen, was deutlich anzeigt, welche Funktion die Jakobusklauseln primär haben. Ihnen geht es nicht darum, wie in Lev 17f. das Land Israel kultisch reinzuhalten. Das wäre auch unsinnig, denn diese Regeln sollen ja in ihrer Anwendung durch die Jesusgemeinden überall dort gelten, wo sich Nichtjuden zur Jesusbewegung und zum einen Gott hinwenden. Sie verlieren also ihre Bindung an das Land Israel und werden der Sache nach universalisiert. **Der Sinn der Klauseln besteht offenkundig vor allem darin, Mahlgemeinschaft zwischen jüdischen und nichtjüdischen Jesusanhängern in Jesusgemeinden an potenziell allen Orten zu ermöglichen.** Auch und gerade gemeinsame Herrenmahlfeiern, also Abendmahl oder Eucharistie, werden so ermöglicht, sind diese doch in den Anfängen der Jesusbewegung nicht rein sakramentale Mahlzeiten, sondern immer auch mit einem Sättigungsmahl verbunden (vgl. 1 Kor 11,17–34). Und genau dazu dienen diese Klauseln: Sie wollen gemeinsame Mahlfeiern ermöglichen und erteilen im Blick auf die religiöse Herkunft gebildeten getrennten Tischen beim Herrenmahl in der Jesusbewegung eine entschiedene Absage, insofern zur gegenseitigen Rücksichtnahme auf unterschiedliche Mahl- und Speisekulturen aufgefordert wird. Religiöse und kulturelle Identität entscheidet sich eben auch mit Blick auf die Speisen, die ihren Weg auf den Teller finden.

Das ist ein echter Kompromiss, für den sich beide Seiten bewegen müssen. Jüdische Jesusanhänger wie die gläubig gewordenen Pharisäer müssen akzeptieren, dass Nichtjuden als Unbeschnittene Teil der Jesusbewegung und damit des Gottesvolkes sein können und zudem nicht das Gesamt der mosaischen Gebote einhalten müssen. Nichtjüdische Jesusanhänger müssen Teile ihrer Lebenspraxis aus Respekt für ihre jüdischen Glaubensgeschwister ändern. Von ihnen wird vor allem Rücksichtnahme auf Mindeststandards jüdischer Speisegebote eingefordert, so dass Mahlgemeinschaft in der Jesusbewegung möglich wird.

Die Kommunikation des Ergebnisses in Form eines Briefes der Jerusalemer an die Antiochener und die Auswahl der Briefboten und weiterer Abgesandter (V. 22–29) machen schließlich deutlich, dass hinter dem Beschluss nicht allein der Gemeindeleiter steht, sondern alle Apostel, Ältesten und indirekt sogar die ganze Gemeinde, die in V. 22 plötzlich wieder aktiv wird und die Boten der Jerusalemer mitauswählt, nachdem sie ab V. 4 aus dem Blick geraten war. Ihr Auftritt in V. 22 zeigt, dass die Gemeinde die ganze Zeit das Forum war, vor dem die Apostel und die Ältesten, Barnabas, Paulus und die Angehörigen der pharisäischen Partei diskutiert und gestritten haben. Die Gemeinde ist also auch gemeint, wenn in V. 12 vom Schweigen der ganzen Versammlung die Rede ist, wird hier doch im griechischen Text erneut der Begriff *plēthos* verwendet, den wir bereits aus Apg 6,1–7 als Bezeichnung für die Gesamtgemeinde in Jerusalem kennen.

6. Briefdiplomatie

Von Jerusalem begeben sich vier Männer, Judas und Silas sowie Barnabas und Paulus, mit einem Brief der Jerusalemer Apostel und Ältesten, die nach V. 22 die Absender sind, auf den

Weg nach Antiochia. Adressaten des Briefes sind die nichtjüdischen Jesusanhängerinnen und -anhänger in Antiochia. Der Brief adressiert aber zugleich auch christusgläubige Nichtjüdinnen und Nichtjuden in den großen Regionen Syrien und Kilikien. **Schon das zeigt, dass das verhandelte und mit dem Vorschlag des Jakobus gelöste Problem nicht auf eine lokale Ortsgemeinde beschränkt war, sondern an vielen Orten virulent zu sein scheint**. Die in Jerusalem gefundene Lösung gilt ihrem Anspruch nach also nicht nur für die antiochenische Gemeinde, sondern strahlt darüber hinaus.

Im Briefkorpus mühen sich die Absender zunächst die Wogen zu glätten und die Beziehung zwischen den Christen in Antiochia und der Gemeinde in Jerusalem zu kitten, denn von den Ergebnissen der Verhandlung in Jerusalem können die Menschen in Antiochia noch nichts wissen. Für sie steht noch immer die Konflikterfahrung im Raum, dass Leute aus Judäa und vielleicht speziell aus Jerusalem nachhaltige Kritik an ihrer Gemeindepraxis geübt haben. Beziehungspflege zwischen Jerusalem und Antiochia ist also das Gebot der Stunde. Dem dient V. 24, der diplomatisch eröffnend notiert, dass die Störenfriede, die für Unordnung in Antiochia gesorgt haben, tatsächlich aus Jerusalem stammen, aber nicht im offiziellen Auftrag der Gemeinde gehandelt haben. **Der in V. 1 erzählte Auftritt von Leuten aus Judäa in Antiochia, war also eine Privataktion jüdischer Jesusanhänger aus der pharisäischen Partei**. Sie haben mit ihrer aus der Sorge um die unbeschnittenen Jesusanhänger sich speisenden Beschneidungsforderung für Verwirrung und Unruhe gesorgt – und dies ohne Auftrag. Ja, der Brief notiert subtil, dass von dieser ganzen Aktion die Jerusalemer überhaupt erst durch die Boten aus Antiochia Kenntnis erhalten haben. Dem dient das eröffnende „Wir haben gehört". Es macht deutlich, dass es bezüglich der in Antiochia durch einige Jerusalemer ausgelösten Konflikte kein eigentliches Wissen in Jerusalem gab und man erst nachträglich davon gehört hat, wodurch nochmals abgesichert wird, dass nicht die Gemeinde als solche hinter der Aktion stand.

V. 25–27 dienen sodann als ausführliche Empfehlung für das Viererteam von Briefboten, die einmütig durch alle Beteiligten ausgewählt worden sind und mündlich über den Brief hinausgehend authentisch Zeugnis für die in Jerusalem geführten Debatten ablegen können. Der Brief beglaubigt also vorausgehend das mündliche Zeugnis der vier Männer.

Die V. 28f. enthalten dann in verkürzter Form die Konfliktlösung, die die Gemeinde unter Führung des Jakobus gefunden hat und auf die die Jerusalemer, und auch Barnabas und Paulus, die antiochenischen Brüder aus den nichtjüdischen Völkern wie überhaupt alle nichtjüdischen Jesusanhängerinnen und -anhänger, aber eben auch alle jüdischen Jesusanhängerinnen und -anhänger verpflichten:

> 28 Denn der Heilige Geist und wir haben beschlossen, euch keine weitere Last aufzuerlegen als diese notwendigen Dinge: 29 Götzenopferfleisch, Blut, Ersticktes und Unzucht zu meiden. Wenn ihr euch davor hütet, handelt ihr richtig.

„Keine weitere Last", das meint die Absage an die Forderung nach Beschneidung und umfassender Einhaltung des mosaischen Gesetzes; die Jakobusklauseln werden sodann erneut zitiert, wobei sich im Vergleich zu V. 20 kleine Variationen in Reihenfolge und Wortwahl ergeben, die man in der deutschen Übersetzung aber kaum bemerkt. Wichtig ist die Schlusszusage: Wenn sich die Adressatinnen und Adressaten an diesen Leitlinien orientieren, dann handeln sie richtig, was man auch mit „dann wird es euch gut gehen" übersetzen könnte, womit die theologische Heilsangst der gläubigen Pharisäer aufgegriffen und korrigiert wird. **Eine gute Zukunft, die selbst dem Tod nicht das letzte Wort lässt, hängt nicht an Beschneidung und Gesetzesgehorsam, sondern ist und bleibt ein unverfügbares Gottesgeschenk.** Das haben die Jerusalemer beschlossen. Im Brustton der Überzeugung formuliert der Brief in V. 28, dass der Geist Gottes selbst hinter dieser Entscheidungsfindung steht, was durchaus mit dem Plädoyer des Petrus übereinstimmt, der aus dem Wirken des Geistes Gottes unter den nichtjüdischen Jesusanhängern seine Option ableitet, dass Beschneidung und Gesetzesgehorsam für Nichtjuden keine Voraussetzung sind, um Teil der Jesusbewegung und damit des geretteten Gottesvolkes zu werden. In diesem Sinne ist das Entscheidende bereits im Präskript dieses kurzen Briefes genannt worden: „Brüder schreiben Brüdern". Die jüdischen Jesusanhänger in Jerusalem erkennen und anerkennen die unbeschnittenen und aus den nichtjüdischen Völkern stammenden Jesusanhänger als Brüder.

7. Dem Anfang verpflichtet: Vorbildliche Konfliktlösungen und der Wert des Miteinanderessens

In historischer Perspektive muss man nüchtern feststellen, dass das, was Lukas hier in Apg 15 erzählt, so richtig nicht in die Geschichte des Urchristentums passt. Zu deutlich sind die Widersprüche zu Gal 2, dem paulinischen Bericht über das Treffen in Jerusalem, an dem Paulus als Konfliktpartei teilgenommen hat. Das betrifft manche Details und vor allem die hellsichtig formulierten Jakobusklauseln, die ein sich aus der Grundoption der beschneidungsfreien Aufnahme von Nichtjuden in die Jesusbewegung ergebendes Folgeproblem gleich mit lösen, weil sie Regeln schaffen, die das innergemeindliche Zusammenleben von jüdischen und nichtjüdischen Jesusanhängern vor allem im Kontext gemeinsamer Mähler ermöglichen. **Paulus indes kennt diese Regeln nach Ausweis von Gal 2 überhaupt nicht.** Und mehr noch: Im Anschluss an das Jerusalemer Treffen erzählt Paulus vom so genannten antiochenischen Zwischenfall (Gal 2,11–21). Bei diesem Zwischenfall wird exakt das gemeinsame Essen zwischen jüdischen und nichtjüdischen Jesusanhängern in der antiochenischen Gemeinde zum Konflikt, weil nicht geregelt zu sein scheint, welche Regeln bei diesem Miteinanderessen gelten. Einen solchen Konflikt könnte es freilich kaum geben, wenn die Jakobusklauseln von Apg 15 existiert hätten und anerkannt gewesen wären. In der paulinischen Schilderung des Konfliktes sind es überdies Petrus und Leute von Jakobus, die den Konflikt um das gemeinsame Essen forcieren, also jene, die in der Sicht des Lukas gerade hinter dem gefundenen Kompromiss stehen. All das lässt sich in historischer Perspektive kaum mit der Erzählung von Apg 15 und speziell den Jakobusklauseln vermitteln. Nimmt man hinzu, dass Paulus diese Klauseln auch jenseits von Gal 2 überhaupt nicht zu kennen scheint und sie gerade auch dort nicht argumentativ verwendet, wo die Klauseln ihm bestens als Argument helfen könnten – in 1 Kor 8; 10 versucht Paulus mit viel Aufwand dafür zu argumentieren, dass Teile der korinthischen Gemeinde nicht einfach unbedarft Götzenopferfleisch konsumieren sollen, eine Argumentation, die ihm erkennbar Mühe bereitet –, legt dies nahe, dass diese Klauseln in historischer Perspektive nicht im Rahmen der Jerusalemer Konfliktlösung formuliert worden sind. Sie haben auch sonst wenig Spuren im Neuen Testament jenseits der Apostelgeschichte hinterlassen und in der christlichen Traditionsgeschichte keine Wirkung entfaltet. **Daher liegt es nahe, anzunehmen, dass Lukas sie vielleicht an anderer Stelle als eine partikulare Option kennengelernt hat und sie in seiner Vision der idealen Anfänge mit dem Jerusalemer Treffen verbindet** und ihnen so hohe Autorität zuweist.

Gerade dann aber scheint Lukas dieses Erzählmoment der Jakobusklauseln besonders wichtig zu sein – wohl nicht nur, weil er der Jerusalemer Versammlung eben kluge Hellsichtigkeit zuschreiben will, indem sie auch die Folgen ihrer eigentlichen Entscheidung im Blick hat, auf die Beschneidungsforderung und die Erfüllung des ganzen Gesetzes für nichtjüdische Jesusanhänger zu verzichten. Für seine Gemeinde haben diese Jakobusklauseln und der Geist, der sich in ihnen zeigt, hohe Verpflichtung. Es ist der Wert des Kompromisses, den Lukas in Erinnerung ruft. Konflikte nicht einseitig auf Kosten der unterlegenen Partei zu lösen, sondern Verbindendes und Gemeinsames zu suchen, ist ein lukanisches Gebot der Stunde.

Dass Lukas dies gerade mit Blick auf das Thema des gemeinsamen Essens erzählt, spricht für sich. Getrennten Mahlfeiern und damit eben auch getrennten Herrenmahlfeiern, bei denen Brüder und Schwestern aus formalen Gründen nicht miteinander das Brot brechen können, erteilt die lukanische Vision idealer Anfänge eine entschiedene Absage. Wenn beide Seiten sich etwas bewegen, kann das miteinander essen – nach dem berühmten Exegeten Franz Mußner das „Wesen des Christentums" – gelingen. Diesen Wert ruft Lukas seiner Gemeinde in Erinnerung, nicht ohne auch aufzuzeigen, dass eine solche im gemeinsamen Mahl vereinte Gemeinschaft sich unterschiedlichen Zugangswegen in die Gemeinschaft verdanken kann. **Denn mit der Entscheidung in der Frage nach Beschneidung und Gesetzesgehorsam für nichtjüdische Jesusanhängerinnen und -anhänger optiert die Jesusbewegung für plurale Zugangswege in die Gruppe, die legitim nebeneinander existieren können.** Jüdische Jesusanhängerinnen und -anhänger werden ihre Kinder weiter beschneiden und so in das jüdisch-christliche Gottesvolk zu integrieren beginnen. Nichtjüdische Jesusanhängerinnen und -anhänger werden durch die Taufe Teil der Jesusbewegung. Beide Wege führen legitim in die Gemeinschaft, sind Wege der Rettung, der Beziehung zu Gott und Jesus. Beide Wege soll auch die Lukasgemeinde, die wir uns als eine Gruppe von Grenzgängern zwischen Judentum und paganer Welt vorstellen dürfen, als legitime Optionen erachten und nicht gegeneinander ausspielen. Denn es ist für Lukas der Geist Gottes, der hinter allem steht, was in Apg 15 beschlossen worden ist.

7.2 Der Text heute – Themen und Bausteine

Kerstin Offermann

Der Gemeinde droht eine Spaltung in zwei Lager, die sich danach unversöhnlich gegenüberstehen würden. Ein Konflikt, wie er sich hier zum ersten Mal ereignet, hat in der Kirche und in einzelnen Gemeinden immer wieder stattgefunden. Oft konnte dabei, anders als hier, kein Kompromiss gefunden werden, der es ermöglicht hätte, beide Gruppen zu versöhnen und beieinander zu halten. Solche Spaltungen hinterlassen tiefe Wunden, an denen die Kirche und auch einzelne Gemeinden leiden. Konfliktlösung braucht Zeit und Kraft. Die Länge des Bibeltextes fordert auch von den TN Geduld und die Bereitschaft, Zeit und Kraft darauf zu verwenden. Um des beschriebenen Prozesses willen, ist es aber sinnvoll, den ganzen Text mit den TN zu betrachten.

Ein Traum von Kirche?

Aus dem Schmerz über die Spaltung und dem Wunsch nach Versöhnung und der Sehnsucht nach Frieden und Einheit wurde am 23. August 1948 in **Amsterdam** der *Ökumenische Rat der Kirchen* gegründet. Die „Basisformel", auf die sich die Kirchen verständigt haben, lautet: „Der ÖRK ist eine Gemeinschaft von Kirchen, die den Herrn Jesus Christus gemäß der Heiligen Schrift als Gott und Heiland bekennen und darum gemeinsam zu erfüllen trachten, wozu sie berufen sind, zur Ehre Gottes, des Vaters, des Sohnes und des Heiligen Geistes."
Dabei ist immer wieder zu diskutieren, wie sich die beiden grundsätzlichen gemeinsamen Übereinkünfte (Jesus Christus zu bekennen und die Berufung zu erfüllen) jeweils inhaltlich füllen lassen. Das ist auch die Aufgabe, der sich der ÖRK in diesem Jahr in Karlsruhe stellt. Vom 31. August bis 8. September 2022 findet die **11. Vollversammlung des Ökumenischen Rates der Kirchen in Karlsruhe** statt. Ihr Thema ist: „Die Liebe Christi bewegt, versöhnt und eint die Welt" Dazu finden sich im offiziellen Vorbereitungs-Heft des ÖRK folgende Gedanken:
„In der Zeit, in der wir jetzt leben, werden wir einander fragen: Wie kann sich eine Kirche, in der die Liebe Christi heimisch ist, im Moment am besten organisieren, die Stimme erheben und handeln? Wie können wir uns aktuell am besten gemeinsam in Gottes Mission der Liebe für die Welt einbringen? (…) Es ist ein wahrer Grund zur Klage, dass unsere derzeitige Uneinigkeit, unsere mangelnde Liebe zueinander und die Tatsache, dass wir selbst noch versöhnt werden müssen, uns in der Kirche zuweilen zu armseligen Zeichen und jämmerlichen Dienerinnen und Dienern des Christus macht, der uns aufruft, eins zu sein; das aber ist eine Herausforderung, der sich die Kirche stellen muss – und gleichzeitig ist es auch eine Verheißung und eine Hoffnung."

 Welche Spaltungen und Konflikte innerhalb der Kirche oder Gemeinde sind den TN bewusst? Für welche empfinden sie Bedauern? Lesen und diskutieren Sie mit den TN den oben wiedergegebenen Auszug aus dem Vorbereitungsheft des ÖRK. (als Dokument im Downloadmaterial) (Die Erstellung dieses Buches fällt in die Zeit vor der Vollversammlung – aber Sie lesen das Buch nachdem die Versammlung getagt hat. Vielleicht finden Sie ergänzend zu diesem Vorbereitungstext auch noch Verlautbarungen und

Erklärungen der Vollversammlung, die Sie mit den TN diskutieren könnten.) Was finden Sie in dem Text nachvollziehbar? Was spricht sie an? Was wird hier darüber gesagt, was unsere Aufgabe, bzw. Berufung als Christ*innen bzw. als Kirche ist? Stimmen die TN dem zu?

 Zur Vollversammlung des ÖRK in Karlsruhe gibt es eine Liedersammlung, die zum freien Download im Internet zur Verfügung steht. Darunter das zur gesamten ökumenischen Bibelwoche sehr passende Lied: Gemeinsam auf dem Weg, vgl. Link-Liste im Downloadmaterial.

Strukturveränderung/Problemlösung

Mit dem (beispielhaften) Umgang mit Konflikten beschäftigt sich auch die Bibelarbeit zum Text.

Der Text stellt eine Ideallösung für den Umgang mit Konflikten vor Augen. Er will damit motivieren, einen **konstruktiven Umgang mit Konflikten** zu suchen, indem er einen möglichen Lösungsweg beschreibt. Am Ende des Konflikts steht bei Lukas die Freude über den Trost. Durch den Zwiespalt sind Verletzungen entstanden. Durch die Lösung und den beschrittenen Lösungsweg ist Versöhnung auch bei unterschiedlichen Meinungen möglich. Der Brief in der Apostelgeschichte hat durchaus seelsorgerliche Aspekte und Töne. Die Apostel gestehen ihre Mitschuld ein und bitten damit die Christ*innen in Antiochia implizit um Entschuldigung. Sie bauen eine Brücke und bedauern die Anfechtung, die für die andere Seite dadurch entstanden ist.

In Gemeindekonflikten, die versöhnlich gelöst worden sind, findet sich immer ein Moment gegenseitiger Wertschätzung, Bitte um Vergebung und Bedauern der entstandenen Verletzungen. Damit ist in der Lösung Trost und Versöhnung enthalten. (vgl. unten: Gelebte Spiritualität)

Lukas hat, bevor er den Konflikt und seine Lösung beschreibt, das Thema bereits narrativ vor Augen gestellt, indem er dazu beispielhafte Begegnungen erzählt. „Das Leben ist eine Erzählung." Wenn man die Frage stellt: „Was soll ich tun?", lautet die Antwort: „Von welcher Geschichte bin ich ein Teil?" (Denise Mina: Götter und Tiere, 2020, S. 105)

Lukas erzählt, wie Petrus in Vorbereitung auf die Begegnung mit dem römischen Hauptmann Cornelius von Gott erfährt, dass Gott auch Heiden miteinbezieht. Ebenso erzählt Lukas davon, wie durch Paulus und Silas Gott durch die Gabe des Heiligen Geistes an Nicht-Juden bereits vollendete Tatsachen geschaffen hat. Insofern sind Paulus, Silas und Petrus Augenzeugen für Gottes Tun. Sie haben bereits einen persönlichen Lernprozess durchlaufen, bei dem sie sich und ihre Motive im Lichte Gottes reflektieren mussten. Die ganzen Konsequenzen ihrer eigenen Erfahrung erkennen sie allerdings erst jetzt, als sie ihre Erfahrung für die Gemeinde darstellen, und mit der Gemeinde diskutieren. **So geschieht geistliches Wachstum: Indem man eigene Erfahrungen reflektiert, in Worte fasst und mit andern bespricht, wird die einzelne Erfahrung in einen Prozess des Glaubenswachstums gestellt.**

Die gefundene Lösung muss nicht für alle Zeiten so Bestand haben. Es werden (auch zum gleichen Streitpunkt) wieder andere Konflikte auftreten. Durch das Teilen von Erfahrungen, durch Diskussion und Reflexion können diese neuen Konflikte zu neuen Lösungen gebracht werden, indem sie Teil des angestoßenen Glaubenswachstums-Prozesses werden.

Eingelöste Verheißung: Fernwirkung

Lukas interpretiert diesen Konflikt, wie alle Anfechtungen und Widerstände, mit denen die Christ*innen zu kämpfen haben, ganz von der Chancenseite her (vgl. Text 2): Sie werden vom Heiligen Geist genutzt, um Gottes Willen zu erfüllen und Gottes Verheißungen einzulösen. Lukas formuliert das im Text in Vers 17 als Schriftzitat, indem Gott selbst sagt: „Dann werden auch die übrigen Menschen nach mir fragen, die Menschen aller Völker, die doch alle mein Eigentum sind."

In ähnlicher Weise hat Lukas schon Simeon über Jesus als Baby prophetisch sagen lassen: „Mit eigenen Augen habe ich das Heil gesehen, das du für alle Völker bereitet hast – ein Licht, das die Nationen erleuchtet, und der Ruhm deines Volkes Israel" (Lk 2,30-32). Nun also können Menschen zu Jesus Christus gehören, ohne vorher Juden zu werden. Der Weg nach Europa (und damit zu uns) ist frei.

Wirken des Geistes

Am Ende bin ich selten da, wo ich hinwollte, aber ich ende eigentlich immer da, wo ich letztlich sein muss. (Douglas Adams)

Lukas beschreibt den ganzen Prozess der Konfliktbewältigung als Wirkung des Heiligen Geistes. Mit Konflikten konstruktiv umzugehen, ist auch eine geistliche Übung. In kirchlichen Gremien und Sitzungen wünschen sich die Mitwirkenden, dass ihr Handeln und Entscheiden dem Willen Gottes entspricht. Je nach Prägung der Frömmigkeit bringen sie das auch mit dem Heiligen Geist in Verbindung.

In der „Toolbox Gremienspiritualität", die von midi herausgegeben wird, finden Leitende kirchlicher Gremien Anregungen, wie sich niederschwellig und ohne großen Zeitaufwand die Aufmerksamkeit in Gremien für die geistliche Dimension ihres Tun und für die Gegenwart des Heiligen Geistes in ihrem Tun wecken und stärken lässt (vgl. Link-Liste im Downloadmaterial).

Die Formulierung des Textes: „… es gefällt dem Heiligen Geist und uns" ist nicht unproblematisch. Es klingt nach: „Der Heilige Geist und wir haben beschlossen …". Damit wird der eigenen Entscheidung eine fast göttliche Qualität verliehen, eine höchste Autorität. Kann man da noch widersprechen? Oder redet der Heilige Geist zu den einen so und zu den anderen anders? Könnte also die andere Seite sagen: Zu uns hat der Heilige Geist aber etwas ganz anderes gesagt? Wir denken aber, dass dem Heiligen Geist etwas ganz anderes gefällt? Lässt der Heilige Geist mit sich diskutieren? Oder ist es ein Zeichen des Wirkens des Heiligen Geistes, wenn sich alle einig sind? Und wenn sie es nicht sind, ist der Heilige Geist dann offensichtlich nicht die Quelle der Entscheidung? Woher wissen die Apostel, was dem Heiligen Geist gefällt? Ist das nicht bloß eine Projektion der eigenen Wünsche und Wahrnehmung?

Für uns heute ist es nachvollziehbarer, vor einer Entscheidung und in dem Entscheidungsprozess den Heiligen Geist zu bitten, anwesend zu sein und in dem Prozess zu wirken. Wenn man so betend entscheidet, ist es dann kleingläubig, die Entscheidung nicht als Wirken des Heiligen Geist zu verstehen? Gibt es Indikatoren für das (tatsächliche) Wirken Gottes? Frieden, Versöhnung, Einmütigkeit? Dann wäre die Reformation keine Wirkung des Heiligen Geistes gewesen! Aber sicherlich ist im Text davon auszugehen, dass der Heilige Geist Trost und Versöhnung wirkt und nichts lieber tut als das diese zu wirken.

Gelebte Spiritualität

Versöhnung ist eine heilsame und zukunftseröffnende Wirkung Gottes unter uns. Für viele ist es eine große Sehnsucht, sich mit sich selbst, ihrer Familie, ihren Nachbarn oder den zerstrittenen Teilen in der Gemeinde versöhnen zu können. Echte Versöhnung braucht aber Zeit und offene Aussprache. Sie braucht ein echtes Aufeinanderzugehen, ein Verstehen und Respektieren des/der anderen.

Die Versöhnung mit der eigenen Geschichte braucht seelsorgerliche oder therapeutische Unterstützung – gerade da, wo es nicht mehr zur Versöhnung mit Menschen kommen kann, die in der eigenen Biografie Wunden hinterlassen haben oder denen Wunden zugefügt worden sind.

Gerade im langwierigen und anstrengenden Prozess hin zur Versöhnung ist es gut und heilsam zu hören, dass Jesus unser Heiland ist, der, von dem Heilung ausströmt und in dessen Tod und Auferstehung Vergebung und Neuanfang möglich geworden sind.

 Das Lied „So ist Versöhnung" findet sehr schöne Bilder für die Sehnsucht nach und die heilsame Kraft von Versöhnung.

Ein solch emotionales sensibles Thema könnte gut im Rahmen einer Gebetszeit mit Segensangebot aufgenommen werden.

Frieden und Versöhnung sind im Moment natürlich nicht bloß eine Sehnsucht oder eine Antwort auf innerkirchliche oder persönliche Konflikte, sondern vor allem eine große Hoffnung für die Welt, angesichts vieler bewaffneter Konflikte weltweit und des Kriegs, den Russland gegen die Ukraine führt.

 Es bietet sich an, diesen Abend mit einem Friedensgebet zu beenden. Dazu finden Sie Gebetsformulierungen im Downloadmaterial. Vielleicht mögen Sie mit den TN das bewegende Lied von Jean Sibelius „This Is My Song" als Einstieg in das Gebet hören, z.B. in der Acapella Umsetzung des britischen Ensembles Voces8 (vgl. Link-Liste).

Dieses finnische Lied ist gegenwärtig in Russland verboten. Es wird aber oft verborgen in anderen Musikstücken zitiert. Wenn die Melodie in einem Orchesterstück anklingt, steht das finnische Publikum auf und singt gemeinsam die Worte mit, als ein Zeichen des Widerstandes und der Freiheit gegenüber angedrohten Repressalien von russischer Seite.

 Sehr bewegend ist auch der Auftritt von Rea Garvey und Michael Patrick Kelly beim Sound-of-Peace Festival in Berlin, bei dem sie „Knocking on Heavens Door" mit dem gesungenen Vaterunser verknüpfen und ein sehr eindringliches Gebet aus beidem machen (vgl. Link-Liste im Downloadmaterial).

Auch ein Gebet für die Einheit der Kirche, für die Überwindung von Konflikten und für Versöhnung, im persönlichen Bereich wäre ein passender Abschluss der Bibelwoche oder dieser Einheit.

7.3 Vorschlag für eine Bibelarbeit

Michael Jahnke

Vorbereitung

Inhaltlicher Schwerpunkt

Die Lösung eines grundlegenden und für die frühe Christenheit entscheidenden Konfliktes steht im Mittelpunkt des Bibeltextes. Das Thema „Konfliktlösung" ist deshalb Mittelpunkt der Bibelarbeit. In Verbindung mit dem Bibeltext werden Phasen der Konfliktlösung erarbeitet und in Beziehung zum eigenen Leben und zu den Vorstellungen zum Umgang mit Konflikten in der eigenen Kirche gesetzt. Teilthemen wie „Beteiligungsorientierung" oder „Wirken Gottes / des Heiligen Geistes" im Zusammenhang mit Konfliktlösungen werden gestreift.

> **Meine Hauptbotschaften des Textes:**
> Konflikte gehören zu jeder Gemeinschaft von Menschen dazu.
> Konfliktlösung ist gestaltbar.
> Konfliktlösungen sind dann möglich, wenn Menschen bereit sind, eigene Positionen in Frage zu stellen/stellen zu lassen und sich aufeinander zu bewegen.
> Kirche der Zukunft lebt von Konfliktlösungsorientierung unter Beteiligung aller.

Materialien und Medien
→ Beamer, Leinwand, Anschluss ans Internet
→ Papierbahnen und Stifte
→ Kopien des Liedtextes „Ich träume eine Kirche" zum Verteilen

Zur Gestaltung des Abends

Liturgische Eröffnung (ca. 10 Min.)

Begrüßung

Lied
z.B. „Gut, dass wir einander haben", Manfred Siebald

Gebet

Auf den Text zugehen: (ca. 15 Min.)

Optional: Das Frühstückei
Einspielung der Videosequenz „Das Frühstückei" (Loriot) z.B. unter diesem Link: **https://kurzelinks.de/po4p**

Praktische Übung

Die Lösung eines grundlegenden und für die frühe Christenheit entscheidenden Konfliktes steht im Mittelpunkt des Bibeltextes. An den Beginn der inhaltlichen Auseinandersetzung mit dem Text wird eine assoziative Interaktion zum Thema „Konflikt" gestellt.

Auf eine große Papierbahn, die an einer Wand befestigt ist, wird der Teilsatz *„Die größte Herausforderung bei der Lösung eines Konfliktes ist, ..."* geschrieben. Die Teilnehmenden haben Stifte zur Verfügung und bekommen einige Minuten Zeit, um ihre Assoziationen zu diesem Teilsatz auf die Papierbahn zu schreiben.

Im Anschluss kommen die Teilnehmenden über die assoziativen Aussagen und über das Thema „Konflikte" ins Gespräch. Dazu werden exemplarisch Aussagen von der Papierbahn zitiert und bei den Teilnehmenden wird nach Zustimmung, Widerspruch, eigenen Erfahrungen oder weiterführenden Gedanken nachgefragt.

Dem Text begegnen: (ca. 30 Min.)

Einordnung des Textes

Es ist der Wert des Kompromisses, den Lukas in Erinnerung ruft. Konflikte nicht einseitig auf Kosten der unterlegenen Partei zu lösen, sondern Verbindendes und Gemeinsames zu suchen, ist ein lukanisches Gebot der Stunde. Wenn beide Seiten sich etwas bewegen, kann das miteinander Essen stattfinden. Diesen Wert ruft Lukas seiner Gemeinde in Erinnerung, nicht ohne auch aufzuzeigen, dass eine solche im Mahl sich konstituierende Gemeinschaft sich unterschiedlichen Zugangswegen in die Gemeinschaft verdanken kann.

Wahrnehmung des Textes in Teilgruppen

Soll der umfangreiche Bibeltext auf einen Textanteil beschränkt werden, empfiehlt sich die Konzentration auf Apg 15,6-21. Der vorlaufende und nachlaufende Textabschnitt müsste in diesem Fall referiert werden.

Arbeit am Bibeltext

Textabschnitt 1: Apg 15,1-5 – Phase der Konfliktlösung: Inhalt, Grund, Anlass und Beteiligte des Konfliktes klären und die Mandatsträger zur Konfliktlösung bestimmen.

Text lesen: Der Textabschnitt wird laut vorgelesen

Fragen zum Text:
→ Worin besteht Ihrem Verständnis zufolge der Konflikt?
→ Welche Emotionen sind beteiligt?
→ Wie ist Ihrer Wahrnehmung nach der Konflikt entstanden? Können Sie jemand identifizieren, der „schuld" an dem Konflikt ist?
→ Lassen sich Ihrer Wahrnehmung nach die beteiligten Konfliktparteien ausmachen und beschreiben?
→ Wer ist Ihrer Einschätzung zufolge für die Lösung des Konfliktes verantwortlich? Wem würden Sie das Mandat zur Konfliktlösung zuweisen?
→ Entdecken Sie ein Mitwirken Gottes/des Heiligen Geistes in diesem Textabschnitt?

Textabschnitt 2: Apg 15,6-21 – Phase der Konfliktlösung: Unterschiedliche Position im Konflikt hören, Kriterien/Referenzpunkte für mögliche Lösungen/Kompromisse bestimmen und nach möglichen Lösungen/Kompromissen suchen.

Die folgenden Fragen können zum Text gestellt werden:
→ Welche Positionen lassen sich bei Petrus und Jakobus entdecken? Auf welche Referenzpunkte beziehen sie sich Ihrer Wahrnehmung nach?
→ Fallen Ihnen Argumentationslinien auf, denen zuzustimmen oder zu widersprechen wäre?
→ Wie würden Sie die „Beteiligungsmöglichkeiten" für die Anwesenden bei der Konfliktlösung bewerten? Zählen inhaltliche Argumente oder hierarchische Positionen?
→ Können Sie Gewinner und Verlierer bei dem angedeuteten Kompromiss bestimmen?
→ Welche Konsequenzen würden Ihrer Einschätzung nach für die Konfliktparteien entstehen, wenn der Kompromiss zur Geltung gebracht würde?
→ Entdecken Sie ein Mitwirken Gottes / des Heiligen Geistes in diesem Textabschnitt?

Textabschnitt 3: Apg 15,22-35 – Phase der Konfliktlösung: Lösungsansatz/Kompromissvorschlag formulieren, den Konfliktparteien vorlegen und die Spannungen beziehungsorientiert auflösen

Fragen zum Text:
→ Welche Zugeständnisse verlangt der Lösungsvorschlag/Kompromiss Ihrer Wahrnehmung zufolge von den beteiligten Konfliktparteien?
→ Können Sie Gewinner und Verlierer bei dem angedeuteten Kompromiss bestimmen?
→ Hätte es Ihrer Ansicht nach eine andere Lösung in diesem Konflikt geben können?
→ Welche Maßnahmen zur Befriedung der Spannungen zwischen den Konfliktparteien können Sie entdecken? Was gefällt Ihnen daran? Wo sehen Sie Optimierungsmöglichkeiten?
→ Welche Prognose zum Umgang mit dem Lösungsvorschlag/Kompromiss geben Sie ab? Löst der Kompromiss Ihrer Einschätzung nach langfristig den Konflikt?
→ Entdecken Sie ein Mitwirken Gottes/des Heiligen Geistes in diesem Textabschnitt?

Abschließender Austausch in der Gesamtgruppe: Der Text auf dem heißen Stuhl
Autor Lukas beschreibt eine erstaunlich gut gelingende Konfliktlösung: Der Konflikt wird benannt, an der richtigen Stelle verortet, alle sind gleichermaßen beteiligt, die Konfliktparteien beziehen Position, die Meinungen werden gehört, unter Mithilfe des Heiligen Geistes wird ein Kompromiss gefunden, der Konflikt wird beziehungsorientiert befriedet und gelöst. Zu schön, um wahr zu sein?

Kritische Fragen an den Text zur Diskussion in der Gruppe:
→ Sind tatsächlich alle Konfliktparteien gleichermaßen beteiligt?
→ Hat wirklich die gesamte Gemeinde Anteil an der Kompromissfindung?
→ Ist es legitim, sich in der eigenen Argumentation auf eine höhere Macht zu berufen?
→ Metaebene: Welche Absicht könnte Autor Lukas mit seiner Art der Schilderung der Geschehnisse verfolgen?

Mit dem Text weitergehen: Alltagsbezug (ca. 25 Min.)

Phasen der Konfliktlösung

Die „Phasen der Konfliktlösung", die für die Erschließung des Bibeltextes ordnungsgebend gewesen sind, werden allen Teilnehmenden in der Übersicht zugänglich gemacht.

Phasen der Konfliktlösung

→ Inhalt, Grund, Anlass und Beteiligte des Konfliktes klären

→ Mandatsträger zur Konfliktlösung bestimmen

→ Unterschiedliche Position im Konflikt hören

→ Kriterien/Referenzpunkte für mögliche Lösungen/Kompromisse bestimmen

→ nach möglichen Lösungen/Kompromissen suchen

→ Lösungsansatz/Kompromissvorschlag formulieren und den Konfliktparteien vorlegen

→ Spannungen beziehungsorientiert auflösen

Es werden folgende Fragen zum Austausch oder zur stillen Reflexion gestellt:

→ Welcher Teil der Konfliktlösung ist meiner Einschätzung nach am herausforderndsten?

→ Welcher Teil der Konfliktlösung ist für mich am schwierigsten?

Ich träume eine Kirche

Das Lied „Ich träume eine Kirche" (s. **Lied zur Bibelwoche**) wird eingespielt und der Text allen Teilnehmenden zugänglich gemacht. Unterschiedliche Fassungen des Liedes finden sich zum Beispiel hier: **https://kurzelinks.de/69x6, https://kurzelinks.de/tasd**

Auf eine große Papierbahn, die an einer Wand befestigt ist, wird der Teilsatz „Meine Traum-kirche der Zukunft muss bei der Lösung von Konflikten ..." geschrieben. Die Teilnehmenden haben Stifte zur Verfügung und bekommen einige Minuten Zeit, um ihre Assoziationen zu diesem Teilsatz auf die Papierbahn zu schreiben. Es ist je nach Gruppe der Teilnehmenden und Situation in der Kirchengemeinde denkbar, konkreter nach vorhandenen Konflikten oder Prozessen wie z.B. dem „synodalen Weg" zu fragen. Zum Abschluss kommen die Teilnehmen-den über die assoziativen Aussagen und über das Thema „Konfliktlösung in unserer Kirche der Zukunft" ins Gespräch. Dazu werden exemplarisch Aussagen von der Papierbahn zitiert und bei den Teilnehmenden wird nach Zustimmung, Widerspruch, eigenen Erfahrungen oder weiterführenden Gedanken nachgefragt.

Liturgischer Abschluss (ca. 8 Minuten)

Lied: z.B. „Komm, Gott, mit deiner Gnade", Eugen Eckert, Winfried Heurich

Vaterunser

Segensgebet

> *Gott, segne uns und behüte uns*
> *Gott, schütze unser Leben und bewahre unsere Hoffnung.*
> *Gott, lass dein Angesicht leuchten über uns,*
> *dass wir leuchten für andere.*
> *Gott, erhebe dein Angesicht auf uns und halte uns fest*
> *im Glauben, dass das Leben lebendiger ist als der Tod*

Hanne Köhler, in: Hanne Köhler / Heidi Rosenstock, *Du Gott, Freundin der Menschen*

7.4 Bildbetrachtung

Johannes Beer

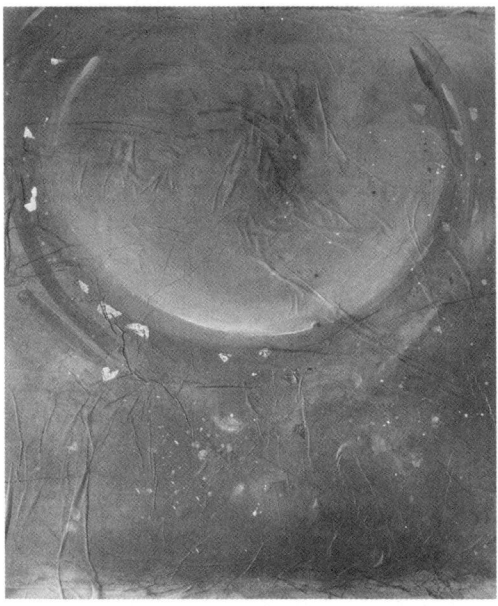

Annette Weber-Vinkeloe: Apostelgeschichte 15, 2022, Mischtechnik auf Papier, 100 x 98 cm

Diese Arbeit ist ein sehr helles und leichtes Bild. Helle himmelblaue und goldene Töne dominieren alles. Im oberen Teil zeigt sich ein offenes Rund, das in hellen Blautönen gehalten und vom Licht geprägt ist. Es ist definiert durch eine goldfarbene Linie, die nach oben offen ist. Diese Linie ist wiederum von einer hellblauen Fuge umgeben, um dann vom gelbgoldenen Bereich gehalten zu werden. Das offene Rund scheint über den oberen Bildrand hinauszugehen. Unterhalb und außerhalb dieses Kreises ist eine Fläche, die fast wolkig goldgelb gefüllt ist, in der aber immer wieder das Himmelsblau durchscheint.

Auf der goldfarbenen Linie, die das Rund begrenzt, finden wir glänzende Goldapplikationen. Es sind deutlich mehr als zwölf. Auch sind sie nicht so systematisch angeordnet wie auf dem ersten Bild und es finden sich weitere dieser Goldapplikationen außerhalb dieser runden Linie.

Wenn ich nun mit dem Bibeltext aus Apostelgeschichte 15 im Hinterkopf diese Arbeit anschaue, stelle ich erst einmal fest, was ich alles nicht sehe: Von all der Zwietracht und dem Streit, von der Konfrontation und den gesetzlichen Zwängen kann ich in diesem Bild nichts finden. Hier klingen weder in Farben noch in Formen die starken Fronten oder die drohende Spaltung an.

Vielmehr setzt meines Erachtens das Bild an der Stelle ein, an der von der einmütigen Versammlung in Jerusalem und den ebenso einmütigen Beschlüssen die Rede ist. So erkenne ich in den goldenen Applikationen Symbole für die Apostel und die anderen handelnden Personen, wie zum Beispiel Paulus und Barnabas. Ich sehe in der Öffnung des himmelblauen Rundes nach oben hin die Ausrichtung der Versammelten auf Gott, auf seinen Willen. Ich sehe in den goldgelben Wolken, bei denen das Himmelsblau durchscheint, die große Freude, die die Entsendung der Boten und der Brief dieser Versammlung in den Gemeinden Kleinasiens bewirkt hat.

Die offene goldfarbene Linie, die auf das himmelblaue Rund ausgerichtet ist, erinnert mich zudem an die offenen Arme einer Gebetshaltung und die offene Form eines Gefäßes. Ich ahne, wie sehr die Versammlung in Jerusalem gebetet hat, damit die Kirche das Gefäß für Gottes Geist sein kann. So wird dies Bild für mich zum gemalten Gebet.

Ökumenischer Bibelsonntag 2023 – Zwischen Schiffbruch und Aufbruch (Apg 27,13-38)

A. Gruschwitz (EmK), Dr. M. Linnenborn (Röm.-Kath.), R. C. Miron (Griech.-Orth.), R. Raab-Zerger (AMG), Dr. J. Wagner (ACK/BFeG), A. Werner-Hoenen (Ev.-Luth.)

Anmerkungen zum Gottesdienst

Anmerkung zum Bibeltext des Gottesdienstes

Da in Deutschland **seit 1982 jährlich am letzten Sonntag im Januar der ökumenische Bibelsonntag** begangen wird, an dem katholische, evangelische, orthodoxe und freikirchliche Gemeinden das Wort Gottes feiern, hat die Deutsche Bischofskonferenz im Frühjahr 2020 entschieden, dass der **weltweite Sonntag des Wortes Gottes in Deutschland gleichzeitig mit dem ökumenischen Bibelsonntag** gefeiert wird. Damit ist auch die Voraussetzung für einen ökumenischen Gottesdienst zum Bibelsonntag geschaffen.

Weitere Informationen dazu unter **www.bibelwerk.de/Bibelsonntag**

Liederbücher

→ **EG** – **Evangelisches Gesangbuch**
→ **EM** – Gesangbuch der Evangelisch-methodistischen Kirche
→ **F&L** – Feiern und Loben, Gesangbuch der EFG und FeG
→ **GL** – **Gotteslob**

Einführende Überlegungen

Der Gottesdienst wurde von einer multilateralen Arbeitsgruppe der Arbeitsgemeinschaft Christlicher Kirchen in Deutschland erarbeitet.
Er lässt sich so feiern, wie in diesem liturgischen Ablauf abgedruckt. Die Arbeitsgruppe zeigt an einzelnen Stellen alternative Möglichkeiten auf und stellt damit Gottesdienst-Bausteine für den ökumenischen Bibelsonntag zur Verfügung, die anregen sollen, vor Ort einen eigen geprägten Gottesdienstablauf zu erarbeiten, der im ökumenischen Feiern Gott ehrt, der uns in allen Aufbrüchen und auch Schiffbrüchen begleitet und hält.

Liturgie des Gottesdienstes

Der Gottesdienst folgt der Struktur des biblischen Textes Apg 27,13-38 in der Form: ANKOMMEN, HÖREN, TEILEN, WEITERGEHEN.

ANKOMMEN – Gott bringt uns zusammen (Der Sturm, Apg 27,13-20)

Präludium

Liturgische Eröffnung
Alternativ kann entsprechend der jeweiligen Tradition der Gemeinde(n) vor Ort eröffnet werden – z.B. mit einem Bibelwort: Wochenspruch, Tageslosung und Gebet.

L Im Namen des Vaters und des Sohnes und des Heiligen Geistes.
A Amen
L Gnade sei mit euch und Friede von Gott, unserem Vater, und dem Herrn Jesus Christus.

Hinführung zum Thema
In diesem Jahr beschäftigt sich die Ökumenische Bibelwoche mit der Apostelgeschichte, die man auch als „erste Kirchengeschichte" bezeichnen kann. Sie malt uns ein ideales Bild von Kirche vor Augen. Deshalb trägt die Bibelwoche die Überschrift „Kirche träumen". Für den Bibelsonntag wurde ein Text aus Apostelgeschichte 27 ausgewählt, eine nicht ungefährliche Schiffsreise. Deshalb steht der Gottesdienst unter dem Leitgedanken: „Zwischen Aufbruch und Schiffbruch". Wir laden Sie ein, sich mit Paulus auf die Reise zu begeben.
Ein Mitreisender berichtet: „Wir sind mit dem Schiff unterwegs, Paulus ist auch dabei. Wir befinden uns in der Nähe von Kreta. Die Seeleute sind zuversichtlich, gut und sicher vorwärtszukommen. Doch dann bricht ein schwerer Sturm los. Gegen ihn kommen wir nicht an und wir lassen uns treiben. Ladung wird über Bord geworfen, sogar Schiffsausrüstung. Tagelang wütet der Sturm. Ohne Hoffnung auf Rettung sind wir dem Sturm ausgeliefert" (nach Apg 27,13-20).
Wir lassen uns mit hineinnehmen in diese existentielle Situation auf dem Schiff. Wir hören die Gefahr und Not. Und gleichzeitig ist uns als Christinnen und Christen aller Konfessionen die Zuversicht auf die Zuwendung Gottes gemeinsam, sowie die Gewissheit, dass seine Macht stärker ist als unser Scheitern und seine Liebe größer ist als unsere Mutlosigkeit.

Lied
Gott ist gegenwärtig (EG 165; GL 387; EM 337 je 1.2.6.8; F&L 1,1.2.4.6)

Beten mit Psalm 69
Der Psalm wird von der/dem Liturg*in gelesen. Die Gemeinde antwortet mit einem Liedvers (GL 283, EM 383).

Strophe 1 des Liedes als Leitvers

Rette mich, Gott!

Das Wasser steht mir bis zum Hals.
Ich bin versunken in tiefem Schlamm
und finde keinen festen Grund.
In tiefes Wasser bin ich geraten.
Eine Flutwelle spülte mich fort.
Erschöpft bin ich von meinem Schreien.
Meine Kehle ist schon heiser.
Meine Augen sind müde geworden,
so sehr hielt ich Ausschau nach meinem Gott.

Strophe 2 des Liedes als Leitvers

Feinde, die mich ohne Grund hassen,
habe ich mehr als Haare auf dem Kopf.
Es sind starke Gegner, die mich verderben wollen.
Und was sie mir vorwerfen, ist gelogen:
Ich soll ihnen etwas zurückgeben,
was ich gar nicht gestohlen habe!
Gott, du weißt, was ich falsch gemacht habe.
Meine Schuld ist vor dir nicht verborgen.
Ich aber schicke mein Gebet zu dir,
zu der Zeit, Herr, die dir gefällt:
Antworte mir, Gott, in deiner großen Güte,
zeig mir deine Treue und rette mich!

Strophe 3 des Liedes als Leitvers

Zieh mich aus dem Schlamm,
sonst muss ich darin versinken!
Rette mich aus dem Strudel des Hasses
und aus dem tiefen Wasser!
Lass nicht zu, dass eine Flutwelle mich fortspült!
Lass nicht zu, dass mich der Abgrund verschlingt
und die Brunnenöffnung sich über mir schließt!
Komm zu mir und erlöse mich aus der Gefahr.
Befreie mich – meinen Feinden zum Trotz.

Kyrie
Die Gemeinde antwortet mit einem gesprochenen oder gesungenen Kyrie **(GL 162)**.

L Der Herr erbarme sich unser. Er nehme von uns, was uns trennt von ihm und voneinander, unsere Sünde und Schuld, und führe uns zum ewigen Leben. Amen.

Gebet

Gott,
auch in den Stürmen unserer Zeit bist du uns nah.
Du hältst uns, wenn wir den Boden unter den Füßen zu verlieren drohen.
Du trägst und führst uns, wenn wir nicht weiterwissen.
Wir vertrauen dir und bitten dich:
Schenke uns Mut, dass wir mit dir neu aufbrechen
und Zeugnis geben von deiner Liebe und Treue.
Darum bitten wir durch Jesus Christus,
unseren Bruder und Herrn.

Lied
Gottes Wort ist wie ein Licht in der Nacht (Kanon – GL 450, EM 429)

HÖREN – Gott spricht zu uns (Apg 27,21-32)

Lesungen
Lesung AT: Jes 43,1-3a.5a (optional)
Lesung NT: Apg 27,21-32 (oder 13-38)

Predigtimpuls zu Apg 27,13-38

Hinführung zum Text
Es gibt dramatische Geschichten, die aber nicht in einer Tragödie enden, weil sie gut ausgehen. So eine Erzählung ist auch die Apostelgeschichte. Immer wieder werden dort die die Botinnen und Boten des Evangeliums herausgefordert und scheinen nicht weiterzukommen. Doch am Ende setzt sich die Kraft Gottes durch. Das dürfen wir beim Betrachten der dramatischen Ereignisse in der Apostelgeschichte, in unserer Gegenwart und vielleicht auch im eigenen Leben stets vor Augen behalten: Der letzte Satz des Textes zum heutigen Bibelsonntag lautet: „Alle wurden aufs Land gerettet".

Schiffbruch
„Die Frage ist heutzutage nicht mehr, ob ich scheitere oder nicht scheitere, sondern vielmehr wann ich scheitere." Dieser Satz eines zeitgenössischen Autors kam mir in den Sinn, als ich die Geschichte vom Schiffbruch des Paulus in der Apostelgeschichte las. Denn wir leben, wie mir scheint, in einer Situation, die bisweilen weniger von Erfolg und Glück als von Bedrohung und Angst bestimmt ist. Zur Pandemie und zur drohenden Klimakatastrophe kamen der Krieg und die Not der Flüchtenden hinzu. Kurz: Schiffbruch-Erfahrungen sind derzeit allgegenwärtig. Und wir nehmen sie immer intensiver wahr. So wie das Hochwasser einer Flutkatastrophe sich aus einem zunächst harmlos dahinfließenden Bach entwickelt, stellen wir fest, dass scheinbar nebensächliche Ereignisse auf einmal unser Leben radikal verändern können. In der Not des Paulus auf See können wir vielleicht „Stürme" in unserem Leben wiederentdecken.
Mit der Erfahrung des Scheiterns offen umzugehen ist in einer Gesellschaft der Erfolge und der Selbstoptimierung nicht immer leicht. Als positives Beispiel denke ich an den Lebenslauf

des Scheiterns („CV of Failures"), den ein Professor der Universität Princeton veröffentlicht hat. Mit 38 Jahren war er Professor und hatte die Stationen Oxford, Harvard, Zürich, MIT und Princeton durchlaufen – ein Überflieger. Und dann veröffentlicht er diesen Lebenslauf. Dort führt er alle Preise auf, die er nicht bekommen hat, alle Bewerbungen, die nicht erfolgreich waren, alle Dinge, in denen er beruflich gescheitert ist. Das Paradoxe daran: Dieser Lebenslauf hat mehr Aufmerksamkeit bekommen als alle seine Veröffentlichungen zuvor!

Auch die Schiffscrew des Paulus durchlebt das Scheitern, sie gibt auf, lässt sich treiben, verliert jede Hoffnung. Keiner will mehr etwas essen, nur durch gutes Zureden können sie überhaupt noch weitermachen. Erfahrungen, die auch einige von uns aus ihren Stürmen des Lebens kennen. [...]

Stürme des Lebens

Wenn ich akzeptiere, dass es die Stürme und Misserfolge gibt, stellt sich gleich die Frage: Wie gehe ich damit um? In welchem Sturm befinde ich mich eigentlich? Was ist das (Lebens-)bedrohliche an meiner Situation? Wie bin ich da hineingeraten? Habe ich Einfluss auf den Sturm oder bin ich ihm ausgeliefert? Stürmt es um mich herum oder stürmt es in mir drin? Es kann tatsächlich vorkommen, dass mir an dieser Stelle eine Analyse möglich ist. Ich beobachte mich selbst, mein Leben, ich höre die Kommentare der anderen und versuche, einen klaren Kopf zu behalten. Im besten Fall entstehen Ideen, wie ich mit dem Sturm umgehen kann.

Sehnsucht nach Geborgenheit

Vielleicht folgt auf diese erste Phase der Analyse die wachsende Sehnsucht nach Geborgenheit. Ich merke instinktiv, dass ich etwas benötige, das mich aufrichtet, das mir Mut verleiht. Ich möchte einem helfenden Engel begegnen, der mich aus meiner misslichen Lage befreit. Ich möchte Teil einer Gemeinschaft sein, die mich trägt und in der ich mich geborgen fühle. Denn ich spüre meine eigene Schwäche, mein Unvermögen, dies aus eigener Kraft zu schaffen. „Woher also kommt mir Hilfe?", könnte man mit einem Psalmwort fragen.

Lukas beschreibt in der Apostelgeschichte tatsächlich lähmende Todesangst. Keiner will mehr essen und kann nicht mehr handeln. Die Zeit scheint stillzustehen. Während alle anderen überlegen, wie man am besten aufgeben könnte, stellt sich Paulus dagegen – Habt keine Furcht ... keinem wird ein Haar gekrümmt – und „esst endlich etwas!"

Ein neuer Aufbruch?

Die schonungslose Analyse unserer Situation lokalisiert uns letztendlich zwischen individuellem und/oder kollektivem Schiffbruch und einem Vertrauen, das trotzdem trägt. Paulus holt uns mit seinem Weckruf ab. Er ist es, der jene Kräfte in uns mobilisiert, die uns zum einen den Ernst der Situation erkennen lassen, zum anderen aber auch Möglichkeiten der Rettung aufweisen. Wer meint, gar nicht mehr handeln zu können, hat schon verloren und alle Hoffnung verspielt. Paulus ruft auf zu handeln – und sei es noch so aussichtslos. Damit weckt er Hoffnung und Vertrauen in Kräfte, die nicht allein uns selbst entspringen.

Unser Text aus der Apostelgeschichte macht dies unter anderem durch das gemeinsame Essen deutlich. Das ist kein Zufall. Das Fest des Essens ist für uns Menschen unendlich wichtig und unendlich wertvoll. Niemand bleibt allein in Angst und Hoffnungslosigkeit. Neue Gemeinschaft, ein neues Miteinander, ist möglich. Das Schiff in unserer Erzählung wird seit jeher auch als Bild für die Kirche verstanden. Deshalb: Im Miteinander wächst neue Lebenskraft – im besten Fall im Miteinander der Kirche(n). Denn es gibt Menschen wie damals Paulus, die uns zusprechen: „Du musst nicht verzweifeln. Verlier' nicht den Mut!" Und es gibt Gott, der uns seit jeher zuruft: „Fürchte Dich nicht! Ich bin bei Dir".

Amen.

(R.C. Miron / J. Wagner)

Hallelujaruf

Evangeliumslesung
Lesung aus Joh 6,16-21

Lied
→ **Wir haben Gottes Spuren festgestellt** (F&L 441; EM 82; in Anhängen des EG sowie des GL)
→ **Was Gott tut, das ist wohl getan** (EG 372,1.2.4.6, GL 416,1-4; F&L 394,1-4, EM 339,1.2.4.6)
→ **Stimme, die Stein zerbricht** (GL 417)

Glaubensbekenntnis
Nicänum in ökumenischer Fassung: GL 586, EG (Bayern) 904, EG (Baden) 882, EM 770. *In der ökumenischen Fassung entfällt im Artikel über den Heiligen Geist das erste „und dem Sohn". Es heißt: „der aus dem Vater hervorgeht".*

TEILEN – Gott verbindet uns miteinander (Stärkung für Leib und Seele, Apg 27,33-38)

Gemeinsames Agapemahl/Brotbrechen (Variante 1)
Anmerkung: Die Vorbereitungsgruppe empfiehlt eine gemeinsame Mahlfeier. Wo kein Abendmahl gefeiert werden kann, ist diese einfache Form des Agapemahls/Brotbrechens eine praktikable Alternative.

L Zwischen Schiffbruch und Aufbruch - was hilft uns in dieser Situation? Für Paulus ist es ganz handfest. So heißt es in der Apostelgeschichte weiter (Apg 27,32-34):
„Bis in die Morgendämmerung hinein redete Paulus allen zu, etwas zu essen. Er sagte: ‚Ihr harrt nun schon vierzehn Tage aus. Die ganze Zeit über habt ihr keine richtige Mahlzeit zu euch genommen. Deshalb bitte ich euch: Esst etwas! Das braucht ihr, wenn ihr gerettet werden wollt. Keinem von euch wird auch nur ein Haar gekrümmt.' Nachdem er das gesagt hatte, nahm er ein Brot. Vor aller Augen dankte er Gott; brach das Brot in Stücke und fing an zu essen." (Basisbibel 2021)
So lasst uns den Rat des Paulus befolgen und es ihm gleichtun.

Dankgebet
Wir beten zu Gott mit Worten aus Psalm 104:

Gepriesen seist Du, Herr unser Gott, Schöpfer der Welt.
Du feuchtest die Berge von oben her,

du machst das Land voll Früchte, die du schaffest.
Du lässest Gras wachsen für das Vieh
und Saat zu Nutz den Menschen,
dass du Brot aus der Erde hervorbringst,
dass der Wein erfreue des Menschen Herz
und sein Antlitz schön werde vom Öl
und das Brot des Menschen Herz stärke.
(aus Psalm 104)

Gebet/Segen über dem Brot

Gott, von dir kommt unser Leben.
Durch Christus bringst du uns zusammen.
Du verbindest uns in deinem Geist.
Segne dieses Brot, das wir miteinander teilen und essen werden,
dass es den Hunger nach Leben stille,
dass es Trost schenke,
dass es Hoffnung gebe,
dass es uns stärke im Glauben an dich und in der Liebe zu dir und untereinander. Amen.

Austeilung
In der Apostelgeschichte heißt es weiter: „Da fassten alle wieder Mut und fingen ebenfalls an zu essen. Wir waren insgesamt 276 Leute auf dem Schiff. Alle aßen sich satt" (Apg 26,36-38a). So tun wir es auch. Wir essen Brot. Alles ist bereit.
Teilt das Brot miteinander. Seht euch an, sagt euch dabei ein gutes Wort: „Hab keine Angst. Gott schenkt Leben. Fasse also Mut!"
Oder sagt, was wichtig ist zu sagen, in diesem Augenblick.
Achtet darauf, dass niemand unter euch leer ausgeht. Gerne dürft ihr euch auch unterhalten beim Essen. Denn das alles macht Mut.
(Verteilung der Gaben, Brot wird geteilt und gegessen/verspeist. Dabei ist Zeit, sich zu unterhalten. Wer mag, darf sich noch mehr Brot holen.)

Danklied
Danket, danket dem Herrn: EG 336, GL 406

Abschluss bzw. Überleitung zum Bittgebet
L Auch wir wurden in diesem zeichenhaften Mahl ermutigt. Dieses Liebes- und Stärkungsmahl soll nicht ohne Folgen für unser Leben bleiben.
Deshalb lasst uns für- und miteinander zu Gott beten: *(es folgt das Bittgebet)*

Stationen (Variante 2)
Anmerkung: Stationen sind dort denkbar, wo gar keine zeichenhafte Mahlfeier möglich ist. Ähnlich wie in der Thomasmesse wird hier freie Zeit (zwischen 15 und 20 Minuten) gegeben, um im Raum verschiedene Stationen zu erkunden – oder einfach am Platz zu bleiben. Es ist auf eine gute Verteilung im Raum

zu achten, wie auch auf eine musizierende Gruppe, die währenddessen *Taizè-Lieder singt. An allen Stationen wird die jeweils passende unten aufgeführte Stationsbeschreibung ausgelegt.*

Das bedrohliche Salzwasser – sich die eigene Verletzlichkeit und Verwundung vergegenwärtigen
In welchem Sturm meines Lebens befinde ich mich? Wo irre ich herum? Wo steht mir das Wasser bis zum Hals? Wo sind Narben geblieben? Wo sind Wunden noch offen?
Schmecke das Salz und erinnere dich. Lass die Erinnerungen in das Wasser fallen (Salz in eine Wasserschale streuen).
→ *Material: Schale mit Wasser, Schale mit Salz.*

Das Brot – sich stärken lassen
Ein Stück Brot essen und sich der Kraft bewusst werden, die Gott uns jeden Tag neu zum Leben schenkt.
→ *Material: Brot in Einzelstücken in einem Korb.*

Das Schiff – dazugehören
276 Leute waren auf dem Boot. Ihnen allen schenkt Gott das Leben. Schreibe deinen Namen auf und hefte ihn an das Boot, um dich deiner Verbundenheit mit Gott zu vergewissern.
→ *Material: großes Holzboot (oder großes aufgemaltes Boot), Post-It-Zettel, Stifte.*

Ein Engel – Zuspruch erhalten
Ein Bibelwort ziehen und es meditieren. Fragen, was Gott dir sagen möchte.
→ *Material: Eine Engelfigur im Kirchraum/Kirchenfenster verwenden, ansonsten eine Engelfigur extra aufstellen, Bibelworte um die Figur drapieren.*

Das Lot – Untiefen ausloten
Es gibt Dinge, die uns belasten. Manche Angewohnheiten oder Vorstellungen sind wie Untiefen – sie sind verborgen, aber beeinflussen unser Leben. Hier kannst Du Gott diese Untiefen hinhalten und ihn bitten, sie auszuloten, damit Neues entstehen kann (einen Stein ablegen).
→ *Material: Ein von oben herabhängendes Lot. In einer Schale / auf einem Tisch daneben große Kieselsteine, die unter dem Lot abgelegt werden können.*

Paulus – sich berühren lassen
Die Fürsorge und den Segen Gottes zugesprochen bekommen. Die Wärme des Kreuzeszeichens spüren, das mit Öl auf meine Stirn oder Hände gezeichnet wird.
→ *Material: Personen, die segnen und salben, Salböl.*

Weihrauch – Gott danken
Lass den Dank symbolisch als Dankopfer „zum lieblichen Geruch für Gott" aufsteigen. Du kannst ein Weihrauchkorn nehmen und auf die Kohle legen, oder einen Räucherkegel anzünden.
→ *Material: Weihrauchkörner, Schale mit Kohle.*

Zeit haben – Taizé-Lieder singen
Einfach am Platz sitzen und sich durch die Lieder in Gott versenken, miteinander verbinden und im gemeinsamen Wiederholen auftanken.

Bitten mit Gebetsruf

Gebetsruf Variante A
Der Gebetsruf kann gesprochen werden:
Erhöre uns, Gott

Gebetsruf Variante B
Der Gebetsruf kann gesungen werden, v.a. wenn das Lied „Wir haben Gottes Spuren festgestellt" bereits gesungen wurde. Der Refrain des Liedes kann als Gebetsruf dienen:
Zeichen und Wunder sahen wir geschehn, in längst vergangnen Tagen,
Gott wird auch unsre Wege gehn, uns durch das Leben tragen.

L *Lasst uns beten:*

Erste Bitte
L: Gott des Himmels und der Erde, Du bist ein Gott des Zuspruchs: Dein Ja-Wort hat die Welt erschaffen. Du nimmst Deine Menschheit und alle Kreatur, barmherzig, wohlwollend und liebevoll an. Dennoch wenden wir uns von Dir ab und vertrauen Dir nicht. Wir versagen und scheitern, verlieren die Hoffnung und den Mut, wenn die Stürme des Lebens um uns herum tosen. Wir bitten Dich: Öffne unsere Ohren, um Deinen Zuspruch zu hören. Sende uns jemanden zur Seite, der uns gut zuredet und uns unsere Angst nimmt, wie einst Paulus beim Schiffbruch. Hilf Du uns, Vertrauen zu haben und zu beten:
A: Gebetsruf

Zweite Bitte
L: Gott des Himmels und der Erde, Du bist ein Gott der Einheit. Dein Sohn Jesus Christus ist für jeden von uns gestorben und auferstanden. Der Glaube an ihn vereint Christen auf der ganzen Welt. Dennoch streiten wir (Kirchen) untereinander, wer rechtgläubig ist oder gar die Wahrheit über Dich besitzt. Wir bitten Dich: Öffne unsere Herzen, um das Wesentliche des Glaubens zu erkennen. Weise Du uns auf gemeinsame Wege hin; offenbare uns Deine Gegenwart, wenn wir einander helfen und Brot miteinander teilen. Hilf Du uns, nach Einheit zu streben und zu beten:
A: Gebetsruf

Dritte Bitte
L: Gott des Himmels und der Erde, Du bist ein Gott der Schöpfung. Dein Heiliger Geist füllt alles mit Leben, schenkt der Natur neue Kraft und gestaltet diese Welt wunderschön. Diese Erde ist unsere kostbare Heimat auf Zeit. Dennoch beuten wir sie aus und zerstören sie durch unsere Habgier und Eitelkeit. Wir bitten Dich: Öffne unsere Augen, um diese einzigartige Welt als Dein Geschenk anzusehen. Erneuere in uns den Willen, diesen Schatz zu beschützen und umweltschädlichen Ballast „abzuwerfen". Hilf Du uns, Deine Schöpfung nachhaltig zu bewahren und zu beten:
A: Gebetsruf

Vierte Bitte

L: Gott des Himmels und der Erde, Du bist Herr über alles Leben und den Tod. Im Leben rufst Du jeden Einzelnen schon vor der Geburt und in der Taufe beim Namen, so dürfen wir Deine Kinder heißen. Wir sind in Dir geborgen, auch wenn wir es vergessen. Im Vertrauen auf Deine Güte befehlen wir unsere geliebten Verstorbenen in Deine Hände, bitten Dich um Trost und um die Gewissheit, dass sie Deine Herrlichkeit schauen. Schenke uns Weggefährten, die unsere Trauer mittragen und uns gut zureden. Hilf Du uns, der Zukunft mit Zuversicht entgegenzuleben und zu beten:

A: Gebetsruf

Fünfte Bitte
Evtl. noch eine Bitte für aktuelle örtliche- bzw. politische Gegebenheiten.

Übergang zum Vaterunser

Vaterunser

Friedensgruß

L Gebt einander ein Zeichen des Friedens und der Versöhnung.

Kollekte

Vom Krieg in der Ukraine betroffene Menschen sollen Bibeln erhalten, damit sie Trost und Halt in Gottes Wort finden können. Der Krieg hat tiefe seelische Wunden hinterlassen. Die Kollekte zum Bibelsonntag soll helfen, dass Mitarbeitende der Bibelgesellschaften in der Ukraine und in den Nachbarländern zusammen mit speziell geschulten Seelsorger*innen aus den Kirchen Kurse zur „biblischen Traumabegleitung" anbieten können. Damit die Opfer von Krieg und Gewalt Wege aus der inneren Not und ihrem Leid finden und entmutigte Menschen durch Gottes Wort gestärkt werden.

> **Spendenkonto: Evangelische Bank eG**
> **Kontoinhaber: Deutsche Bibelgesellschaft**
> **IBAN: DE59520604100000415073**
> **BIC: GENODEF1EK1**
> **Stichwort: Bibelsonntag**

Lieder
→ **Ach bleib mit deiner Gnade**: EG 347, F&L 116, EM 504 je 1-4.6, GL 436,1-5
→ **Ein Schiff, das sich Gemeinde nennt**: (EG Niedersachsen/Bremen 572)

WEITERGEHEN – Gott sendet uns

Sendung

L Wir waren mit Paulus auf dem Schiff, im Sturm, beim Essen. Er spricht der Schiffsbesatzung zu: „Keinem von euch wird auch nur ein Haar gekrümmt" (Apg 27,34). Auch für uns gilt: Gott ist mit uns in unseren Stürmen des Lebens, im Gelingen und im Scheitern. Gott geht mit, Gott blickt uns freundlich an. So geht unter dem Segen Gottes.

Segen

Gott segne dich (euch) und behüte dich (euch),
Gott lasse sein Angesicht leuchten über dir (euch) und sei dir (euch) gnädig.
Gott wende sein Angesicht dir (euch) zu
und gebe dir (euch) Frieden.
So segne dich (euch) der barmherzige Gott, der Vater und der Sohn und der Heilige Geist.
Amen.

Gemeindelied und/oder Postludium
Großer Gott, wir loben dich: EG 331, EM 2, F&L 30, GL 380

Literaturempfehlungen und weitere Arbeitshilfen

Kerstin Offermann, Katharina Falkenhagen

Klaus Haacker, Die Apostelgeschichte

Theologischer Kommentar zum Neuen Testament Bd. 5, Kohlhammer, Stuttgart 2019, 463 Seiten. | 59,00€

Haacker hat mit dem fünften Band des „Theologischer Kommentar zum Neuen Testament" einen gelungenen Beitrag zu einer lebendigen und anregenden Form von Exegese geleistet. Dabei beschreibt er seine Herangehensweise an die Texte der Apostelgeschichte in der Einleitung des Kommentars, indem er dafür plädiert, „die Berichte des Lukas bis auf Weiteres aufgeschlossen anzuhören, gerade weil sie Menschenwort sind und weil unbescholtene Mitmenschen auch über Jahrhunderte hinweg zunächst einmal Vertrauen verdienen. Ich begebe mich auslegend in die Erzählung hinein und frage erst dann kritisch zurück, wenn etwas in sich (narrativ) nicht stimmig ist oder nicht zu den vorausgesetzten Verhältnissen passt" (S. 19). Er liest den Text als *close reading,* als Nahaufnahme des textinternen Verständnisses, das die Sprachgestalt selbst in den Vordergrund stellt. Der Kommentar gibt seinem Ansatz Recht. Er ist durchweg anregend und inspirierend. Dass die Diskussion des Forschungsstandes, und zu Haackers ausdrücklichen Bedauerns, auch die Darstellung der theologischen Diskussion im englischsprachigen Raum weniger Raum einnehmen, führt dazu, dass Haacker in seinen Auslegungen in pointierter Weise parteiisch und meinungsstark ist. Wie er ebenfalls bereits in seiner Einleitung ankündigt, legt er großen Wert darauf, anti-jüdische Traditionen und Fehlurteile, die sich mit der Apostelgeschichte verknüpft haben, zu korrigieren. Er sensibilisiert damit seine Lesenden für diese wichtige Dimension im Umgang mit den Texten der Apostelgeschichte.
Haacker steht mitunter alleine mit seinen Thesen und Schlussfolgerungen, die aber immer gut begründet sind und sich nachvollziehbar aus dem biblischen Befund ableiten lassen. Durch eine gelungene Übersetzung mit originellen, zu unserer Zeit passenden Formulierungen sowie durch seine unkonventionellen Betrachtungen verleitet der Kommentar dazu immer weiter und weiterzulesen. Er ist verständlich und schlüssig geschrieben und reduziert Anmerkungen und Forschungsüberblicke auf ein sinnvolles Minimum. Es ist ein Kommentar zum Schmökern, der darin seinem Gegenstand, der Apostelgeschichte, und deren Autor, dem narrativen Theologen, dem die Tradition den Namen Lukas gegeben hat, sehr entspricht. Der Kommentar regt zum selbstständigen Nachdenken an und zum ergebnisoffenen Bibelstudium. Damit ist er einer breiten Leser*innenschaft wärmstens zu empfehlen.

Georg Langenhorst, Der große Bibel (Ver-)führer. Fesselndes, Unerwartetes und Unerhörtes aus der Bibel.

Katholisches Bibelwerk, Stuttgart 2022, 320 Seiten. | 22,95€

Der Religionspädagoge und Professor für Didaktik Georg Langenhorst findet als großer „Bibelverführer" ganz persönliche, literarisch interessante, provokante ja sogar poetische Zugänge zur Bibel. Es ist ein Durchgang durch die Bibel, der bei einzelnen Texten verweilt und sich den Geschichten und Personen darin öffnet. Es ist deutlich zu spüren, dass Langenhorst die

Verbindung zwischen Literatur und Theologie ein Herzensanliegen ist. Er lässt sich auf die Erzählungen und Figuren der Bibel in sehr persönlicher Weise ein, und gießt seine Begegnungen mit den Texten in unterschiedliche literarische Formen.

Das Buch enthält Essays, Gedichte, Streitgespräche, Briefe, Erzählungen. Jeder Text steht für sich. Die in überschaubarer Länge gehaltenen Kapitel sind von feuilletonistischer Qualität und einige richtiggehend sprachliche Kleinode. Langenhorsts sprachlicher Duktus ist keineswegs kirchlich geprägt, sondern erfrischend zeitgenössisch. Oft ist der Blickwinkel, aus dem heraus Langenhorst die Bibeltexte betrachtet, originell. Dadurch sind auch die Einblicke, die sich in die Geschichten und ihre Akteure ergeben, interessant und unerwartet. Langenhorsts implizite theologische Deutungen sind sowohl persönlich als auch frech und frei. Manchmal merkt man ihm den religionspädagogischen Hintergrund und die didaktische Absicht an, hinter lehrhaft wirkenden Einschüben, die den literarischen Charakter der Erzählung stören. Trotzdem ist es ein kurzweiliges Lesebuch mit gelungenen Pointen. In einem literarischen Dialog mit Paulus liefert Langenhorst die Rechtfertigung für seine Art des Schreibens. Er sagt Paulus entgegen, dass er: „das Bild Jesu freikratzen möchte von deinen Überlagerungen und Übermalungen" (S. 301). Auch wenn diese Formulierung sich zunächst nur auf Paulus bezieht, beschreibt sie doch auch treffend das Anliegen des ganzen Buches: die Geschichten der Bibel freizukratzen von den Überlagerungen und Übermalungen der jahrtausendelangen Auslegungstradition und kircheninternen Diktion. Frech kommt das Buch daher, in alltäglicher Sprache und Bildwelt, ohne platt oder anbiedernd zu sein. Sehr persönlich sind die Adaptionen und Reaktionen auf den Bibeltext und genau dazu wollen sie auch verführen: sich selbst auch so persönlich anrühren zu lassen, sich zu reiben und abzugrenzen, sich zu verlieben und neu hinzugucken.

Im Bezug auf die Apostelgeschichte, die im Zentrum dieser Ökumenischen Bibelwoche steht, erzählt Langenhorst zum einen die Pfingstgeschichte aus Sicht eines Bewohners von Jerusalem, der sich vor allem um Ruhe und Ordnung sorgt, aber doch von den Ereignissen nicht unberührt bleibt. Als zweite Facette erzählt er von der Begegnung zwischen Philippus und dem Äthiopier aus Sicht des Kämmerers, vor dem fantastisch-fiktiven, biografischen Hintergrund des Äthiopiers.

W. Kraus, M. Tilly und A. Töllner (Hg.), Das Neue Testament – Jüdisch erklärt

Deutsche Bibelgesellschaft, Stuttgart 2021, 984 Seiten | 53,00€

Die Idee zu diesem Buch stammt aus den USA. Dort haben sich jüdische Theolog*innen verschiedenster Traditionen zusammengetan, um das Neue Testament einführend zu erklären und es auch für ihre Traditionen fruchtbar zu machen. Die deutsche Ausgabe ist nun eine Übersetzung dieser ursprünglichen Version. An manchen Stellen spürt man den Texten deutlich ab, dass ihre Autor*innen nicht nur aus einer anderen Religion, sondern auch aus einem anderen Kulturkreis kommen.

Die revidierte Luther Übersetzung von 2017 bildet den Kernbestand des Buches. Die neutestamentlichen Bücher werden von unterschiedlichen jüdischen Theolog*innen eingeführt und in den Anmerkungen kommentiert. Diese exegetischen Kommentare überschneiden sich in vielen Fällen mit christlicher Exegese, setzen aber auch andere Schwerpunkte, wie man z.B. in der Apostelgeschichte deutlich sehen kann, wenn es darum geht, die judenfeindlichen

Texte in der Apostelgeschichte einzuordnen. Die Erklärungen sind kompakt gehalten und verständlich geschrieben; sie finden sich im Text-Apparat, also in den Fußnoten zum Text, versweise aufgeschlüsselt.

Im neutestamentlichen Textteil verteilt gibt es Infoboxen zu verschiedenen theologischen, exegetischen und historischen Fragen, die Unverständliches im Text erklären, Missverständliches verdeutlichen und Hintergründe darstellen, um damit dem Lesenden ein Verständnis der Texte zu erleichtern. Im Inhaltsverzeichnis findet sich eine Liste dieser Boxen, was für den Gebrauch der Materialien sehr hilfreich ist. Insofern ist die (jüdische) Erklärung des NT sehr hilfreich und empfehlenswert für alle, die sich ohne theologische Grundkenntnisse an die neutestamentlichen Bibeltexte heranwagen möchten.

Sehr interessant und für den Dialog zwischen Judentum und Christentum weiterführend sind die Essays, die sich an den biblischen Textteil anschließen und etwa ein Drittel des Buches ausmachen. Sie beschäftigen sich ausführlich mit historischen Einordnungen, mit dem Judentum (geschichtlich und gegenwärtig), der Quellenlage, mit archäologischen Funden, theologischen Fragestellungen, einer jüdischen Sicht der neutestamentlichen Theologie, einer Verhältnisbestimmung zwischen Christentum und Judentum und auch einer Darstellung dieses Verhältnisses für Europa und Deutschland.

Ergänzt wird dieser zweite Teil des Buches noch durch Zeittafeln, Namenslisten, Informationen zu Kalendern und Gewichten, Landkarten sowie ein Glossar und ein Register.

Dieser zweite Teil macht „Das Neue Testament – Jüdisch erklärt" zu einem wahren Schatz und einer Fundgrube für alle, die über den christlichen Tellerrand hinausschauen möchten. Für alle, die sich mit der Apostelgeschichte beschäftigen, dürfte dies ein tiefes geistliches Anliegen sein, geht es dort doch gerade um das Überwinden von Grenzen und auch um die Neuorientierung zu den jüdischen Geschwistern. Hier ist dieses Buch ein wertvoller Beitrag und damit unbedingt der Lektüre empfohlen.

Arbeitshilfen zur Ökumenischen Bibelwoche 2022/2023

Wolfgang Baur
„Kirche träumen"
Teilnehmerheft – Zugänge zur Apostelgeschichte
geheftet, durchgehend farbig, 16,5 x 23,5 cm. 44 Seiten, ISBN 978-3-7615-6885-9

Volker A. Lehnert
„Als die Kirche noch jung war"
Der Gemeinde zur Bibelwoche – Sieben Bibelarbeiten zur Apostelgeschichte
geheftet, 14,8 x 21 cm, 44 Seiten, ISBN 978-3-7615-6886-6

Plakat zur Bibelwoche
DIN A3, gefalzt auf DIN A4, mit Platz für individuellen Eindruck, ISBN 978-3-7615-6887-3

Weitere Informationen unter www.neukirchener-verlage.de/fur-die-praxis/material-zur-bibelwoche